소중한 마음을 담아

_____ 님께 드립니다.

아름다운 동행

- 공감간호 이야기 -

아름다운 동행 - 공감간호 이야기 -

2012년 10월 5일 1판 인쇄
2012년 10월 10일 1판 발행

저	가톨릭대학교 의정부 성모병원 간호부
발 행 인	이승수
편집책임	김지훈
디 자 인	최인옥 백준기 김영선
마 케 팅	이승주 홍성용
발 행 처	도서출판 의학서원

〈전화, Fax, 주소 변경 안내〉
Tel. 02) 2678-8070~1
Fax. 02) 2678-8073
서울시 영등포구 양평동 3가 15-1
월드메르디앙비즈센터 1010호
http://www.dhsw.co.kr

이를 위반할 시에는 처벌을 받게 됩니다.

아름다운 동행

― 공감간호이야기 ―

가톨릭대학교 의정부 성모병원 간호부

환우 분들의 정성 하나하나가 모여
드디어 '아름다운 동행, 공감간호 이야기'라는 소중한 선물로서 발간되었습니다.
이 책은 환우 분들과 소통했던 시간들이 소중한 기억으로 남기어
글로 새겨지게 된 것으로, 남겨진 글은 우리들의 마음속으로 새겨져, 때로는 발전을 위한
교훈으로 때로는 눈물을 글썽이게 하는 감동으로 오래도록 남게 될 것 입니다.
또한 눈앞에 펼쳐진 우리들의 이야기를 읽어 내려갈수록 자신의 과거와 현재
미래를 보실 수 있을 것입니다.
당신이 쥐고 있는 이 '선물'이 '간호사와 환자, 간호사와 자신'의 사이를 들여다볼 수 있는
'공감'의 다리가 되어 줄 것이기 때문입니다.

머리말 ... 11
격려사 ... 17

1. 들여다보기 ... 25

작은 행복 ... 27
내것을 나눈다는 것 ... 29
세발간호가 내게 준 의미, '공감' ... 31
정형외과 수술방 견학을 다녀와서 ... 33
"썹써바이" 외국인 진료소 다녀온 후 ... 35
칭찬은 간호사를 공감하게 한다? ... 38
인공관절 수술 견학 ... 40
외국인 진료봉사, 어렵지 않아요 ... 43
나의 작은 두 손이 하는 가슴 따뜻한 일 ... 46
아이티 지진현장 봉사의 교훈 ... 50

2. 함께 걷기 ... 53

내 마음속 멋진 사진 ... 55
벚꽃, 그리고 할머니 ... 61

간호 로봇의 딜레마 탈출기 ··· 64
열린 마음으로 ··· 68
미소는 나의 무한에너지 ··· 71
너도 엄마가 되어보면 알거야 ··· 74
저절로 흘러나오는 공감 ··· 77
아주 작은 실천에서 공감까지 ··· 81
나는 너의 엔돌핀 ··· 84
꾀병이라고요? ··· 86
상대방의 입장에서 ··· 89
간호사는 눈물을 삼킨다 ··· 92
눈으로만 느꼈던 세상 ··· 96
아픈 사람들과 함께하는 기쁨 ··· 98
마음의 소통자 ··· 102
슬픔도 공감해주는 간호사 ··· 106
중환자실의 소리들 ··· 111
할머니의 마음 ··· 113
때로는 환자가 가족 같이 느껴진다 ··· 117
공감이란 남의 신발에 내 발을 넣어 보는 것 ··· 119
내게 힘을 주는 사람들 ··· 122
백설왕자 진성이를 기억하며 ··· 124
신경외과 중환자실의 스타 ··· 130
신생아실 간호사로서 느끼는 감정 ··· 134
내 예쁜 똥강아지들 ··· 137
말하지 않아도 알아요 ··· 139

마지막 만남 … 141
뇌졸중 환자들을 만나며 … 144
처음이란 단어 … 147
공감의 다리 … 149
아빠의 입원, 그리고 … 152
따뜻한 손길 … 156
천사가 된 아기 … 159
잊을 수 없는 기억 … 162
언제나 따뜻한 사람 … 164
웃음에서 찾은 행복 … 166
서로의 마음이 연결되는 순간 … 169
버럭 화를 내시던 그 할아버지 … 171
"아, 그러세요", "힘드셨겠어요", "힘내세요" … 173
아낌없이 주는 나무를 떠올리며 … 175
고마움이 가득 담긴 눈빛 … 179
손길의 대화 … 181
마음부터 시작했어요 … 184
메아리 … 187
몸이 아닌 마음까지도 … 190
고정관념 … 192
환자, 그리고 교감 … 194
당신의 이야기를 듣고 싶습니다 … 197
초심의 마음으로 … 201
음료수가 아닌 마음을 주신 보호자 … 203

소원 ··· 207
'공감' 그 멀고도 가까운 이야기 ··· 210
이모의 마음 ··· 213
나의 과거가 스승이 되다 ··· 217
함께 울고 함께 웃기 ··· 220
잘해줘서 고마워요. 기억할게요 ··· 222
처음 느낀 그 마음 그대로 ··· 225
오늘도 한 걸음 더 ··· 228
'공감' 어렵고도 쉬운 말 ··· 232
초코파이의 정 ··· 235
새내기의 마음으로 ··· 238
머리는 차갑게, 가슴은 따뜻하게 ··· 241
오늘도 그들을 섬기며 ··· 243
가족의 아픔을 떠올리며 ··· 246
내 가족처럼 ··· 248

3. 다가가기 ··· 255

내가 주었던 간호, 내가 받아 보니 ··· 257
바늘구멍에서 찾은 간호인의 마음가짐 ··· 260
수술 직전, 관심이 절실한 순간 ··· 263
환자 체험 그 느낌 그대로 ··· 265

호흡곤란 환자분들의 답답함을 헤아리며 … 268
　　편안함과 안정감을 위한 배려 … 270
　　예전엔 미처 몰랐어요 … 273
　　사소한 것 하나라도 환자 입장에서 … 275
　　응급일 때 더 배려가 필요해 … 278

4. 마주 보기 … 281

　　친절한 당신 … 283
　　우리 아가에게 … 284
　　고통 속에 한줄기 빛이라면 … 286
　　21세기 나이팅게일 … 287
　　사랑합니다 … 288
　　친절상 추천합니다 … 289
　　사흘간의 딸꾹질 … 289
　　천사의 모습 … 290
　　감동을 주는 그대 … 291
　　소중한 기억 … 292
　　편안한 길 … 293
　　처음처럼 … 294
　　휴머니즘 … 295
　　혼자라는 두려움 … 296

참 좋은 이미지 … 297
4시간 30분 … 298
지쳐가는 마음을 … 299
마음이 더 예뻐요 … 300
따스한 손길 … 301
그 웃음소리 … 302
이젠 가족 같아요 … 303
친절 전도사 … 305
간호사라 불리는 천사 … 306
최고로 친절한 간호사님 … 307
친절 그리고 감동 … 308
악몽 같았던 시간이지만 … 309
아픔과 고통도 당신과 함께라면 … 310
행복한 병원 … 311
암 투병을 마치고 … 312
피로 회복제 … 313
행복한 마음 … 313
센스장이 선생님 … 315
이기주의 속에 피어나는 한 송이 꽃 … 316
마더 테레사 … 317
다시 보고 싶습니다 … 318
하늘나라에서 … 319
아름다운 사람의 꽃 Ⅰ … 320
아름다운 사람의 꽃 Ⅱ … 321
아름다운 사람의 꽃 Ⅲ … 323

5. 뒤돌아 보기 … 325

   힘 내세요 … 327
   계단 오르기 … 330
   에너지바 … 332
   에피소드 … 334
   첫 돌 … 337
   너는 내 운명 … 340
   가지 많은 나무 … 343
   가이드엔젤 … 345
   나는야, 경력간호사 … 349

머리말

 아름다운 그대들에게 묻습니다.

　서문을 쓰는 오늘은 장마 중 잠깐 맑은 햇빛이 구름 사이로 보이는 그런 날입니다.
　그대들은 오늘도 어김없이 새벽 어둠이 걷히기도 전에 병원으로 출근하여 종종걸음으로 종일 병실을 드나들며 분주히 움직이고 있을 테지요.
　숨쉴 틈도 없이 밀려드는 일에 밀려, 잠깐 구름이 걷히는 맑은 하늘과 구름에 싸여 있는 먼산이며 물기 가득한 싱싱한 뒷산 숲을 볼 수도 없었겠지요?
　하루에 밀려 일을 마감하고 병원을 나서면서 또 다른 비슷한 내일의 걱정으로 가득 차 있나요?
　이런 날이 계속 되면서 끝이 보이지 않는 절망에 자신을 들여다 보고 사랑해주는 법 조차 잊어 버리고 있지는 않으신지요.
　세상은 힘겨움에 지쳐 작아진 그대들의 뒷모습과 웅크린 어깨를 보면서도 사랑과 봉사, 책임감이란 이름으로 그대들의 발걸음을 재촉하고 있습니다.

하지만 그대들은 알고 있습니다. 절망이라는 험한 암벽에서 등을 밀어버리는 사람도, 안전하게 내려올 수 있는 튼튼한 밧줄이 되어주는 존재도 자신이라는 것을.

그대들은 알고 있습니다. 종종거리며 위로가 되어주는 그대를 기다리는 환우 분들이 자신의 내일을 꿈꾸게 한다는 것을.

그대들은 알고 있습니다. 힘겨워 하는 사람들의 곁에서 발걸음을 멈추고 따스한 마음으로 마주하며 바라본 그들의 환한 미소 속에서 자신을 사랑하는 법을 배워 간다는 것을.

이렇듯 누군가를 사랑하고 지켜주며 돌본다는 것이 얼마나 어려운 일인가를 느끼며 하느님의 큰 뜻을 내려 받아 '간호라는 책임감'을 등에 지고 걸어가는 그대들의 매일에 진심으로 축복을 보내고 싶습니다.

1년 동안 모아진 500여 편의 에피소드를 읽으며 많은 것들을 생각하게 되었습니다.

동정도, 형식적인 위로도 아닌 '연민의 정으로 상대를 마주하여 감정을 공유하는 공감간호'가 우리 간호사들이 행하는 간호의 근본이며 큰 참사랑의 밑거름이 된다는 것을 다시 한번 확인하게 되었습니다.

많은 이야기들 속에서 보여지는 아름다운 그대들의 모습에 마음이 따뜻해지고 사랑을 느끼며 순간 뭉클해져 눈가가 촉촉해져

오기도 했습니다.

　'상대의 마음을 읽어주는 것' 만으로도 얼마나 큰 힘이 되고 마음의 치료가 되는지 몸으로 보여주는 그대들이 진심으로 '공감'을 하는 것입니다.

　그대들을 사랑합니다.

　의료진뿐 아니라 우리 곁에 함께 하는 모든 사람들과 마음으로 '공감'하고자 우리의 손길을 필요로 하는 많은 환우 분들을 직접 마주하는 간호사들이 자신의 마음을 이 공간에 풀어 놓았습니다.

　이렇게 풀어놓은 아름다운 마음들을 모두가 함께할 수 있도록 힘을 보태주시고 도움을 주신 출판사 여러분들과 함께 해준 많은 분들께 깊은 감사를 올립니다.

　글을 모으고 사랑하는 사람들과 행복한 이 공간을 만들기 위해 함께 울고 함께 웃었습니다. 그리고 너무나 행복했습니다. 이 행복과 따스한 마음이 사랑하는 모든 이들에게 전해지길 바라며 하느님의 축복 속에서 행복하시길 기도 드립니다.

　　　　　　　　　　가톨릭대학교 의정부 성모병원 간호국장　임 성 자

격려사

격려사

국회의원 　신 경 림

안녕하십니까?

국회의원 신경림입니다.

가톨릭대학교 의정부성모병원 간호부의 수기문집 '아름다운 동행, 공감간호이야기' 출간을 진심으로 축하합니다.

간호현장의 애환과 슬픔, 기쁨과 행복이 고스란히 담겨있고, 다른 어떤 병원보다 모범적으로 인간존중, 환자존중의 이념을 실천해 온 의정부성모병원 간호사님들의 수기이기에 더욱 반갑고 기쁩니다.

의정부성모병원 간호부의 비전인 '공감간호'는 우리 국민들이 가장 바라는 간호의 방향이자 우리 간호계가 앞으로 지향해야할 중요한 가치 중의 하나 입니다. '공감간호'를 통해 간호사들이 환자와 가족의 아픔과 고통을 더 잘 이해하게 될 것이며, 환자 또한 간호사들의 사랑과 봉사에 대한 열정을 이해하게 될 것입니다.

이러한 '공감간호' 정신을 녹여 간호사의 삶과 고민, 기쁨과 성취를 담은 수기집은 우리 간호사 자신은 물론 환자와 가족, 일반시민에게도 간호를 이해하고 소통하는데 큰 도움이 될 것으로 확신합니다.

우리 보건의료 환경은 인구고령화와 다양한 질병의 증가로 새로운 도전의 시기를 맞고 있습니다. 우리 국민의 행복을 위해 의료현장의 최일선에서 환자를 가깝게 돌보는 간호계의 역할이 그 어느 때보다 커지고 있습니다.

간호사들의 근무환경이 개선되고 삶의 질이 높아질 때에만 환자도 충분히 보호받을 수 있습니다. 안타깝게도 현실은 부족한 부분이 많습니다. 누구보다 간호사의 현실과 고충을 잘 알고 있는 간호사 출신의 국회의원으로서 간호계의 위상을 높이기 위해 노력하겠습니다.

앞으로도 가톨릭대학교 의정부성모병원 간호부가 가톨릭정신을 바탕으로 '공감간호'의 이념을 더욱 충실히 실천해나가시길 바라며, 국민건강과 생명을 책임진다는 소명의식과 사명감을 가지고 항상 최선을 다해주시리라 믿습니다.

다시 한 번 수기집 출간을 축하하며, 출간을 위해 애써주신 간호부장 임성자 수녀님과 간호사 여러분들의 노고에 감사드립니다.

격려의 말씀

대한간호협회 회장

성 명 숙

한권의 책이 나오기까지는 쉽지 않은 과정을 거친다는 것을 누구나 잘 알고 있습니다. 한 생명이 잉태되고 산고(産苦)의 고통을 넘어 세상에 빛을 발하는 과정처럼 한권의 책이 나오기란 쉬운 일이 아니기 때문입니다. 특히 저자가 한 사람이 아닌 다수일 때 더욱 그렇다고 생각합니다. 이러한 점에서 볼 때 분명 『아름다운 동행, 공감간호이야기』는 한 사람의 노력의 결과물이 아닌 한 조직, 더 나아가 「간호」를 통하여 한 공감대를 형성한 우리 모두의 이야기입니다. 우리들의 이야기가 한권의 책으로, 그것도 훌륭하게 세상에 빛을 발할 수 있도록 늘 기도하는 마음으로 최선을 다하신 임성자 간호부장님을 비롯한 모든 분들께 감사를 드립니다.

『아름다운 동행, 공감간호이야기』는 그동안 가슴에 고이 간직해 두었던 우리들의 이야기이기에 더욱 마음이 갑니다. 저 역시 책을 한 장 한 장 넘기며 소리 내어 읽을 때마다 머릿속으로 저도 모르게 되뇌곤 했습니다. 하늘로부터 부름 받은 소명으로 환자 곁을 지킨 지난 24시간, 우리 모두는 얼마나 행복했을지, 얼마나 힘들었을지, 그리고 얼마나 즐거웠을 지를 말입니다. 그러나 이 책은 아픔으로부터 고통 받는 환자를 위해 간호인 한 사람 한 사람 모두가 최선을 다하고 있음을 자신 있게 말하고 있기에 저 역시 간호인의 한 사람이기에 기쁨을 넘어 자랑스러움을 느낄 수 있었습니다.

또한 우리가 「돌봄」으로 보듬어 왔던 또 보듬어 가야 할 영혼들이 너무나도 많다는 사실을 발견할 수 있었습니다. 그리고는 가슴 한켠에 따스함을 느낄 수 있었습니다. 가슴이 따뜻한 이가 따뜻한 가슴 지녔노라 말하지 않아도 따뜻함을 느끼듯이 '오늘 하루 환자 곁을 묵묵히 지키며 최선을 다하였노라'고 우리만이 가질 수 있는 긍정의 힘을 읽을 수 있었습니다.

이 책의 제목처럼 공감간호를 통해 일반인들에게는 낯설 수 있는 간호현장 이야기가 세상을 사는 모든 사람들의 이야기로 동화시켰다는 측면에서 볼 때 읽는 사람 모두에게는 삶의 지침서가 되리라 생각됩니다.

다시 한 번 옥고를 다듬고 공감간호로 책을 읽을 사람들 모두에게 읽는 재미뿐 아니라 따뜻한 손길의 주인공이 바로 우리 간호사였음을 일깨워준 『아름다운 동행, 공감간호이야기』 발행을 기쁘게 생각하며 책이 나오기까지 바쁜 시간을 쪼개어 수고하신 모든 분들께 감사를 드립니다.

1 | 들여다보기

봉사활동과 부서 경험을 통하여
또다른 공감대 형성을 위한 이해해보기
경험입니다

- 공 공처럼 둥글게 모든것을 따뜻하게
- 감 감싸안을 수 있는 간호를
- 간 간절히 바라는 환우들에게
- 호 호수처럼 깊고 넓은 마음으로 전해 드리겠습니다.

- 공 공동체 안에서
- 감 감사하는 마음과 감동 주는
- 간 간호 수행으로
- 호 호감가는 간호 서비스를 실천하는 의정부 성모병원 간호부

작은 행복
아동일시보호소 봉사를 다녀온 후

이 순 열 (6층 동병동)

　간호사 생활 12년차, 결혼도 했고, 두 아들도 있다. 병원 업무와 육아를 병행하면서 행복은 찰나이고, 현실은 버거운 일이 더 많았다. 그래서 심신은 지쳐갔고 행복에너지도 고갈되어 버렸다.

　그러던 어느 날, 병동에서 의정부 녹양동에 위치한 아동 임시보호소에 일일 봉사를 가게 되었다. 외진 곳에 있었다. 남루한 대문을 지나서 현관을 들어갔더니 반겨 주는 이 아무도 없었다. 사무실을 찾아가 한참을 기다린 후 20~30여명의 영아들이 있는 방으로 안내되어 들어갔다.

　겉옷 벗고 뒷방에 가방이랑 놓고, 앞치마 두른 후 손 씻고 오라고 사회복지사가 설명했고, 이내 우리 네 명은 쪼르르 뒷방 갔다가 화장실 갔다가 다시 원위치를 했다.

어색함의 끝은 어딘지... 아무도 우리에게 관심이 없다. 3~4명의 사회복지사와 허드렛일을 돕는 도우미 2명, 그리고 봉사하시는 나이 지긋한 4~50대 여사님 2~3분이 있었는데 그냥 묵묵히 안고, 달래고, 기저귀 갈고, 우유를 먹였다.

그래도 아가들은 우릴 보고 웃어 주었다. 우리를 반기는 것같아 기분이 좋았다. 우리도 기저귀 갈고, 우유 먹이고, 안아 주면서 이 아가, 저 아가 어르고 달래면서, 배냇짓을 보고 기분 좋아하면서, 뒤집기 보고 영차영차 응원하면서 지내다 보니 하루가 금방 지나갔다.

미숙아여서, 미혼모여서, 이런 저런 사연에 부모에게서 버려진 아가들이었다.

결혼을 안 했으면 좀 더 쉽게 버린 부모를 욕했을지도 모른다. 막말을 했을지도 모른다. 그러나 결혼도 했고 두 아이의 엄마로서 분명 버려야만 했던 그 어미 마음은 더 절절했음을 알기에, 아무런 말도 하지 않았다.

시간이 흐를수록 어색함은 사라져 가고 가슴속 꿈틀거리는 무엇이 느껴졌다. 잠시나마 봉사를 왔다고 겸손치 못한 생각을 했던 것에 반성을 해 본다. 봉사는 내가 남에게 무엇을 해 주는 것이 아니라, 아주 작은 도움의 손길 안에서 나 스스로가 일상의 행복을 알게 되고, 감사함을 알며, 사랑을 알아가는 것이라는 것을 실감했다.

늘 자식과 함께할 수 있음에 행복한 나 자신을 돌아보게 됐다.

그것이 행복인 것마저도 잊고 살았던 나였다. 퇴근할 때면 두 팔을 벌리고 엄마를 외치며 달려드는 두 아들이 뇌리에 스쳐 갔다.

울컥했다. 함께 할 수 있는 것이 얼마나 감사할 일인지 모르고 일상의 버거움에 비하면 행복은 순간이라고 작게 축소시켰던 것을 반성 해 본다. 가족이 모여 살 수 있는 작은 행복, 그 작은 행복이 곧 인생이고 전부이거늘……. 집에 가면 아무 말 없이 꼭 안아 주리라 다짐하면서 벅찬 가슴을 끌어안고 집으로 돌아 왔다.

내 것을 나눈다는 것

김 상 아 (마취간호)

"으아악!"

눈부신 햇살이 창문을 통해 슬그머니 내리쬐는 일요일 아침, 평소 같았으면 자고 있을 이 시간에, 오프가 목숨 같이 소중한 신규 간호사인 나는 장소도 모르고 무슨 일을 하게 될지도 모르는 의료봉사활동에 갈 생각에 짧은 탄식과 걱정과 한숨과 비명이 나도 모르게 나왔다.

"의료봉사라, 나는 이제 겨우 알에서 깬 눈도 못 뜬 병아리 간호사인데 내가 무슨 일을 할 수 있을까? 내가 도움이나 될까?" 하는 우려와 오프가 날아간 듯한 아쉬운 마음에 좀처럼 구겨진 얼굴이 펴지질 않았다.

그렇게 시간이 흘러 시계가 오후 2시를 향해 갈 때쯤, 가까스로 마음을 다 잡고 다른 선생님 세 분과 함께 봉사활동 장소로 갔는데 다름 아닌 성당이었다. 성당에서 무슨 의료봉사를 하게 될까 하는 궁금증을 가지고 있던 차에 관계자분의 안내에 따라 지하로 내려가게 되었는데, 이게 웬일인가? 치과에서나 볼 수 있는 각종 기구와 장비들이 준비되어 있었다. 의료 사각지대에 놓여 있는 외국인 분들의 무료진료를 지원하고자 이 정도로 준비되어 있을 줄은 꿈에도 몰랐기에 무척이나 신기했다.

진료시간이 시작되고 국적도 다양한 외국인 분들의 발길이 계속 이어졌다. 나는 치과에서 세척 보조를 맡게 되었는데, 처음에는 나와 피부색도 다르고 말도 안 통하는 외국인 분들이 무섭기도 하고 낯설기도 하고 하는 일도 처음이라 모든 것이 어색했지만 시간이 흐르면서 나도 조금씩 여유를 찾을 수 있었다.

두 시간이 조금 넘는 시간동안 내가 그렇게 대단한 일을 한 건 아니지만, 의료인으로서 내가 할 수 있는 일이 남을 위해 쓰이게 되는 것을 경험하면서 내가 가진 것을 나눈다는 것이 그렇게 힘든 일도 그렇다고 그렇게 어려운 일도 아니구나 하는 생각을 했다. 특히나 지역특성상 외국인 노동자들이 많이 거주하다 보니 적절한 의료서비스를 받지 못하는 사람들이 많을 텐데 이런 방식으로 그들에게 조금이나마 타지에서 겪는 설움을 덜어 줄 수 있는 것만 같아 뿌듯하기도 했다.

  돈과 같은 물질로만 남에게 도움을 줄 수 있는 것이 아닌 내가 가진 작은 능력이나 재능도 타인을 위해 나눌 수 있다는 것을 배울 수 있어 나 또한 많은 것을 깨달을 수 있어 감사한 시간이었다.

  뜨거운 태양이 지글지글 끓어오르는 일요일 어느 오후, 그 누구보다 풍요로워진 마음을 안고 돌아오는 내 얼굴에는 시원스런 미소가 걸려있었다.

세발간호가 내게 준 의미, '공감'

김 소 정 (7층 동병동)

  '공감간호' 라는 말을 처음 들었을 때, 실천하기에 어려움이 있고, 나와는 별개적인문제라고 생각했습니다. 평소 업무를 할 때 느끼는 공감도 물론 많지만, 병동에서의 세발간호는 특별한 경험이었습니다.

내가 했었던 세발과 목욕간호가 단지 환자들과 눈을 맞추며 이야기를 경청하고, 설명해 주는 것이 전부가 아닌, 이상적인 것이 아니라, 실천 가능한 것이라는 생각의 변화가 생겼습니다. 그래서 조금 가벼운 마음으로 공감간호의 첫 발을 내딛을 수가 있었습니다.

처음 세발 봉사를 할 때는 어떻게 해야 할지도 고민이었고 한 번도 다른 사람의 머리를 감겨본 적이 없어 막연한 두려움이 생겼었습니다.

　세발, 목욕간호를 하기 전에 환자분께 방법에 대해 설명을 드리고 완벽할 순 없지만 내가 미용실에서 경험했던 것을 떠올리며 환자들의 머리를 감겨드리기 시작했습니다. 하지만 익숙하지 않아 환자의 귀나 얼굴에 물이 튀어서 당황스러웠고 그로 인해 세발, 목욕간호를 하는 게 더 힘들다고 느껴졌었습니다.

　더구나, 내가 근무하는 병동 환자의 경우에는 세발, 목욕간호를 할 때 환자의 수술 여부, 가능한 체위 등을 알고 있을 뿐 아니라, 환자와의 친밀함이 형성 되어있는 상태여서 대화할 때나 실수 시, 웃어넘길 수 있는 부분이 있지만, 타 병동 환자는 어떻게 대해야 할지 몰라 좀 막막한 감도 있었습니다.

　그러던 중 세발간호 후 환자 분들이 너무 시원하고 개운하다고 이야기하면서 손을 꼭 잡아주셨고 수고했다는 말을 하며 웃어 줄 때 마음이 따뜻해지며 뿌듯함을 느꼈습니다. 처음엔 누군가에게 도움을 준다는 의미 자체가 어려움이 있을 수 있다고 생각했습니다. 환자분이 감사의 말을 표하실 때 힘든 것은 눈 녹듯 사라져 버리는 것 같았습니다.

나의 작은 시간과 도움으로 많은 감사를 표현하는 환자들의 모습에서 공감간호의 참뜻을 볼 수 있었던 것 같습니다.

공감간호란, 심정을 헤아리는 "마음 읽기"이며, 아픔을 함께하는 "공감"입니다.

정형외과 수술 방 견학을 다녀와서

김 선 호 (7층 서병동)

수술을 위해 입원했을 때 불안한 마음에 걱정스레 "수술하고 나면 많이 아프지?" 하고 질문을 많이 한다.

그러면 나는 으레 수술하고 나면 당연히 아프고, 아픈 것을 조금이나마 도와주고자 무통주사를 달고 나올 것이라는 설명을 사실상 그들의 고통과 시름, 아픈 심정을 보지 못한 채 기계적으로 말했었다.

병원 입사 2년차, 이런 기계적인 설명이 잘하고 있는 줄 착각하고 지내온 나의 모습을 깨닫게 해주는 계기가 있었다.

그것은 수술 방 견학이었다.

무릎 전관절 대치술(Total Knee Replacement Arthroplasty) 수술하는 방에 견학을 갔는데, 관절의 각도, 크기, 모양, 위치 등의 세밀한 것을 고려해야 하며 여러 가지의 도구를 통해 뼈를 깎고 다듬어 인공관절까지 넣는 그 과정 자체가 하나의 아트와도 같았다. 퇴행한 관절을 빼내고 공간을 만든 후 새로운 인공관절을 넣는 정교한 작업이 신기하였다. 의사와 간호사가 호흡을 맞추어 하나의 실수도 용납 안 되는 차가운 공기 속에서 조용히 숨죽여 수술과정을 지켜보았다. 하지만 이러한 감탄 속에서 한편으로는 차가운 수술대 위에서 수술과정을 거쳐 병실에 올라가 뼈를 깎는 고통을 이겨내야 하는 환자의 모습이 있었다. 수술 후에 환자들이 왜 이렇게 추워하고 아파하고 힘들어하는지, 얼굴이 창백해진 상태로 간호사를 애타게 찾는지, 보조기를 사용하여 복도를 걷는 한 걸음 한 걸음이 너무 아파 식은땀을 흘리면서 소리를 지르는지, 어느 누가 알려주지 않아도 환자와 보호자의 입장에서 생각해 볼 수 있었다. 간호사라는 직업을 가졌음에도 불구하고 환자들을 제대로 공감하며 간호해 본 적이 없었다. 수술 후 아픔과 고통으로 간호사인 우리밖에 의존할 수 없는 상황에서, 단순히 진통제만 투여한 나의 모습이 너무 후회스러웠다. 수술 전,후 이들이 우리에게 바라는 것은 진실한 말 한 마디와 따뜻한 손길이었다. 하지만 기계적인 나의 말과 손길이 환자들은 더 아파했을 수 있었겠다. 라는 생각이 들면서 이 글을 쓰면서도 너무 많은 환자 분들이 떠오르고 미안해지는 환자들도 많다.

이번 견학을 통해 의학적인 지식과, 공감이라는 간호의 양 측면을 채울 수 있는 좋은 계기가 되었고, 이로 인해 환자와 보호자의 질문에 정형외과 간호사라는 자부심을 가지고 자신 있게 말할 수 있는 좋은 계기가 되었다. 수술실 견학은 신념을 가지고 공감간호를 실천하는 간호사로 이끌어 줄 수 있는 소중한 나의 선물이 될 것이다.

"썹써바이" - 외국인 진료소 다녀온 후 -

유 은 정 (7층 동병동)

지난 해 7월 어느 날, 의정부 외국인 근로자 지원센터 4층에 임시 진료소는 아직 진료시작 시간 전인데도 이미 다양한 나라의 말들로 시끌벅적했다. 능숙하게 진료준비를 하는 봉사자들 틈에서 의정부 간호사회를 통해 처음 봉사를 나오게 된 우리 일행은 오늘의 일정과 업무를 전달받고, 조금은 이색적인 이 곳 분위기를 살피고 있었다.

내게 배정된 일은 가정의학과 진료를 보는 의사의 진료를 돕고, 환자의 기본적인 건강 상태를 살피는 것이었다. 각 나라 별로 통역이 한 명씩 있었지만 밀려드는 환자 수에 비해 턱없이 부족했다. 결국 만국 공통어인 손짓발짓을 동원하여 어디가 아픈지, 언제부터 아픈지 등을 물었고, 환자들도 짧은 한국어와 영어를 섞여가며 힘들게 대답을 했다.

환자들은 대부분 동남아와 몽골 사람이었고, 가죽공장과 가구공장 등에서 단순 노동을 했다. 진료소를 찾은 이유도 대부분 힘든 노동과 부적절한 영양 섭취 때문에 생긴 통증, 황달, 빈혈 등이 원인이었다. 그들은 대부분 하루 12시간씩 일하기 때문에 병원에 갈 시간도 없고, 적은 임금 때문에 병원비도 부담할 수 없었다. 하지만 가족을 위해 또는 본인의 미래를 위해 일하는 평범하고 소박한 사람들이라는 것을 느꼈다. 그 동안 아무 이유 없이 가졌던 외국인 근로자에 대한 거리감도 사라졌다.

진료를 마칠 무렵 캄보디아에서 온 22살 청년이 들어왔다. 가구공장에서 일하는 그는 잦은 기침과 가래가 있어 이곳을 찾았다. 나는 작년에 캄보디아 여행에서 알게 된 "썹써바이"라는 인사말이 생각나 웃으며 인사를 건넸다. 그런데 그 짧은 인사에 그는 너무 고마워하며 자기가 왜 한국에 왔으며, 어떤 일을 하는지 신이 나서 이야기보따리를 풀었다. 그의 이야기를 들으며 덩달아 나도 기분이 좋게 봉사활동을 마칠 수 있었다.

집에 가는 길, 병원에서 만났던 외국인 근로자와 그들을 대했던 내 모습을 생각해 보았다. 지역적 특성상 종종 병실에서 만나게 되는 외국인 근로자들. 한국말을 못 해 답답한 환자, 보호자가 없어 손이 많이 가는 환자, 한국인이 아니라는 불편감에 거리감이 있었고, 그래서 빨리 퇴원하기 바랐었다. 왜 그 동안 미국인 환자에게는 짧은 영어로 이런 저런 설명도 하면서, 동남아 환자에게는 간단한 인사 정도 찾아보고 건넬 생각도 하지 않았을까? 불과 한나절의 진료봉사를 통해 어제까지는 몰랐던 새로운 교훈을 얻었다.

낯선 나라에 와서 병원에 입원까지 하게 된 외국인 환자들의 마음을 헤아려보고, 그들의 언어로 된 인사를 해보는 작은 노력이 세계적인 공감간호 시작선이 아닐까 생각해 본다. 가슴이 훈훈해지는 봉사의 시간이었다.

칭찬은 간호사를 공감하게 한다?

강 경 아 (7층 동병동)

병원에 들어와 일하면서 공감간호라는 말을 참 많이 들었습니다. 간호부에서 가장 추구하는 목표가 "공감간호"인데, 과연 직접 환자와 부딪히는 내가 정작 공감간호를 하고 있는지 하는 생각이 들었습니다. 공감간호라는 건, 말 그대로 환자의 정서적, 육체적 모든 상황을 공감하고 그 마음을 가지고 진심으로 간호를 하는 것일 텐데 진짜 내가 그런 공감간호를 시행하고 있는지 아직도 잘 모르겠습니다.

병원에서는 주 2회 기본간호라 하여 입원기간 14일 이내 환자 중 3~4군 환자 세발과 목욕 간호를 해주는 봉사를 합니다. 전 병동 간호사들이 돌아가면서 하기에 1년에 2~3번 정도 하게 됩니다. 올 상반기에 하게 됐는데 작년에도 올해도 그냥 해야 되는 일이니까 해야지 라는 생각으로 하기 귀찮다는 듯이 마음에서 우러나지 않고 그냥 해야 되는 일로만 생각해버렸습니다. 3. 4군이 아닌 사람이 신청됐거나 입원기간 14일 이상인 사람이 신청되어있으면 속으로 '아, 왜 신청하는 거야' 라는 못된 생각도 했었던 것 같습니다.

그런데 하다 보니 그런 생각이 점점 사라지게 되었습니다. 전

병동 환자를 상대로 하는 기본간호를 하다보니 우리 병동 환자보다 다른 병동 환자들이 더 많을 때가 많이 있습니다. 10분도 되지 않는 시간에 잠깐 왔다 가는 우리에게 환자분들이 얼마나 고마워하시던지. "이렇게 좋은 병원은 처음이에요. 직접 와서 움직이기도 힘든 자신들을 도와주는 병원도 있냐?"면서, "역시 의정부 성모병원이 좋구나!"라는 이야기들을 들을수록 제 마음은 단지 해야 하는 귀찮은 일이라 생각했던 일이 꼭 하고 싶은 소중한 봉사로 어느 새 바뀌게 됐습니다.

어떻게 해야지 환자분이 더 시원할까, 어떤 자세로 세발을 해드려야지 더 편하실까 하는 생각이 더 커졌습니다. 머리를 감겨 드리면서 이런 저런 얘기도 하고, 몸 닦아드리면서 시트랑 환의도 모두 갈아입혀 드리기도 하고, 기본간호를 하면서 아 이렇게 하면 환자 분이 더 편하겠구나, 이렇게 해주면 환자 분이 더 좋아 하시겠구나 이런 생각을 하며 간호를 했습니다.

"이게 진정 공감간호일까, 공감간호가 될까?"라는 생각을 하다가도 솔직히 공감간호라고 하기엔 너무 많이 부족한 것만 같아 다시 생각에 잠기곤 했습니다. 환자에게 얼마나 공감을 했다고 감히 공감간호란 말을 꺼낼까요. 하지만 환자분이 좀 더 편하도록, 좀 더 많이 더 열심히 마음에서 우러나 도와드렸다는 것으로 이게 바로 진짜 간호구나! 라는 생각을 해도 되지 않을까 싶습니다.

아직 모르는 것도 많고 환자 대하는 법, 간호를 더 잘 하는 법,

공감간호를 시행하는 법 모든 것에서 많이 부족하고 더 많이 노력해야하는 저입니다. 아직 공감간호라는 말을 꺼내기에도 많이 부족하지만 이런 진짜 간호를 하다보며 환자를 먼저 생각하고 환자를 이해하게 되면 조금씩 공감간호에 한발자국씩 더 다가가는 간호사가 되지 않을까 라는 생각을 하게 됐습니다. 저의 공감간호는 지금부터가 시작입니다.

인공관절 수술 견학

이 은 선 (7층 서병동)

유난히 햇살이 따뜻했던 봄 날, 나는 참 특별하고도 뜻 깊은 경험을 하였다. 부서 이동을 하게 되면서 낯선 병동 환경과 익혀야 할 새로운 간호기술들, 그리고 새로운 부서원들과 관계 맺기 등의 바쁘고 고된 병원 생활을 핑계로 간호를 받는 모든 이들에게 봉사하고 헌신하겠다는 촛불 앞에서의 맹세는 이미 잊혀 진 지 오래였다. 그러나 오늘 수술실에서의 경험은 나에게 무언가 특별한 메시지를 전해 주는 것 같았다. 간호 행위를 이론적으로 적절하게 진행하는 것만이 간호의 전부가 아님을 기억하라고 말이다.

　정신과 경력을 가지고 있던 나는 환자들을 만남에 있어서 치료적 관계를 형성하고 효과적인 의사소통을 하는데 별 어려움이 없었다. 또한 친절한 어투와 예의 바른 행동들이 환자와 보호자에게 만족과 감동을 줄 수 있는 가장 기본적인 것이라 여겼기에, 이렇게 하면 공감간호를 통해 대상자와 보호자에게 감동과 만족을 줄 수 있을 거라 생각했고 그렇게 행동해 왔었다. 하지만 간호서비스를 제공함에 있어서 무언가 결핍돼 있는 듯한 느낌이 지속되었다. 그것은 아마도 본인의 질환에 대한 것은 물론 수술에 대해 알고 싶어 하고 세세한 부분까지 설명을 듣고자 하는 환자와 보호자들의 요구에 내가 부응할 수 없었기 때문이었을 것이다. 수술이 많은 정형외과 병동에서 환자들이 원하는 간호사의 역할에 대한 요구도가 정신과와는 다르다는 것이었다. 이때 환자들의 기호는 다양하며 획일화된 간호로는 모든 환자들을 이해하고 수용하고 공감하기 어렵다는 것을 깨달았다. 그래서 환자들의 요구도를 파악하고 개별적인 접근과 간호를 제공하기 위한 노력이 절실하다고 생각되어질 쯤에 수술실 견학을 하게 되었다. 내가 평소에 궁금해 하던 인공관절 전치환술이었다.

　수술 준비를 마친 환자가 수술실에 들어왔고 마취 후 대상자의 피부 준비부터 꼼꼼하고 세밀하게 시작되었다. 수술용 칼로 무릎을 절개하고 개방하자 **뼈**가 많이 닳아 있고 물이 많이 차 있었다. 아주 심한 상태의 무릎이라고 교수님이 설명해 주셨고 환자가 이러한 무릎 상태로 생활했을 것을 생각을 하니 통증으로 얼마나 고통스러웠을까 조금이나마 이해할 수 있었다. 보기만 해도 무지막지한 드릴, 망치와 끌로 대상자의 뼈를 깎고 다듬고 자로 재면서 한 치의 오차와 실수가 용납되지 않는 냉철함 속에서 수술이 진행되었다. 여러 의사와 간호사 등 치료진들의 조화로운 팀워크를 통해 수술의 완성도가 극대화 되고 있었다. 수술 과정을 함께 하면서 교수님의 기술에 감탄하지 않을 수 없었고 능숙한 수술실 간호사들도 너무 멋있고 같은 간호사로서 자부심을 느낄 수 있었다. 수술이 막바지에 이르렀고 인공관절을 대상자의 무릎에 삽입하는 순간 뼈를 깎는 고통을 참아낸 대상자가 고통으로부터 자유로워질 수 있기를 또한 수술 후 회복하는 과정에서의 고통도 잘 이겨내기를 진정으로 바랐고 내가 대상자의 고통을 어루만져줄 수 있고 내 도움으로 조금이나마 고통이 경감될 수 있었으면 좋겠다는 생각을 하게 되었다.

  한두 시간이 지나자 회복 후에 병동으로 올라온 대상자와 가족들을 만날 수 있었다. "너무 고생 많으셨어요. 오늘 수술 과정을 지켜보았는데 교수님께서도 수술이 잘됐다고 하셨어요. 많이 아프실 테니 아프면 간호사에게 바로 이야기 하세요."라고 환자와 가족에게 이야기 해주자 너무나 고마워하는 환자와 가족들의 모습이 아직도 눈에 선하다.

  수술실에서의 새로운 경험을 통해 입원 전 환자의 고통부터 입원 내내 느끼는 환자의 불안, 걱정, 통증, 위험성 등에 대해 다시 한 번 생각해보게 되었다. 환자의 고통이 무엇이고 환자가 원하고 환자에게 필요한 것이 무엇이며 어떻게 하면 환자에게 조금이나마 도움이 될 수 있을지 말이다. 그래서 환자의 소리에 조금 더 귀 기울이게 되었고 있는 그대로 환자를 온전히 이해하기 위해 노력하고 있다.

이러한 작은 노력들이 환자를 감동시키고 만족해하는 환자와 보호자들을 통해 내 입가에도 미소가 번진다.

외국인 진료봉사, 어렵지 않아요

노 희 선 (수술실)

지난 일요일, 외국인 노동자들을 대상으로 의료봉사를 할 수 있는 기회가 왔다. 병원에서 진행되고 있는 외국인 진료봉사에 부서원들과 함께 참여하게 된 것이다.

이제 병원에 입사한 지 6개월의 시간이 흘러간 후 찾아 온 의료봉사의 기회는 학생 때부터 상상 속에서만 의료봉사를 꿈꾸어 왔던 나에게 '간호사의 자격으로서' 주어진 기회였기에 흥미로운 일이 아닐 수 없었다.

사실 그 동안 외국인들에 대한 언어 다시 말하면 그들과의 소통에 대해 공포감을 가지고 있었던 터라 조금은 두려움을 느꼈으나, 막상 의료봉사를 해보고 나니 그들의 순진하고 긍정적인 모습에 왠지 모르게 뿌듯하였다. 게다가 혼자가 아닌, 입사동기들과 함께 봉사활동을 같이 참여 할 수 있었음에 봉사하는 시간이 그저 든든하고 즐거운 시간이 되었다. 다들 각자가 자신이 맡은 분야에서 분발하려고 노력하며 진료보조를 하면서 최선을 다하는 모습이었다.

수술실에서만 업무를 하다보면 환우들과 커뮤니케이션을 하기가 어렵다. 사실상 환우들과 대화를 나누는 자체가 어려운 것이 사실이다. 그렇기에 나는 그들을 공감하려 애쓰기보다는 그들이 받는 수술에 참여하여 무사히 수술이 진행되는 것에만 급급했었다.

그래서인지 간호사임에도 불구하고 환우를 만나는 것이 두렵고 떨렸던 것 같다. 환우에게 어떤 말을 먼저 건네야 하며, 그들이 원하는 것이 무엇인지 파악하는 것 자체를 잘 할 수 있을지 염려가 되었다. 그런데 예상 밖으로 환우들과 잘 통했고 의료봉사는 무리 없이 착착 진행되었다.

특히 기억에 남는 환우 분이 한 분 계셨는데 필리핀의 젊은 남자였다. 고향에 있는 세 명의 자녀의 등록금을 마련하기 위하여 홀로 한국에 오신 분이었다. 이분은 한국에 5년간 거주하고 있었고 의정부성모병원 의료봉사단 덕분에 자신이 건강을 지킬 수 있었다며 감사하다는 인사를 전했다. 즐겁지만도 조금은 업무적이며, 조금은 신규간호사의 호기심의 대상으로, 그리고 대학병원의 한 행사로서 느껴졌던 봉사가 누군가에게는 중요한, 절실한 일임을 느끼면서 무게감이 가슴으로 쿵하고 느껴졌다. 이 봉사가 몇몇 외국인 분들만이 아닌 그들의 가정까지 지켜나가고 있다는 생각에 새삼 외국인 진료봉사를 다시 가슴으로 느끼는 순간이었다. 곧 고향으로 돌아가는 젊은 남자 분께서는 이 봉사로 인해서 한국에 대한 좋은 기억만 가지고 돌아가실 것 같다는 생각에 기분이 좋아졌다.

의료봉사 자체가 여러 단체에서 진행되지만 병원이라는 이름으로 봉사활동을 한다는 것 자체가 참 뜻 깊은 일인 것 같다. 병원이라는 틀에 갇혀 환자를 만나기보다는 일대 일로 마주하여 환자를 찾아가고 그들이 원하는 무언가를 해주고 이야기를 들어준다는 자체의 의미가 그들에게 힘이 되는 일이기도 하지만 나에게도 무언가 긍정적인 힘을 얻을 수 있다는 사실을 깨달았다.

대학 시절 러시아 의료봉사를 통해 앞으로 간호사로서 살아가면서 우리나라 사람들뿐만 아니라 외국인들도 만나서 간호를 전해주고 싶다는 생각을 항상 마음에 품고 있었다. 그래서인지 이번 봉사의 기회는 꿈꾸어왔던 목표 하나를 이루어낸 기분에 마음이 성장한 듯한 느낌이 든다.

간호라는 것은 특별한 말이 필요한 것이 아니라 그들의 감정을 공감해주고 느낀다는 것 자체만으로도 엄청난 에너지가 된다고 생각한다. 앞으로도 의료봉사의 기회가 많이 있겠지만 이렇게 찾아가는 의료봉사의 기회가 주어지면 난 언제든지 먼저 손을 들 것이다. 좋은 봉사의 기회와 함께 행복하고 뿌듯한 시간을 얻었다. 행복한 순간으로 기억될 것이다.

나의 작은 두 손이 하는 가슴 따뜻한 일

라 영 미 (분만실)

연초에 사업 계획을 세우면서 봉사활동도 하고 의료기관평가도 대비하기 위하여 병동계 간호 팀 간호사들 모두가 의료기관평가의 대상자인(재원 3일 이상 14일 이하)환자들에게 담당을 정하여 한 번에 2시간씩 1년에 두 번, 목욕과 세발 간호를 시행하기로 계획하였다. 기관평가의 기준은 세발이 3일에 1회라 월요일은 병동계 간호팀 간호사들이, 목요일은 특수계 간호팀 간호사들이 짝을 이루어 세 팀으로 봉사활동을 하기로 하였다. 이렇게 계획할 때까지만 해도 나는 봉사활동이라기보다는 의료기관 평가에 대비하는 일이라는 생각이 머릿속을 가득 채우며 엄청 귀찮고 힘든 일이 될 것이라 생각했다.

매주 월요일은 병동마다 분주하다. 주말 동안 지체되었던 검사들과 입원 등으로 매우 바쁜 가운데 평소 2시 정도까지 오던 오후 근무자들이 오전 10시 정도가 되면 2명씩 더 출근을 한다. 근무표가 잘못 되었나 하고 놀란 적도 여러 번 있지만 기본간호를 하러 왔다는 것을 금세 알 수 있었다.

  어느 더운 여름날이었다. 내가 기본간호 담당하는 날이라 다른 월요일처럼 10시경에 간호부 사무실에 들러 전날에 각 병동에서 신청한 대상자(기본간호 대상자와 보호자 없는 환자들 중 원하시는 분) 명단을 받고 앞치마를 입고는 세발 세척기 및 샴푸, 린스, 수건, 고무포, 드라이어기 등을 챙겨서 대상자가 있는 병동으로 출발한다.

  "자, 출발!"

  애써 신나게 출발하려고 노력하였으나 낯선 병동, 낯선 병실, 낯선 환자……. 그래도 우리 간호사의 주 무기인 웃음으로 애써 포장하며 병실로 들어선다.

  "안녕하세요? ○○○님! 저희는 9층 동병동 ○○○ 간호사들입니다. 오늘은 세발봉사를 하는 날이라 ○○○님을 찾아뵈었습니다. 목욕과 세발 모두 저희가 해드리겠습니다?" 오랜 병환으로 마르신 어르신께서는 "이거 돈 내는 것 아니유? 그럼 난 안 할라네." 하신다. "어르신, 돈 드는 일 아니에요. 저희가 시원하고 깨끗하게 해드릴 테니 걱정 마시고 편안히 누워 계세요." 했더니 어르신은 그제야 마음을 놓는 눈치시다. 침대를 조금 빼서 고정시키고는 환자분은 상체를 움직여 자세를 취해드린 다음 밑에 고무포를 깔고 세발기를 바짝 들이대어 샤워기를 틀고 샴푸를 이용하여 머리를 감겨드렸다. 사실 이삼일 정도만 머리를 안 감아도 가려워 참기 힘든데, 환자분들은 많이 아플 때는 잘 모르다가도 건강이 조금 회복되면 그때서야 여기저기 가렵기 시작한다. 어르신의 머리는 힘도 없고 숱도 적지만 정성을 다해 감겨드린 후 드라이어기로 살살 말려드렸다. 그런 후 마른 수건을 적셔 꼭 짜서 얼굴부터 시작하여 온몸 구석구석을 닦아 드린다. 상체 중 왼쪽, 오른쪽 그 다음 하체, 발가락 사이사이까지 닦고 나서 "어르신 수고하셨어요. 개운하시죠?" 하고 여쭤보니 처음보다는 훨씬 생기 있는 언성으로 "내가 아주 날아갈 것 같으우. 내 자식도 못하는 일을 이렇게 웃으면서 해주다니 감사해서 어쩌누? 정말 고마우이." 그렇게 말씀하시는 어르신 눈가에 이슬이 살짝 맺히신다.

  우리도 눈가가 시려왔지만 애써 웃음으로 넘기며 "어르신 다음에 또 봬요. 얼른 건강 회복하시구요. 그럼 안녕히 계세요." 하고 말을 맺고는 병실을 나오는 나는 눈망울은 촉촉 입가에는 미소가 살짝. 뭐라 말하기 어렵지만 기분 좋은 그런 날이었다.

  그 다음 봉사 날에 기억나는 분은 병원에 너무나 오래 입원해 계시다가 이제 병세가 호전이 없어 집에서 가족들과 함께 보내려고 집으로 가시는 분이었다. 나는 '해드려야 할 환자도 많은데 집으로 가시면 집에 가서서 하시지.' 하는 생각을 하면서 아무래도 좋지 않은 표정으로 병실로 들어갔을 것이다. 그 때 어르신의 자제분이 먼저 아신 것처럼 "죄송해요. 우리가 집에 가서 씻겨드려야 하는데 아무래도 우리보다는 간호사 선생님들의 손길이 훨씬 안전하고 어머님도 편해하실 것 같아서요. 바쁜데 죄송해요." 그 아드님의 표정을 보고는 나는 병실 들어오기 전에 했던 생각에 미안하고 죄송스러웠다.

"아닙니다. 저희가 당연히 해야 할 일인데요. 어르신께서 편하게 그리고 깨끗하게 씻고 가시면 기분도 좋아지시고 개운하실 것 같아요." 그리고는 어느 때보다도 정성스럽게 닦아드렸다. 이 세상에서 하는 마지막 목욕일지도 모르는 어르신을 위하여… 그리고는 귓속말로 나직이 말씀드렸다. "어르신 댁에 가셔서 편하고 좋은 생각만 하세요." 어르신은 잘 알아들으신 듯 눈을 깜빡이셨고 고개도 조금 끄덕이는 것 같아 보였다.

머리와 목욕을 하고 새 옷으로 갈아 입혀 드리고 뒷정리를 하고 나오는 우리 뒤를 아드님이 따라 나오셔서는 몇 번이고 고맙다 인사하며 귤 몇 개를 손에 쥐어주셨다. 아까부터 주려고 쥐고 계셨는지 따뜻해진 귤을 사양할 수 가 없어 잘 먹겠다며 받아 들고 돌아오는 나의 발걸음은 미안함과 아쉬움이 남았다.

수시로 강조했던 우리 병원의 핵심가치 '환자 우선의 전인치료' – 바로 이런 것인 듯싶다. 환자에게 목욕과 세발봉사를 하고 등에 축축이 베인 땀과 이마에 송글송글 맺힌 땀방울, 그건 아름다운 이슬보다 아름다운 것이고 그때의 기분이 그 무엇보다도 상쾌한 것은 아마도 나만의 느낌은 아니었을 것이다.
 내가 드린 짧은 시간이, 나의 작은 손길이 누군가에게 소중한 도움이 될 줄 미처 몰랐다. 여기저기 가려워도 돈 드는 일인지 알고 맘 놓고 닦아달라고 하지 못하던 어떤 분에게는 시원함과 개운함을 드려 건강해질 날을 조금 더 재촉했고 이제 편안함을 원하시는 분께는 보다 안락하고 깨끗하게 쉴 수 있도록 해드렸다.
 나 또한 나의 작은 손길이 그리 값지고 소중한 일에 쓰일 수 있음에 감사드린다. 내년에는 감사하는 마음으로 다시 또 웃음으로 환자 곁으로 다가갈 수 있으리라!

아이티 지진 현장 봉사의 교훈

박 성 우 (응급의료센터 중환자실)

 지난 겨울, 가톨릭중앙의료원 의료봉사단 소속으로 아이티에 의료봉사를 다녀왔다.
 자연재해로 인한 피해와 아픔을 표면적으로는 느끼고 있었지만 현장의 상황은 생각보다 훨씬 가슴 아팠다.

의료봉사현장으로 오는 대상자들은 신체 일부분을 잃거나 지진의 공포로 불면을 호소하는 경우가 많았다. 특히 어린아이들이 잘려나간 손, 발을 오랜 시간 더러운 붕대로 감고 지내는 모습은 너무나 안타까웠다. 그들에게는 정성스런 진료와 간호가 절실히 필요했다.

하지만 불어를 쓰는 아이티 사람들의 고통과 요구를 통역 봉사자가 영어로 봉사단에게 전달해주는 방식으로는 한계가 있었다. 또한 대상자들은 낯선 사람들에게 자신의 몸을 맡겨야하고, 언어도 통하지 않아 부족한 부분이 있더라도 우리에게 더 요구하지 못했을 것이다. 때문에 그들의 표정과 행동 하나하나를 놓치지 않는 것이 매우 중요했다. 치료하는 것뿐 아니라 망가진 목발 대신 새 목발을 지급하고, 상처가 너무 아파 우는 아이에게 사탕을 한 움큼 쥐어주는 일도 우리에겐 소중했다.

2주간의 봉사를 통해 대상자가 잘 표현하지 못하는 것까지 살피고, 작은 불편이라도 살필 줄 아는 간호를 하겠다고 다짐했다.

하지만 막상 병원에 돌아 와보니 바쁘고 응급한 상황에서 대상자들의 잦은 부름과 사소해 보이는 요구들을 하는 모습이 불편하게 느껴질 때가 많았다. 또한 시간에 쫓기다보니 면회하기 전에 의식이 없는 중환자의 얼굴을 닦아드리는 기본간호를 수행하는 일이 버겁게 느껴지기도 했다. 그럴 때마다 예전의 다짐을 떠올리며 대상자 각자의 입장에서 다시 한 번 생각해 보게 되었다. 즉각적으로 요구를 들어주지 못할 때는 양해를 구하고, 보호자들에게는 더 없이 소중한 면회시간을 위해서 환자들 위생에 더욱 신경 쓰자고 다짐했다.

  기본적인 간호활동과 더불어 환자와 보호자들이 더 원하는 것, 관심 있어 하는 것에 초점을 맞추고 충분한 간호를 하기 위해 늘 고민하는 것이 습관이 되도록 더욱 노력하고 싶다.

2 | 함께 걷기

병원 내 모든 의료진과 환우, 보호자 간의
훈훈한 공감이야기 모음입니다.

- 공 공든 탑은 무너지지 않습니다.
- 감 감동을 주는 영화도 우리의 마음에 남아있습니다.
- 간 간호는 어렵지 않습니다.
- 호 호호 불어주며 마음을 다독이며 환자의 입장에서 생각하는 것, 그것이 간호입니다.

- 공 공들여보세요.
- 감 감정을 조절해 보세요.
- 간 간혹 힘이 들더라도
- 호 호(좋을) 시절이 있을 거예요.

내 마음속 멋진 사진

박 민 경 (응급의료센터)

응급실에 있다 보면 참 다양한 모습의 환자들을 만나게 된다.

그리고 몇 년을 이곳에서 일하다 보면 초심을 잃고 변해가는 나와 내 동료의 모습들도 마주치게 된다. 환자는 분명 굉장히 아프고 참 수 없어 이곳을 찾게 되는데 응급실의 특성상 위급한 상황의 환자가 아니면 대면하자마자 '겨우 이런 걸 가지고 응급실을 오나?' 싶은 적이 한두 번이 아니다. 간단한 복통, 두통으로 내원한 환자들에게 나도 모르게 짜증 섞인 말투로 응대하며 그 환자를 대수롭지 않게 여기는 나쁜 마음이 먼저 들게 된다.

그 중에서도 가장 가까이 가고 싶지 않은 환자는 자살 목적으로 약을 먹고 오거나 자살시도가 실패하여 가족들이나 이웃들에게 발견되어 내원하는 환자이다.

며칠 전 나이트 근무시작하기 전 농약을 먹고 응급실에 내원한 환자가 있었다. 인계받을 때부터 환자는 말도 듣지 않고 계속 소변 줄을 빼 달라, 주사를 빼 달라, 다른 병원으로 보내 달라 근무 내 힘들게 했다는 얘기를 들었다. 올라갔다 내려오는 어깨와 내뱉는 한숨, 벌써부터 아파오는 머리를 만지작거리며 마음을 단단히 먹고 근무를 시작했다. 순회를 돌면서 본 환자의 모습은 그대로 나의 걸음을 멈추게 했다. 보는 것만으로도 다시 한숨이 나왔다.

이불과 모니터 줄과 수액 줄을 온몸에 칭칭 감고 거꾸로 누워서 커튼을 치고 있는 모습이었다. 할 수 있는 일을 먼저 하자! 마음속 외침과 함께 일단 환자에게 먼저 인사를 했다. 이 환자분에게 '제가 지금부터 밤새도록 환자분 옆에 있을 테니 제발 제 말 좀 들어 주세요.' 라는 눈빛으로 커튼을 걷었다. 그러자 환자가 다시 커튼을 빼앗고 내 손을 쳤다.

다시 한번 더 도전! 그러자 환자는 같은 행동으로 나에게 경고를 보냈다. 커튼을 가지고 몇 번을 실랑이를 했을까, 더 이상 상황이 나아지질 않아 용기 내어 차분히 말을 건넸다. "커튼 치지 마세요. 이렇게 커튼을 치시면 제가 환자 분의 모습이 보이질 않아 바라볼 수가 없어요. 저도 잘할 테니, 환자 분도 저 도와 주실 거죠? 불편하신 게 있으면 이야기를 해주세요." 커튼을 잡은 손이 풀리며 더 이상 나와의 힘겨루기를 연장하지 않으셨다. 커튼 싸움은 나의 승리로 막을 내렸다.

다음은 수액이었다. 온몸을 감고 있는 그 수액 줄을 보고 있자니 숨이 막혀왔다. 아무런 약도 섞여 있지 않은 단순한 생리식염수였지만 언제 어느 때 어떤 약을 줘야하는 상황이 생길지도 모르는데 이대로 두면 안 될 것 같았다. 환자를 일으켰다. 그리고 줄을 풀면서 나도 모르게 잔소리를 하기 시작했다. "이게 뭐에요, 온몸에 줄을 다 칭칭 감으시고? 자, 바로 누워서 정리 해 드릴게요." 환자가 나를 쳐다봤다. 마치 눈빛으로, '뭐 이런 사람이 다 있나. 귀찮은데 건드리지 좀 마라.'라고 외치는 것만 같았다.

20년 간 하루도 빼먹지 않고 술과 함께 지낸 분이셨다. 하루 종일 아무것도 안 먹었을 것이 분명한데 환자가 숨을 쉴 때마다 진한 알코올 냄새가 풍겨왔다. 여자 환자임에도 머리는 까까머리. 곁에 서서 그 모습을 보는 순간 왠지 마음이 찡해졌다. '어떤 환경에서 어떻게 살고 계신 걸까? 이 분은 지금 어떤 마음이실까' 헝클어져 구겨져있는 담요를 피고 반듯하게 누워있는 환자에게 덮어주면서 말을 걸었다.

"머리는 왜 그렇게 짧게 깎으셨나요?"

묵묵부답이다. 다시 한 번 용기 내어 말을 붙였다. "말씀하시는 거 힘드시죠, 제가 저쪽으로 갈까요?" 이번에는 눈빛으로 반응을 보내신다. 그리고 한마디. "아니. 가지 마." 그리고 작은 목소리의 또 한마디.

"손질하기 귀찮아서 깎았어."

"그래도 여자 분이신데, 머리카락 아깝지 않으셨어요? 사실 누워계실 때 남자 분이신 줄 알았어요."

"됐어. 그런 게 다 무슨 소용이야. 술이나 먹고 빨리 죽어버려야지."

"아직 한참 젊으신 걸요. 세상에 술을 얼마나 드셨는지 곁에서 지금도 술 냄새가 나요."

환자에게 얼굴을 바싹 들이밀고 냄새를 맡는 시늉을 했다. 생각지 못한 반응. 갑자기 환자 분께서 씩 웃었다. 눈이 안 보이게 웃는 모습이 영락없는 어린아이 같았다.

물이 먹고 싶다고 하여 종이컵에 물을 담아 몇 번을 날라드렸는지 모르겠다. 하루 종일 짜증내며 금식하고 있던 터라 목이 정말 많이 말랐었나보다 싶었다.

내 자리로 돌아와 컴퓨터화면을 보고 있어도 시선이 느껴졌다. 고개를 돌려 쳐다보면 누워 있던 그 환자가 나를 쳐다보고 있다. 나의 걸음걸음 하나에 전부 환자 분의 시선이 따라옴을 알 수 있었다.

"왜요, 물 좀 더 드릴까요? 저한테 하실 말씀 있으시죠?"

"아니야, 이제 목 안 말라. 할 말 없어. 나 신경 쓰지 말고 일해." 하고는 다시 자리에 누워버리신다. 그러나 일하다보면 또 시선이 느껴진다.

'그래, 자꾸 오라고 쳐다보시는데 한번만 갔다 오자.' 싶은 마음에 환자에게 다가갔다. 고개를 내밀어 얼굴을 바라보자 환자분의 두 눈에 가득 고여 있는 눈물이 보인다. 모르는 척을 해 드려야 할까? 자존심 상해하시진 않을까? 하지만 생각에 앞서 맘이 먼저 움직였다.

"어? 울고 계시죠? 무슨 일이세요?"

"안 울어. 가서 일해."

말은 가서 일하라고 하시지만 속뜻은 정반대. '가지 말고 내 옆에 좀 있어.' 라고 들렸다. 조심스럽게 다시 말을 꺼내본다.

"왜 힘드시게 좋지 않은 약을 드시고 와서 이렇게 병원 와서 고생 하세요"

"화가 나서 그랬지!!"

다시 한 번 환자를 쳐다본다. 앙상하게 말라서 뼈만 있다.

"혹시 매일 술만 드시고 식사 잘 안 챙겨 드시죠? 이렇게 마르셔서. 몸도 약해지셨는데, 화 나신다고 그렇게 좋지 않은 약 먹고 그러지 마세요, 네?"

"에휴! 잔소리 하는 거 보니, 천상 간호사네. 그러게 간호사도 여기서 일하면 힘들고 화나는 일 많을 텐데, 그치? 응, 이제 안 그럴려구, 나도."

그 날 밤 근무가 끝나고 응급실을 나오면서 '인사를 하고 갈까 말까?' 하다 돌아 나왔다. 여기서 더 감정 조절을 하지 못하고, 나의 연락처를 그 분께 가르쳐 드릴 것도 아니고, 그 분 집에 찾아가 식사를 사 드릴 것도 아닌데 근무하는 동안만이라도 옆에서 말동무 해 준 걸로 최선을 다했다고 생각하자라는 핑계 아닌 핑계로 마음을 되돌렸다. 하지만 왠지 발걸음만큼은 마음을 솔직하게 보여주듯이 무겁고 또 무거웠다.

이렇게 이 곳에서 난, 순간순간 양가감정에 휩싸인다. 때론 힘들고 지친 '간호사'에게 다가오는 위급하지 않은 환자들을 대할 때면, 자칫 '나'의 모습이 앞서 나타나 그들에게 무표정한 얼굴과 차가운 말투로 대면하게 되는 경우도 있다. 그런 감정이 나를 찾아올 땐 '환자'를 한 번 더 쳐다보고 '간호사'로서의 나를 만들어 그들 앞에 세우려고 노력한다. 이 곳, 내가 서있는 이 공간은 그들이 찾아 도착한 '안식처'가 되어야 하고 그 공간의 열쇠는 간호사인 내가 가지고 있기 때문이다.

커피를 안주삼아 매일 술만 먹었던 가슴 아픈 그 환자 분에게, 그래도 밤 동안만큼은 그 분의 마음을 편하게 할 수 있었을까? 나에게 보여준 어린아이와 같은 그 웃음이 내 마음속에는 멋진 사진이 되어 새겨졌으니, 부디 그 환자분도 앞으로는 밥도 잘 먹고 건강하게 지내셨으면 좋겠다. 둘 모두의 멋진 사진으로 간직할 수 있도록.

벚꽃, 그리고 할머니

여 재 헌 (소화기내과)

주말 퇴근길에 눈처럼 하얗게 휘날리는 벚꽃을 보니 저절로 미소를 띠게 만들어 주는 할머니 한 분이 생각났습니다.

5년 전 혈액내과 외래에 첫 발령을 받아 근무를 시작할 때였습니다. 근무하던 부서의 환자들 대부분이 백혈병이라는 질환을 앓고 있었습니다. 텔레비전에서만 보던 청순가련한 생머리를 가지고 있는 아름다운 여인이 앓게 되는 병이라고만 상상했던 것이었는데 세상에 이렇게 많은 환자들이 백혈병이라니 생각했던 것보다 너무도 많았습니다. 함께 근무했던 교수님께서는 백혈병 치료로 유명하신 분으로, 교수님을 찾는 환자들 중에는 유명기업의 사장님부터 시골에서 농사짓는 환자까지 사회 계층이 다양했으며 서울, 지방 및 해외에서까지도 환자들이 찾아올 정도였습니다.

진단명은 같지만 인생은 모두 다른 백혈병 환자들은 정기적으로 골수 검사를 시행하는데 그 날은 유난히 아침부터 골수 검사를 시행하는 환자들이 많았습니다. 그 중 한 할머니가 부산에서 출발하여 외래 진료 예약시간보다 늦을까봐 아침부터 서둘러 왔다며 2시간이나 일찍 도착을 하셨습니다. 빨리 하고 내려가야 되니 좀 서둘러 해주면 안 되겠냐며 물으셨지만 이미 스케줄이 꽉 차 있어서 할머니의 부탁을 들어줄 수 없었습니다. 할머니의 차례가 되어 골수 검사를 시행하고 지혈을 위해 누워 계시도록 하였습니다. 외래 진료는 다 끝나고 검사 후 지혈이 잘 된 환자들은 한 분씩 차례로 귀가하고 계셨습니다. 그날 따라 날씨도 유난히 화창하고 오래간만의 오전근무라서 외래 업무를 정리하고 오후에 데이트를 할 생각에 마음이 들떠 있었습니다. 부산에서 올라 온 할머니는 연세가 있어서 그런지 생각보다 지혈이 잘 안 되었습니다. 다른 환자들은 다 집으로 가시고 저와 할머니만 외래에 남게 되었습니다.

점심 시간이 훨씬 지나서 배에서는 꼬르륵 소리가 났지만 할머니만 집에 보내고 남자친구와 맛있는 것 먹어야 되겠다는 생각에 조금만 참자 생각하고 기다리고 또 기다렸습니다. 퇴근을 재촉하는 핸드폰은 계속해서 울리고 있었습니다. 할머니는 마음이 불편하셨는지 "왜 지혈이 안 될까? 미안하네."라고 계속 말씀하셨고 저는 괜찮다고 대답했지만 솔직히 데이트 시간을 못 맞추게 되어 속상하고 화가 나 있었습니다. 오후 3시가 넘어 가니 더 이상 남자 친구와의 데이트는 포기하고 '에라, 모르겠다. 밥이나 먹자.'라고 생각하고 보니 젊은 저도 이렇게 배가 고픈데 할머니는 괜히 내 눈치만 보고 보호자도 없어서 꼼짝도 못하고 몇 시간을 누워 계셨다는 생각에 갑자기 미안한 생각이 들었습니다.

"할머니, 배고픈데 저희 김밥이라도 먹을까요?" 하자 할머니는 "나 때문에 밥도 못 먹고 미안해." 하며 바지 주머니에서 만 원 짜리를 꺼내시더니 점심을 먹고 오라고 하셨습니다. 순간 가슴속에서 뜨거운 것이 올라오는 것을 느꼈습니다.

내 겨드랑이 밑에 숨겨 둔 날개를 펴지 못하고 너무도 내 자신만을 생각했던 것이 너무 창피했습니다. 저는 할머니의 한 명 밖에 없는 친구라고 생각하고 매점에서 김밥과 여러 가지 간식을 사와 나누어 먹으며 이런 저런 얘기를 하며 열심히 수다를 떨다 보니 지혈이 다되었습니다. 외래를 나와 버스를 타고 할머니는 터미널로, 저는 아직까지 기다리고 있을 남자친구를 만나러 가는 길에 눈꽃처럼 하얀 벚꽃이 휘날리며 버스 안으로 들어왔습니다. 그 때 우연히 할머니와 눈이 마주쳤습니다. 우리의 입가에는 살포시 알 수 없는 미소가 돌았습니다. 그 후 마음으로 다 표현하지 못하는 환자를 품을 수 있게 저의 가슴속엔 커다란 바다가 이루어졌습니다. 한 달 이후 할머니를 다시 외래에서 만났을 때 우리는 말하지 않아도 눈빛으로 미소 짓는 사이로 변해 있었습니다. 교수님의 병원 인사이동으로 인해 할머니도 병원을 옮기시게 되었지만 벚꽃이 날릴 5월이 되면 할머니의 미소가 떠올라 소리 없는 행복을 느낍니다. 외래 간호사로서 환자의 마음을 어떻게 이해해야 되는지 알게 만들어 주신 할머니. 지금은 어떻게 지내고 계시는지 궁금하며 보고 싶습니다.

❀ 간호 로봇의 딜레마 탈출기

김 령 경 (5층 동병동)

나는 가톨릭대학교 의정부 성모병원의 간호사이다.

그리고 나는 소아과라는 평범하다면 평범하고 또한 특수하다면 특수한 이곳에서, 간호사란 이름으로 일을 한 지도 4년째가 되어 가고 있다.

그 4년여의 시간 동안 난 많은 환자들과 그 보호자들을 보았고, 기쁜 일과 슬픈 일들이 공존했으며, 희망과 함께 포기란 단어도 느낄 수 있었다. 포기. 그 단어는 의료인이라면 절대 가져서는 안 되는 마음이라고 간호사를 꿈꾸던 학생 때는 생각도 못 했었는데, 지금 와서 생각해보면 막상 현장에서 일을 하면서 나는 희망을 꿈꾸기보다는 포기를 선택할 때가 더 많았던 것 같다. 나 혼자만의 일이 아닌 하루 3교대라는 근무시간이 있고, 각 시간별로 끝마쳐야 할 일이 있고, 내 일을 마쳐야만 다음 번 교대자가 자신의 일을 시작할 수 있기에 시간에 쫓기고 해야 할 일에 쫓기다 보면 난 어느새 웃는 얼굴로 포장한 채 아등바등 움직이는 기계가 되어 있었다. 그리고 그 것이 대한민국의 간호사라면 어쩔 수 없이 받아들여야 하는 현실이라고 그렇게 포기하고 있었다.

'간호사는 공감간호를 해야 한다.' 처음 이 말을 들었을 때가 생각난다. 다른 병동에 도와주러 잠깐 간 적이 있었는데 그때 장기간 입원해 계시던 한 할머니에게 컨디션을 물어보려고 "어디 불편한 데는 없으세요?"라는 말을 꺼내자, 할머니는 갑자기 내 손을 붙잡으시곤 울먹이며 자신의 얘기를 꺼내 놓으셨다. 한 두어 마디 할머니 손을 붙잡고 위로해 드리며, '그래, 공감간호! 지금이 그 때다.'란 생각으로 얘기를 듣다보니 어느덧 30분이 넘어섰고, 난 여전히 울먹이시는 할머니의 손을 놓을 수 없어서 속으로 '이제 빨리 일하러 가야하는데…….'란 생각에 애가 탔던 적이 있었다. 그러고 나서 이게 정말 공감간호인가, 이런 간호를 하라는 건가, 나 혼자 어리둥절하며 갈피를 못 잡았었다.

　소아과 병동은 그런 나에게 더한 딜레마를 안겨주었다. 성인처럼 자신의 의사 표현이 전혀 이루어지지 않는 아이들은 자신의 아픔을 그저 울음으로만 표현하고, 아픈 곳을 명확히 표현하지 않으며, 부모들의 관심을 받기 위해 허위로 통증을 표현하기도 하였다. 그런 아이들의 아픈 곳을 살피려면 성인보다 몇 배의 시간과 노력을 들여야 하고, 그들의 관심을 사야하며, 아이들의 아픔으로 인해 불안한 상태인 부모들의 마음까지 살펴야 했기 때문에 허우적거리던 난 시간이 지나면 지날수록 조금씩 포기하는 방법을 택했었다. '그래, 적당히 하는 거야. 어차피 병을 고치는 것이 목적이고, 그 일을 돕는 것이 간호니까. 난 그 일만 하는 거야.' 그것이 하루하루 바쁘고 고된 간호사 일에서 내가 살아

남는 길이라 생각했었다.

　그러던 어느 날, 내 심장을 요동치게 만드는 아이를 만나게 되었다. 얼굴 반쪽이 모두 부풀어 올라 입원치료를 받고 있던 아이가, 다른 친구들 모두 놀러나간 텅 빈 병실에서 울고 있었던 것이다. 그리고 그 아이 어머니는 안타까운 표정으로 그 아이를 바라보고만 있었다. 점심 약을 전해 주러 병실에 갔던 난 그 모습을 보고 아이의 침상에 다가가서 "왜 울고 있어? 어디 아프니?"라고 물었고, 그 아이는 여전히 눈물을 흘리며 대답하지 않았다. 난 내 한 손으로 그 아이의 머리를 쓸어주며 "왜? 선생님한테 말해봐. 어디 아파?"하고 다시 한 번 묻자, 그 유치원생밖에 안 된 아이는 눈물을 주르륵 흘리면서 "귀신같아. 귀신같아."라는 말을 되풀이 하는 것이다. 이유를 몰라 어리둥절한 나에게 그 아이의 어머니는 "거울도 안 보여줬는데 갑자기 저러네요. 자신의 얼굴이 귀신같다고."라며 애잔하게 웃으셨다. 그 순간 심장이 '쿵' 하며 깨닫게 되었다. 그래, 난 간호를 한다면서 이 아이의 이런 마음도 몰라주었구나. 이 아이는 자신의 얼굴이 부어올라 아픈 것보다도, 자신의 얼굴이 귀신같아졌다고 생각하는 것에 더 아파하는데, 난 언제나 그 아이의 부어오른 얼굴을 만지며 "얼마나 아파?"란 질문만 해 왔으니 내 간호가 얼마나 잘못 되었었는지 절절히 느낄 수 있었다. 그리고는 너무도 미안한 마음에 진심으로 그 아이에게 "아니야. 귀신 안 같아. 진짜 귀신 안 같아. ○○이는 지금 여기가 아파서 그런 거야. 아픈 병 다 나으면 괜찮아지니까 걱정 마."라고 말해 주었다. 그러고 나서 그 아이는 서서히 울음을 그쳤고, 아이의 어머니는 고맙다며 살짝 고개를 숙여주셨으나, 난 그 병실을 나오면서 마음이 하나도 개운하지 않았다. 결국 그 아이는 상태가 점점 좋아졌고, 그 동안 우리에게 많은 수다와 명랑한 모습을 보여주었으며, 완쾌되어 퇴원도 했지만, 여전히 그 아이를 생각하면 난 가슴이 뛴다. 미안함 때문인지 아님 내 어리석음을 깨우쳐 알게 해 준 고마움 때문인지는 모르겠지만 아마 그 아이를 잊혀버리지 않는 한, 난 그냥 아등바등하는 기계는 되지 않을 것이다. 물론 그렇다고 내가 지금 공감간호를 실천하는 간호사가 된 것도 아니다. 여전히 바쁘고 일에 치이며 하루하루 생활하고 있는 것에는 변함이 없다. 그러나 일이 우선되어 공감간호를 포기해야 한다는 내 생각은 이미 내 안에서 없어졌다. 이제부터 내가 고민해야 하는 것은 얼마나 공감간호를 내 일에 스며들게 하느냐, 그 노하우를 고민해야 하는 것이다.

열린 마음으로

이 순 화 (외래계 간호팀)

  복잡한 생각 없이 오프 전 날에는 잠을 편히 이룰 수 있다. 곤한 잠을 청하고 일어났더니 몸과 마음이 가뿐해진다. 다음 업무의 긴장감을 안고 출근하는 마음과는 다르게 가장 편안한 마음으로 출근길을 나섰다. 북새통을 이루는 병원의 아침!

  마음의 문을 열고 좋은 친구를 만나려면 나 자신이 좋은 친구감이 되어야 한다는 것처럼 누군가에게 좋은 인연이 되기 위해 의무적으로 시작된 시간이긴 하지만 행복한 마음으로 오늘이란 시간 오늘 아침을 맞을 수 있는 건강한 즐거움이 있기에 어깨에 띠를 두르고 로비로 향한다.

  여기저기 들어서는 사람들의 모습에 환한 모습을 짓는데 이렇게 편할 수가 없다. 업무로 긴장된 표정과는 다르게 밝아짐을 느낀다.

  1차 기관에서 의뢰서를 갖고 정밀검사가 필요하거나, 수술적 치료가 필요하거나, 더 나은 진료를 위해 찾는 이들에게 병원 위치나 적절한 진료과 선택을 위해 동행 안내를 함으로써 낯설어 하는 마음을 덜게 된다. 점차 나은 서비스를 위해 개선 된 병원 시스템이긴 하나 처음 걸음 하는 고객들에겐 낯설 수밖에 없다.

그런 고객들과 걸음 하는 동안 그들의 마음을 알게 된다.

"많이 친절해졌고, 병원이 크니 복잡한데, 이렇게 해 주니 고맙네." "덕분에 진료 잘 받고 갑니다."라는 인사말에 미안한 마음이 더 자리한다. 내가 직접 우러나서 하는 봉사가 아니었기 때문인지 모른다. 의무적으로 시작된 시간이긴 하지만, 그들 마음에 좋은 인연을 심어준 것 같아 선한 마음을 보인 것이 기쁘긴 하다. 사람의 마음이란 선한 인연을 만나면 선해지고 나쁜 인연을 만나면 악해진다는 말이 생각난다.

현장에서 고객들을 응대하다 보면 불평만을 늘어놓는 고객, 자신만의 이기주의로 남을 아랑곳 하지 않는 고객, 대접 받아야 한다는 생각에 치우쳐 심한 언행을 하는 고객, 작은 것 하나에 감동하는 고객, 당연히 제공되어야 하는 것에도 감동 받는 고객, 그러나 그 모두가 우리들에겐 내 삶의 일터인 병원에서는 공정하게 공평하게 대우받아야 하는 자격이 있음은 분명하다.

어느 한 사람 소홀히 대하지 않고 귀 기울일 때 그들은 돌아서 나갈 땐 미안한 마음을 보이고 돌아선다. 이미 상처받기도 했지만, 내 직업이고 내 삶의 일터이기에 감수해야 하는 것이 있어서 몸과 마음이 지친 그들에겐 따뜻한 이해가 필요한 것인지 모른다.

실력과 경험에서 나오는 여유 있어 보이는 교수의 손길, 자는 시간도 부족하여 눈 밑에 다크 서클이 짙은 의사의 손길, 하나의 처치 누락 없이 환자를 위해 최선을 다하는 간호사의 손길, 쾌적

한 환경을 위해 애쓰는 손길, 안전한 검사를 위해 애쓰는 손길마다 사랑과 희망을 나누는 환자와 의료진 간의 따뜻한 마음이 전해지면 그 따뜻한 말 한 마디에 명약을 주는 공감을 얻을 것이다.

　공감이란 남의 감정, 의견 주장에 대하여 자기도 그렇다고 느끼는 기분이라는 사전적 의미로 볼 때 이런 마음들이 담겨져 있지 않나 싶다.

　생명을 존중하는 마음! 걱정해 주는 마음! 함께 아파하는 마음! 위로해 주는 마음! 기뻐해 주는 마음! 나눌 수 있는 마음! 다가갈 수 있는 마음!

　몸과 마음이 지친 그들과 함께 걸어 갈 수 있는 우리들의 마음이 그들에게 보이는 공감간호의 시작일 것이다.

🍀 미소는 나의 무한에너지

임 진 아 (응급병동)

2011년 5월 14일 아버지의 교통사고 소식을 들었다. 너무 놀라 아버지가 입원하고 계신 병원을 찾았다. 다행히 외상은 없으셨지만 어지러움과 목 부위의 통증을 호소하셨다.

그런데 주말이라 그런지 의료진은 만나기 힘들었고 검사도 잘 진행되지 않았다. 병원 경력 7년차, 우리 병원에서도 종종 있는 일들임에도 불구하고 나는 이런 상황이 이해하기 힘들었고 너무 화가 났다.

힘들어하시는 아버지 모습이 너무 걱정되고 불안했다. 더욱이, 어떤 설명도 없이 무표정 하게 기계적으로 일하는 의료인의 모습에 나는 화가 났고 또 상처를 받았다. 그러다 한편으로는

'혹시 나도 저런 모습으로 비춰지지는 않았을까?'

'걱정하고 불안해하는 환자와 보호자들을 외면하고 있지는 않았나?' 하는 생각이 문득 들었다.

입사 후 지금까지의 모습을 뒤돌아보았다. 처음 입사했을 때는 입사한 것만으로도 기뻐서 업무에서 모르는 것도 많고 부족하고 많이 힘들었어도 즐거운 마음으로 일했었다. 환자들과 함께 웃고 울었고, 상처받을 때도 있었지만 또 때로는 위로도 받았었다.

그러다 차츰 일에 익숙해지면서 환자들의 불편은 빠르게 해결해주었지만 의무적으로 일했던 모습이 떠올랐다. 내 마음속에서는

'아, 정말 바쁜데 또 시작이네.'

'뭐 저런 것까지 우리보고 해 달래.'

'도대체 몇 번을 설명해달라는 거야?' 등등의 짜증이 먼저 들곤 했었다.

그리고 이내 부끄러움에 얼굴이 화끈거렸고 많은 반성과 생각들을 하게 되었다. 바쁘다는 핑계로 진정 중요한 것을 잊고 있었구나 하는 생각이 들었다. 일이 먼저가 아니고 사람이 먼저 인데, 환자나 보호자들이 원하는 것은 그렇게 어렵거나 힘든 것이 아닌데 말이다. 작은 관심과 따뜻한 말 한마디 못 한 것이 참 후회된다.

아버지 사고 후 며칠 뒤에, 따뜻한 봄 햇살을 맞으며 출근하는 길에 나는 마음가짐을 새로이 다졌다. 처음 출근할 때처럼 출근하는 것만으로도 감사하자고, 어느덧 단단해지고 무뎌진 마음을 환자들의 아픔에 함께 아파했던 처음의 마음으로, 다시 여리고 부드럽고 따뜻한 가슴으로 돌아가자고 다짐했다.

출근하자마자 밝은 미소로 내 담당 환자들에게 "안녕하세요! 오늘은 어떠세요?" 라고 인사를 건넸다. 이 한마디 인사에 다들 너무나 밝은 미소로 답하신다.

"웃는 얼굴을 보니 통증이 사라지는 것 같네요!"

"간호사님이 그렇게 웃으시니 안심이 되고 마음이 너무 편안해요."

"웃는 얼굴 너무 보기 좋네. 며느리 삼고 싶어!"

이렇게 인사하며 미소 한번 지었을 뿐인데 병실 분위기가 화기애애하게 밝아지며 나에게 무한 에너지를 전달해주었다. 내가 바쁘면 친딸, 친언니, 동생, 친구처럼 안타까워하고 밥 못 먹을까봐 걱정해주신다.

'내가 먼저 마음을 열고 다가가야지!' 하는 생각을 가지고 있었는데 환자와 보호자들은 이미 마음을 열고 기다리고 있었던 것 같다. 그래서 나를 한 번 더 반성하게 하고 미안하게 한다. 앞으로도 나의 마음가짐이 사라지지 않도록 이 감사함을 계속 되새겨야겠다. 나의 이 마음이 흔들리지 않고 지속되기를 소망하고 또 소망한다.

❀ 너도 엄마가 되어보면 알 거야

조 윤 희 (5층 동병동)

나는 소아과 병동 간호사다.

소아과에 근무하기 전에는 내과 병동 간호사이기도 했다. 그때는 종종 소아과 아기들이 내가 담당하는 병실에 입원을 하면 짜증을 내곤 했었다. 짜증의 이유는 단 하나, 소아과의 처치. 처방이 싫은 것이 아니라 정맥주사를 놓거나 혈액검사를 할 때 보호자들의 유난스러움이 싫었다. 그런 이유로 소아과로 근무지를 바꿔 일해야 한다는 이야기를 들었을 때, 머릿속에 떠오르는 가장 큰 스트레스 요인은 역시 보호자들이었다.

그 생각은 소아과에 일하면서도 얼마동안 바뀌지 않았다.

정맥주사를 놓겠다는 말을 하고 준비를 하고 있으면 어머니들은 어김없이 내 눈을 바라보며 따끔한 목소리로 이야기한다.

"한 번에 놔주세요."

한 술 더 뜨는 어머니들도 있다.

"제일 잘 놓는 선생님이 누구신가요?, 그 선생님이 놔 주셨으면 해요."

그런 말을 듣고 나면 자신의 표정 관리하며 아무렇지 않은 듯 주사를 놓으려 해도, 마치 안티 팬이 모여 차가운 시선으로 쳐다

보는 곳에서 혼자 단독 공연을 해야 하는 연예인처럼 맘이 작아지고 불안해져 평소 잘 해오던 것조차도 실패하기 일쑤다.

 바로 그 때 옆에 계시던 할머니가 한마디 더 거들고 나선다.

 "아휴! 애를 아주 잡네, 잡아. 주사 맞는다고 하다가 애 더 병들겠네. 없던 병도 생기겠어!"

 윽! K.O.펀치. 이런 말까지 들으면 머릿속에서 빙빙 도는 내 고정 대사가 있다.

 '이렇게 유난을 떠니까 될 것도 안 되잖아.'

 또 우리가 생각할 땐 '아무것도 아닌' 일들을 가지고 큰 일 난 것처럼 이야기 하는 어머니들도 계신다. "애가 설사를 시작했는데 괜찮은 건가요?"
그럼 또 마음속으로 이런 생각을 한다. '아무것도 아닌 일 가지고 왜 저렇게 유난스러워?'

 그렇게 시간이 흘러 상대의 '유난스러움'을 원망하며 지내오던 내가 엄마가 되었다. 너무나 사랑스러운 나의 분신이 생겼고, 나의 모든 관심과 사랑이 그 아이에게 향하고 또 향했다. 어쩌다 애가 변을 묽게만 봐도 큰 걱정이 되고, 서둘러 분유를 바꿔 먹여도 보고 그래도 불안하면 병원으로 달려갔다. 아이가 설사를 시작하는 일은 엄마에게 있어 절대 '아무것도 아닌 그리고 유난스러웠던 일이' 아니었던 것이다. 엄마에겐 아주 큰 걱정과 불안이었고 마치 내가 뭘 잘못 해서 그런 것 같은 죄책감마저 크게 들었다.

<mark>어느새 난, 내가 가장 싫어하던 모습과 100% 닮아 있는 모습으로 변해있었다.</mark>

분만 휴가를 마치고 3개월 만에 다시 일하게 된 병동.

여전히 어머니들은 소소한 증상을 가지고 걱정을 한다. 하지만 이제는 그런 걱정들이 어머니들 맘에 있어 절대 소소한 일이 아니라는 것을 알게 되었다.

'우리 아이 예방접종 하느라 주사 맞는 것도 마음 아팠는데, 입원하고 정맥주사까지 맞으면 얼마나 속상할까.' 그리고는 내 아이의 얼굴 한번 떠올리기.

그 이후로도 보호자 분들이 작은 증상에 대해 이야기하면 "우리 애기도 그랬었는데 이렇게 해줬더니 좀 낫더라고요."라고 공감하며 간호자이자 어머니가 된 나의 이야기를 하게 되었다. 그럼 어머니들이 오히려 편히 웃으면서 "어머! 애기 있으세요? 보고 싶지 않으세요?"

하며 오히려 내 걱정을 먼저해주고 고마워하신다. 역시 모든 어머니들은 같은 닮아 있을 수밖에 없는 것 같다.

이제 와서 새삼 공감간호라는 게 정말 별거 아니라는 생각이 들었다. 하지만 가볍게 넘기기엔 분명 나에게 이 공감간호가 시작되기까지는 흘러간 시간과 나의 환경 그리고 어머니라는 입장이 추가 되었기에 가능했던 부분을 간과할 순 없을 것이다.

그러니 공감간호에 근본이 되는 가장 중요한 부분만은 잊지 말자고 권하고 싶다. '함께 느끼기!' 말 그대로 같이 느끼면 되는 것이다. 나의 과거와 현재에서의 경험 속. 그리고 앞으로 올 미래 속에서의 내 모습, 내 입장에서의 거울이 될 그들의 모습을.

저절로 흘러나오는 공감

임 지 해 (8층 서병동)

처음 근무를 시작할 때 나는 전인간호를 실천하는 간호사가 되리라는 다짐을 했었다. 그 후로 어느덧 3년차가 되었고, 그 동안 처음 다짐을 잊고 있었던 것 같아 씁쓸한 마음이다. 입사 후 간호부에서 '공감간호' 실천 중요성을 강조했을 때, 내성적이고 말수 없는 내 성격으로 힘들지는 않을까, 성격을 바꾸어야 하는 건가 싶었다. 공감간호를 어렵게 생각했던 탓이다.

공감, 이 단어가 생각나는 두 분이 계신다.

한 분은 심장질환을 갖고 있는 고령의 할아버지이셨다. 지금은 호흡기내과 간호사이지만 처음 심장내과병동에 있으며 프리셉티 교육 기간이 끝나고 얼마 되지 않았을 때, 확장성심근증으로 중환자실에서 올라오신 할아버지를 맡게 되었다. 전신 부종도 심한 상태였고 고혈압, 당뇨, 만성신부전까지 함께 가지고 계셨다.

혈관 확보를 위해 주사를 놓으려고 하면 부종이 심해서 혈관이 보이지 않았고, 혈관 주사를 제거한 후에는 바늘 구멍으로 수분까지 새어 나오곤 했다. 결국 병동에서 컨디션은 악화되어 다시 중환자실로 내려가게 되었고, 중환자실은 죽어도 가기 싫다는 할아버님을 보며,

"중환자실이 무섭기도 하고 다시 가시게 되서 불안하시겠지만요, 가시면 치료 더 잘 받으실 수 있으세요. 몸에 물 다 빼고 좋아지시려고 가시는 거니까 너무 불안해하지 마시고 얼른 치료 잘 받으셔서 다시 병동에서 봬요. 어르신!"

하고 진심에서 우러나온 말을 했었고, 이에 기운 없이 눈만 감고 있던 할아버님은 아무 말씀 없이 그렇게 중환자실에 내려가셨다. 얼마의 시간이 지나고 바쁜 일상에 할아버님을 잊고 지낼 때쯤, 휠체어를 타고 간호사실에 할아버님이 나타나셨다. 전과는 다르게 홀쭉해진 모습으로 얼굴에는 생기가 도셨다.

"나 좋아져서 옆 병동으로 올라왔어. 간호사 보려고 이 쪽 병동으로 옮겨 달라 했는데 자리 없어?"

하며 할아버님은 활짝 웃음까지 지으셨다.

"중환자실 내려갈 땐 너무 힘들고 싫었는데, 우리 미스코리아 간호사님이 얼굴처럼 예쁘게 말해줘서 그냥 아무 말 없이 내려간 거야. 다시 여기 오려고 나름 무진장 애를 썼어." 농담처럼 말씀하셨다.

그 이후에도 입원을 반복하셨고, 내가 병동을 옮긴 후에는 상

태가 악화되어 휠체어도 못 타는 상황에서도, 보호자 분을 통해 인사를 전해주셨고, 간호사님 보고 싶어 하신다는 말도 전해 들어 병실로 찾아뵙기도 했었다.

　마침내 그 환자 분은 생을 마감하셨지만, 옆 병동 간호사를 통해 보호자가 감사하다며 덕분에 할아버님이 병원 생활 편하고 즐겁게 하셨다는 말을 하셨다고 전해 들었다.

　두 번째로 기억이 나는 환우는 폐암을 갖고 있는 아주머니 환자였다.

　폐암으로 서서히 임종을 준비하고 맞이하는 환자들의 모습을 보는 것이 무척이나 괴로운 일인데, 그 중에도 항상 웃으며 즐겁게 병원생활을 하시는 아주머니셨다. 쾌활하고 활달한 모습으로 병실 분위기를 주도하셨다. 아주머니가 계시는 병실은 항상 웃음으로 화기애애한 분위기였다. 같은 병으로 하나 둘씩 곁을 떠나는 또래 아주머니들을 보며, 아주머니도 적잖이 우울하고 괴로우셨을 터인데 항상 웃음을 잃지 않으셨다. 그러던 중 아주머니도 병의 진행이 다가왔다. 림프선을 따라 암은 전이되어 목 주위는 커지기 시작했다. 지금 생각하면 불안감을 웃음으로 내보이는 분이셨던 것 같다. 어느 날은 결국 항암치료 진행을 못 하고 퇴원을 하게 되었다. 여느 때처럼 내가 퇴원 설명을 하자 아주머니께서는 다 안다고 연속 고개를 끄덕이시다 말문을 여셨다.

　"근데, 무서워서 집에 가기 싫네. 나도 집에 갔다가 갑자기 더 나빠져서 들어오면 어떡하지? 암 덩어리는 자꾸 커지는데, 치료도 못 받는 상황이 돼서……."

결국 말끝을 맺지 못하고 눈물을 보이셨다. 나는 할 수 있는 말이 없었다. 항상 밝은 모습만 보이던 환자 분의 눈물이었기에 더 당황스러웠다. 조용히 손을 잡아 드리는 것이 최선이란 생각에 아주머니께서 울음을 그치실 때까지 조용히 손을 잡아드렸고, 등도 쓸어드렸다.

한참을 우신 후 눈물을 닦으며 주책이라며 미안하다 말씀하셨지만 나는 가슴이 아파서 아주머니가 눈물을 그친 후에도 손을 더 꼭 잡아드렸다. 눈물을 보인 적이 없던 분이기에 내 앞에서 울음을 보이신 것이 오히려 감사했다. 아주머니는 여느 때와 마찬가지로 밝게 웃는 모습으로 퇴원하셨다. 백 마디 말보다도 따뜻한 손길이 더 나을 수 있다는 생각이 들었다.

중환자실에 죽도록 가기 싫어하는 모습을 보고 건넸던 말 한마디, 눈물짓던 폐암 아주머니의 마음이 그저 안타까워 잡아드렸던 손, 그것은 내가 일부러 노력한 모습이 아닌 진심에서 우러난 공감이 아닐까 생각해 본다. 진심으로 환자 입장에서 생각해서 나온 마음과 말, 행동이 공감간호의 참된 힘인 것 같다.

이 글을 쓰는 동안 옛 기억을 되새기며 뭉클했고 업무에만 빠져 내가 하는 일의 큰 의미는 정작 잊었던 것을 알았다. 다시 처음에 입사하던 그 마음으로 공감간호를 실천하는 간호사 되어보자 다짐해본다.

아주 작은 실천에서 공감까지

김 나 현 (5층 동병동)

공감간호란 무엇일까?

 공간간호라는 말은 쉬워도 막상 나 스스로가 느끼고 경험하기에는 어쩐지 낯설고 무엇이라고 표현해야 좋을 지 낯선 개념으로만 느껴진다. 다들 공감간호를 하라고 하지만 소아과 병동에서 환아들과 무슨 공감을 어떻게 하라는 건지?

 나와는 연령대도 다르고 나 스스로도 어릴 때 크게 아파본 경험이 없어 환아들을 볼 때면 굉장히 힘들고 아프겠구나 생각은 하여도 그 자체가 내 마음까지 와 닿은 경험은 사실 많지 않았다. 하지만 소아과 병동 근무를 하면서 점점 공감간호는 어려운 것이 아니라 우리가 하는 업무에서 조금만 신경을 쓴다면 쉽게 이룰 수 있는 것임을 깨닫게 되었다.

 어느 날 며칠 동안 대변을 보지 못해 힘들어하고 보채는 환아의 관장을 시행하게 되었다. 관장액을 넣고 보호자에게 최소한 10분 정도는 항문을 막아야 장이 자극되어 변을 시원하게 볼 수 있다고 설명하고 병실을 나와 업무를 보고 있는데 call bell이 울렸다.

 마침 환아가 대변을 봤는데 좀 와달라는 것이다. 병실을 가보니 오랜만에 본 대변이라 양이 너무 많고 기저귀를 차고 있었지만 기저귀를 벗어나 환아의 등과 시트까지 변으로 범벅 되어 있어 보호자가 어쩔 줄 몰라하며 도움을 요청한 것이었다. 물티슈로 닦아 내기에는 환아 몸에 변이 너무 많이 묻어 있어 보호자에게 물로 씻기는 것이 좋을 거 같다고 제안을 하였더니, 곤란한 표정을 지으면서 "다리에 주사를 맞고 있는데 어떻게 씻기나요?" 라고 물어 오셨다. "제가 환아를 잡아 드릴게요." 하고 어머니와 함께 환아를 같이 씻겼다.

　나로서는 당연히 간호사로서 해야 할 일이라 생각하고 한 일이었는데 며칠 후 그 보호자로부터 장문의 칭찬카드가 들어왔다. 내심 기분이 좋고 뿌듯하면서도 '어? 그게 고마워 할 일이었나?' 란 생각이 들어 칭찬카드를 읽어보니 환아가 대변을 너무 많이 보아 어떻게 할 줄 모를 상황이었는데 비위 상해하지 않고 선뜻 도움을 주어 감사하다는 내용이었다. 생각지도 못한 일에 칭찬카드를 받으니 쑥스럽기도 하고 기분이 좋았다.

　아, '공감간호란 특별한 것이 아니라 보호자와 환아의 말을 경청하고 어렵고 곤란한 일에는 먼저 도움의 손길을 내밀며 힘든 과정을 함께 이겨나가는 것이구나.'라고 느끼게 되었다. 병동에 아픈 환아들이 여러 명 입·퇴원을 하고 가끔씩 화급을 다투는 환아들도 있어 업무가 바쁜 우리 간호사들에게 가장 중요한 것은 빠른 업무처리라고 생각했었는데, 소아과 병동에 있으면서 많은 환아들과 아픈 자식들을 보며 애달파하는 보호자들을 보니 물론

병을 완쾌하는 것도 중요하지만 그보다도 먼저 환아와 그 보호자들의 불안한 마음을 어루만져줄 수 있는 마음가짐이 중요하다고 느꼈다.

　환아를 치료하는 것이 우리들의 목표이긴 하지만 그 결과에만 치중하여 환아의 아픈 상태와 마음을 간과한다거나 보호자들의 마음을 보듬어 주지 못한다면, 진정 환아를 치료하는 것이라고 할 수 있을까? 공감간호란 아주 작은 실천에서부터 실현되는 것인지도 모른다. 거창한 말로 환아와 보호자의 아픔을 이해한다고 하는 것만이 그들과 공감하는 것이 아니다. 바쁜 업무 속에서도 한번쯤 그들의 입장에서 돌아보고, 내가 해 줄 수 있는 가장 작은 실천이야말로 공감간호의 첫 발걸음이며 기초가 되는 것이라고 할 수 있는 것이 아닌지 조심스럽게 고민해본다.

나는 너의 엔돌핀

김 주 희 (9층 서병동)

나는 정신과 간호사다. 내가 정신과에서 일한다고 하면 대부분 사람들의 반응은 두 가지로 나뉜다.

우선, 하나는 "무섭겠어요. 어떻게 일하죠?" " 정말 위험한 곳에서 일 하시네요."

또 다른 하나는 "정신과에 별난 사람들 정말 많죠? 스트레스가 심하겠어요."

하나같이 다 부정적인 이야기이다.

이 두 가지 반응에 대해 아무것도 모르고 "네 엄청나게 힘들어요." 라고 만 대답했던 4년 전과는 달리 지금은 자신 있게 말할 수 있다.

"물론 힘든 것도 있지만 그건 일부분이고, 또 오래 안 가요. 힘든 것보다 환자를 돌보며 얻는 게 더 많기 때문이죠. 예를 들면……."

"나도 완전하지 못한 울퉁불퉁한 존재인데 어떻게 포용하고 감싸줄 수 있을까 하고 고민하다보면 제 자신을 돌아 볼 수 있고, 그로 인해 성숙한 사람이 되는 것 같아요. 또 집에 오면 피곤함을 잊게 해주는 행복과 보람도 느끼고요." 라고 말이다.

환자 분들을 돌보며 겪었던 많은 경험과 이로 인한 인고의 시간이 지금의 여유와 정신과 간호사로서의 정체감을 갖게 해 주었다. 그럼으로써 자연스레 공감간호도 할 수 있었던 것 같다.

알코올성 의존 금단증상 기간 중 억제대로 인해 손이 퉁퉁 부어 숟가락질조차 제대로 하지 못하는 환자에게 한 숟갈 한 숟갈씩 밥을 떠 먹여주었다.

나는 그것이 당연히 해야 하는 일중 작은 부분이라고 생각했지만 그 환자 분은 그것에 큰 감동을 받아 오랫동안 나를 기억하여 주었고 볼 때마다 고맙다고 하신다.

간호요법 시간에도 나는 응급상황이 없는 한 항상 참여하여 병동식구들과 같이 분위기를 올려주고 침체되어 있는 환자 분들을 하나하나 이끌어 준다. 이 시간은 환자분들께 나의 인간적인 모습을 보여 줄 수 있고 이를 통해 환자와의 라포를 형성하는 데 가장 의미 있는 시간이라 생각한다.

이렇게 나는 매우 작은 부분이라고 생각한 변화들이 조금씩 일어난 이후, 시간이 흘러 안 사실인데, 어떤 환자분께서 고객 건의함에 메모를 남겼다고 한다.

'9서에 김주희 간호사는 항상 에너지를 불어넣어 주는 것 같습니다.'

'제게 없던 힘이 솟아납니다.'

가식적인 친절이라도 당연지사 되는 이 무한한 서비스화 시대에 내가 했던 일들은 작은 것들이라고 생각 될 수도 있다. 그러나 너무나 고맙게도 정신과 환자분들은 마음이 여리고 착하신 건지 조그마한 것에도 고마움을 크게 느끼고, 표현해주신다.

  우연한 기회로 만나 보듬어 드렸고 그 분들이 회복되어 퇴원할 때 고맙다고 손잡으며 하는 말 한 마디 듣고 나면 너무 힘든 하루 일과임에도 내가 하고 있는 일은 분명 보람되고 고귀한 일임에 틀림없다는 생각이 든다. 앞으로도 계속 공감간호를 실천하는 따뜻한 간호사로 거듭 나고 싶다.

꾀병이라고요?

이 수 연 (8층 동병동)

  7월의 어느 날 갑자기 일을 하면서 옆구리가 아프기 시작했다. 지속적으로 아픈 게 아니라서 참기만 했는데, 어떤 환자가 옆구리가 콕콕 쑤셔서 병원에 갔더니 유출물이 찼었고 지금도 여전히 아프다는 얘길 듣고 그 증상과 너무 비슷해서 불안한 마음에 병원을 갔다.

  그 날, 외래로 갈 시간이 지나서 응급실을 통해 갔었는데 응급실은 완전 아수라장이었다.

비록 나는 응급 환자는 아니었지만 들어온 지 한참이 돼서야 인턴이 와서 정보조사를 하기 시작했고, 그 후에 응급의학과 의사가 와서 인턴이 검진했던 걸 그대로 물어보더니 나보고 꾀병이라고 말했다.

'응? 나도 참다가 일하는 데 지장 있을 정도로 불편해서 겨우 결심하고, 근무시간 때문에 계속 외래갈 수 없는 상황이라서 응급실을 온 건데 어떻게 그렇게 말을 할 수가 있지?' 하는 생각에 잠깐 기분이 나빴다. 그러면서 피검사를 할 건지, x-ray를 찍어 볼 건지도 나에게 물어봤다. 중증환자들이 가야 할 응급실에 정상처럼 보이는 내가 가긴 했지만 외래 갈 시간도 없는 사람들은 어쩔 수 없이 응급실을 가야 하는 현실도 이해해 줘야 되는데, 응급의학과 의사는 귀찮아하는 게 눈에 훤히 보였다.

그 때 저 사람들도 우선순위에 따라서 일을 하는 것임을 알면서도 기분이 찝찝한데, 그런 걸 잘 알지 못하는 환자들은 훨씬 더 기분이 나쁠 수도 있겠구나라는 생각이 들었다. 병동에서도 환자들의 요구사항을 우선순위에 따라 시행하고, 뭘 물어보면 중요하지 않고 나중에 알려줘도 되겠구나 싶은 것들은 미뤄지고 나중에 해결이 되었는지 안 되었는지도 안 알려주는데, 환자들 그 사람 한 명 한 명의 입장에서 보면 자신이 물어봤던 것이 계속 궁금할 테고, 내가 요구한 건 언제쯤 해결되나 하는 생각이 들 것 같았다.

나중에 x-ray 처방이 나고 결과만 확인하면 안심하고 집에 갈 수 있을 것 같았는데, 나는 다른 환자들에 밀려 x-ray 판독을 들으려고 한참을 기다렸다. 결국 1시간 반을 기다리다가 아는 간호사에게 가서 그냥 내 병동 올라가면 병동 주치의 선생님께 듣겠다고 하고 가려고 하는데, 그 얘길 옆에서 듣고 그제야 주치의는 x-ray를 확인하며 괜찮다고 가도 된다는 얘기를 해주었다. 옆구리가 계속 아프긴 했지만 괜찮다고 해서 그냥 안심하고 응급실 밖을 빠져나오긴 했지만, 뭔가 기분이 씁쓸한 날이었다.

얼마 전 TV에서 사람은 내가 아는 것 보다 더 자기중심적이라는 것을 실험을 해주는 프로그램이 있었다. 그것처럼 환자들은 아프기 때문에 더 요구하는 것이 많을 것이고, 자신의 아프고 불편한 것이 최우선이며 모든 상황이 자신이 아픈 것을 중심으로 일어나고 있을 텐데, 일하는 사람의 입장에서 보면 그런 사람들이 많으면 그에 따라 우선순위를 정해야 한다. 대신 우선순위를 정했다면 그 순위가 미뤄지는 다른 사람을 생각해서라도 상황 설명을 하고 이해시켜 준다면 환자가 불평하고 섭섭해 하는 마음이 조금이나마 줄지 않을까 하는 생각이 들었다. 그리고 환자는 혈액을 뽑고, x-ray, 심전도, CT, MRI 등 검사를 받게 되는데, 주치의와 간호사는 결과를 알고 있지만 환자들은 정작 그 결과를 듣지도 못하고 물어봐야지만 억지도 대답을 듣게 된다. 이번에 이런 경험을 하고 나서야 환자들도 자신의 몸을 검사했는데 그 결과가 어떤지 엄청 궁금하겠구나 하는 생각이 들게 되었다.

앞으로 일하면서 혈액검사를 한 날이면 대략적으로라도 결과를 알려주어 환자가 불안하지 않고 안심할 수 있도록 먼저 나서서 말해주는 것도 그들의 마음을 읽어주는 하나의 간호가 되겠구나 하는 생각을 하며, 조금 더 그들의 입장에서 먼저 배려해줄 수 있는 간호사가 될 수 있도록 발전해 나가도록 노력해야겠다.

상대방의 입장에서

장 수 진 (5층 동병동)

간호사는 참 어렵고도 힘든 직업이다.

근무시간 중 바쁜 업무를 모두 해결해야 하고, 언제 닥칠지 모르는 응급상황에도 대처해야 하고, 시시각각 변하는 상황에서 환자의 신체적 안녕뿐만 아니라 환자 보호자에게 정서적 지지와 공감간호까지 시행해야 하기 때문이다. 병원에서도 항상 강조하고 있고 마음속으로도 "공감간호를 해야지."라는 생각은 드는데 막상 행동으로 옮기려니 실천이 잘 되지 않는다. 어떻게 해야 공감간호를 할 수 있을지? 어떤 것이 정말 공감간호일까?

'공감간호' 참 어렵고 쉽지 않은 일이다.

그런데 얼마 전 수 선생님을 보면서 공감간호란 어려운 게 아니고 "바로 이런 거구나" 하는 생각이 들게 되는 계기가 생겼다.

그 보호자를 처음 본 건 작년이었다.

안타깝게도 출산 과정에서 무리하게 압력을 주어 출산하는 바람에 뇌 손상이 생긴 아이의 엄마였는데, 아가는 출생 당시 저체온에 빠져 응급실을 경유해 신생아 중환자실에서 치료받다 상태가 호전되어 퇴원 전 경관영양 주입과 흡인교육을 위해 병동으로 이실 온 환아였다. 첫 아이인데다 아이의 간호를 위해 위관영양주입과 흡인술 등 생소한 일을 배워야 하다 보니 많이 불안해하고 기본적인 것까지 하나하나 상세히 물어보는 등 정말 우리들을 힘들게 했던 보호자로 기억된다.

그 후에도 몇 번 더 입원했었고 입원할 때마다 항상 불안해하며 입원기간에 비해 라포 형성이 잘 되지 않았던 것으로 기억한다. 이번에도 아이가 발작이 심해 입원을 했는데 어김없이 정맥주사에 대해 예민해한다는 이야기를 들었다. 정맥주사를 놓을 때 신중히 잘 찾아보려고 토니켓을 오래 묶고 보는 것조차도 화를 내시며 불평도 한다.

마침 내 근무 시간에 정맥주사를 바꿔야 하는 시기여서 걱정 반 불안 반, 아이와 보호자를 모시고 나왔는데 아이 엄마가 수간호사 선생님을 보더니 수간호사 선생님께 정맥주사 교체를 부탁하셨다. 수간호사 선생님은 기꺼이 웃으며 그러겠다고 하였고,

처치실로 들어오셨다.

  처치실에서 몇 개월 만에 다시 본 환아는 내가 보아도 정말 많이 커있었다. 마음속으로는 "많이 컸구나."라고 생각했지만 워낙 예민했던 보호자라서 그다지 이야기를 나누고 싶지 않았다. 그런데 수간호사 선생님은 아이의 혈관을 세심하게 찾아보시며 조심스럽게 아이를 어루만지시고는 아이가 정말 많이 컸다고 말씀하시며 아이가 놀라지 않게 가슴에 본인의 손으로 토닥토닥 다독이시고 달래면서 처치를 시작하셨다. 연이어, 그 전에 입원했을 때에는 어머니도 많이 불안해하셨는데 지금은 전보다 많이 편안해하시는 것 같다고 그간 아이에 대해 공부도 많이 하고 잘 키우셨냐고 조심스러운 어조로 물어보시며 아이의 어머니까지 챙겨주셨다.

  그러자 보호자는 그간의 일을 차분한 어조로 이야기하시며 조용히 눈물지었다. 그리고 60억 지구에 있는 인구 중에 나만이 아이를 감당할 수 있을 거라 생각하셔서 신이 자신에게 이 아이를 보내 주신 것 같다고 했고 수간호사 선생님도 또한 어쩔 수 없이 받아들이는 것과 기꺼이 받아들이는 것과는 다르다고 하시며 보호자에게 기꺼이 받아들이고 계신 것 같아 다행이라고 하셨다.

  보호자가 그렇게 그간의 일과 아이에 대해 느끼고 있는 감정을 스스럼없이 얘기할 수 있었던 것은 '이 사람이 나를 진심으로 대하고 내 입장에서 공감해주고 있구나.'라는 생각이 들었기 때문이었을 것 같다. 내가 환자와 보호자 입장에서 생각하고, 이해하고 따뜻하게 바라봐주고 따뜻한 손길로 어루만지고 그들의 입장이었다면 하고 얘기해주는 것 – 그것이 바로 어렵고도 쉽지 않다고 느꼈던 "공감간호"였던 것이다.

　나도 공감간호라는 것을 너무 어렵게만 생각하지 말고 "상대방 입장에서" 라는 말을 가슴에 새기며 근무를 해야겠다고 다시 한 번 느끼게 되었던 날이었다.

간호사는 눈물을 삼킨다.

박 소 영 (6층 동병동)

　병원에서 장기 환우와 보호자의 경우 우리 간호사들의 가족이나 다름이 없다. 동고동락 하면서 애환이 무엇인지 공감하면서 정이 들기 마련이다.

　얼마 전 두어 달 정도 같이 병동 생활을 했었던 환우가 생각이 난다. 뇌종양으로 Cyberknife(방사선 암 수술 장비 로봇)시술을 위해 입원하셨다가 뇌경색이 진행되고, 폐기능까지 나빠져서 결국 기관절개를 했던 할아버님.

　힘겨운 사이버 나이프 시술을 끝났다고 좋아 하시고, 안도의 한숨을 돌릴 틈도 없이 갑자기 운동력이 떨어지며 뇌경색이 진행되어 또 중환자실 치료를 받게 되는 안타까운 인연이었다.

　기관 절개로 말을 할 수는 없었지만, 말을 시킨 후 눈을 깜빡이는 등으로 의사소통이 다 되었었다. 배우자 할머님은 지극정성으로 할아버님을 돌봐주셨고, 재활치료를 열심히 받으시면서, 힘든 병원생활을 꿋꿋이 잘 헤쳐 나가는 두 어르신이었다. 치료에 대한 두 분의 의지가 참으로 남달라 보였었고 반성이 되기도 했었다.

　손녀뻘 되는 간호사들에게도 항상 존댓말을 쓰셨고, 할아버님을 할머님 홀로 힘겹게 간병 하시는 모습이 안타까웠다.

　그러던 어느 날 컨디션이 급격하게 나빠지면서 중환자실 치료가 필요하게 되었고, 정이 들었던 두 노부부에게 힘내라는 격려와 함께 중환자실로 이실을 보냈었다. 중환자실로 내려가신지 3일째 되는 날이었고, 야간 근무 중 새벽 3시에 응급약이 있어 약국을 내려갔다가 할머님을 우연히 1층에서 만나게 되었다.

　"할머님, 할아버님은 괜찮아지셨어요?" 하고 안부를 여쭙는데,

　"우리 할아버지 한 시간 전에 저 세상으로 가셨어요."
하고 말씀하시는데 눈물이 다 말라버린 얼굴이셨다. 급작스러운 소식에 놀라서

　"삼가 고인의 명복을 빕니다. 할머님 얼마나 힘드시겠어요?" 하면서 손을 가만히 잡아 드렸는데 손이 바들바들 떨리고

계셨다.

 하지만 할머님은 씩씩한 목소리로

 "자식들이 다 멀리 있어. 이제 올라온다고 하고, 내가 정신을 차려야 제대로 수습을 할 수가 있어요, 내가 정신을 바짝 차려야 해."라며 애써 웃음을 지어 보이셨다.

 이렇듯 병원 생활을 하다보면 안타까운 현실에 놓인 환우와 가족들을 만나게 된다. 어느 순간에 안타까운 사연에도 무뎌지는 내 모습을 볼 때면 감정이 오묘해진다.

 그러나 노부부와 두어 달을 함께 지내면서 배울 점도 많았고, 정이 많이 들었었는데 부고 소식은 마음이 너무나 아프기도 했었다. 눈물이 핑 돌았다. 하지만 애써 울지 않으시려는 할머님 앞에서 내 눈물을 보일 수 없었다.

 그래서 할머니의 작은 어깨를 한번 안아드리고, "할머님, 힘 내세요. 할아버지는 좋은 곳으로 가셨을 거에요."라고 말씀드렸습니다. 자꾸 눈물이 나올 것 같아 얼른 고개를 숙이고 안타까움을 뒤로 한 채 병동으로 올라와 업무를 이어나갔지만 한참 동안 머리가 멍하고 가슴은 큰 바위로 내리 찧는 아픔이 느껴졌다. 두 어르신이 자꾸 머릿속으로 빙빙 맴돌아 몇 번이고 마음이 뭉클해지며 일이 손에 잡히지 않아 힘겨웠다.

 지금도 혼자서 가끔 그 때 생각할 때가 있는데, 환우의 상처를 보듬어 주고, 슬픔을 위로해주며, 함께 눈물을 흘릴 수 있는 것이야 말로 사람 냄새가 나는 것은 아닐까 하고 생각해 본다. 조카가 그랬다. "이모한테는 소독약 냄새가 나." 병원에서 나는 익숙한 알코올 향 못지않게 사람 냄새가 나는 간호사이길 꿈꾼다.

간호사들은 항상 차분하고, 그 어떤 상황에서도 한 치의 흔들림 없이 환자들을 보살펴야 하지만, 가족 잃은 슬픔에 공감하고 함께 울어 줄 수 있는, 슬픔을 나누는 것도 진정한 간호인의 몫이다.

하지만 현실에서 간호사들은, 환자 가족들 앞에서는 울지 않는다. 눈물을 삼키고, 자신의 마음을 다독이며, 냉정함을 찾으려 애쓴다. 간호사라면 누구나 이 말에 공감할 것이라고 생각한다. 우리들도 마음으로 아파하며 눈물을 삼킨다.

"할아버님, 부디 가시는 길 평안하시길 진심으로 기도합니다."

❀ 눈으로만 느꼈던 세상

이 은 나 라 (6층 서병동)

　올해 4월, 아랫배의 묵직한 통증으로 근무 도중 응급실을 방문하게 되었다. 잠시도 멈추지 않는 모니터들의 알람 소리, 여기저기서 다급하게 들려오는 환자들과 보호자들의 불만들, 숨 가쁘게 움직이는 의료진들.
　그 사이의 한 침대에 누워 하루같이 느껴지는 기나긴 한 시간가량을 기다린 후 피검사와 소변검사가 진행되었고, 링거주사까지 맞게 되었다. 그 후 4시간여에 걸쳐 진행된 검사 뒤, 나는 내 평생엔 절대 있을 것 같지 않았던 '수술'이라는 것을 하게 되었다. 외과파트에서 5년이 넘는 시간 동안 일을 해온 간호사가 정작 자신에게 닥친 '수술'이란, 수도 없이 접해온 대수롭지 않게 생각했던 우리 환자들의 크고 작은 수술이 아닌 두려움과 불안을 넘어 심지어 '이러다가 정말 죽는 거 아니야?' 하는 최악의 느낌이었다.
　잠시 뒤 어느 곳에 있다가 왔는지도 모르게 수술은 끝나 있었고, 응급병동의 한 병실에서 눈을 떠 그 후 5서 병동으로 이실을 가서 그곳에 입원해 있다가 퇴원을 했다.
　그런데 18G 주사바늘은 "쫌 따끔 하세요." 정도의 통증이 아니었고 유치도뇨관 삽입은 "좀 뻐근하세요." 정도의 통증이 아니었다.

아픈 배를 움켜지며 검사결과를 기다리는 시간은 일 분 일 초가 하루 같았고, 수술실로 가기 위해 누워야 했던 차가운 이동침대와, 이동할 때 턱마다 느껴지는 쿵쾅거림은 수술에 대한 나의 복잡한 심경과 두려움을 증폭시켰다.

수술 후의 밀려오는 불편함은 한마디로는 설명할 수 없는 것이었으며, 배액 주머니를 달고 있는 것 자체부터, 그것을 빼는 통증까지. 유치 도뇨관을 빼는 것도 아팠고, 그 후 자가 배뇨도 쉽지가 않았다.

비몽사몽 자다 깨어 새벽시간에 해야 했던 피검사는, 간호사들의 수고스러움에 감사하는 여유로움보다 내가 느끼는 피곤함에 짜증이 났고, 피검사 결과와 앞으로 있을 치료 계획, 그 외의 의사 회진시간이며 기타 퇴원시기 등 여러 가지로 궁금한 사항들이 많았다.

내가 받은 단순한 복강경 수술이 다른 환자들의 개두술과 개복술 등과는 비교도 안 되는 것이겠지만, 눈으로만 바라보며 느꼈던 통증과 그들의 마음은 장님 코끼리 다리 만지듯 간호해온 내 자신을 부끄럽게 만들었고, 바쁜 업무를 탓하며 기계처럼 일만 했지 환자와 보호자들이 무엇을 필요로 하고 무엇이 궁금한지 생각하지 못했고, 그들이 호소하는 사소한 것들까지 업무과중과 스트레스로만 다가왔던 나였지만 퇴원 후 나는 노력한다.

수술 가는 환자의 손을 잡아주며 묵묵히 응원하고, 불편감과 통증 등을 호소하기 전에 먼저 물어봐 주고, 입원 생활에 대한 궁금증에 대해 미리 정보제공을 해주는 것들. 공감간호는 거창하고 어려운 게 아니었나 보다. 그저 '조금 더'의 세심함과 배려였던 것 같다. 이번 사건을 계기로, 나의 이 힘들었던 과정을 잊지 않고, 그들의 불편함과 말로는 다 표현하지 못하는 통증을 헤아릴 줄 아는 간호사가 되도록 노력하겠다.

그들의 입장이 되어서.

아픈 사람들과 함께하는 기쁨

이 루 리 (6층 남병동)

<u>저는 6층</u> 일반외과 병동에서 4년 차로 근무하고 있는 이루리 간호사입니다. 이번 공감간호 수기 모집을 보고 그동안 병원에서 느낀 제 간호사 이야기보따리를 조금 풀어볼까 합니다.

처음 일반외과 병동에 배정 받았을 때 응급 수술을 요하는 환자들과 대장암이나 위암 등 큰 수술을 받고 항암치료를 하는 통증이 많은 암환자들로 무척 바쁜 하루하루를 보냈습니다. 외과

특성상 연락이 잘 되지 않는 항상 바쁜 주치의들과, 빠른 대답을 요구하는 환자나 보호자들은 일이 미숙한 저에게는 항상 스트레스였습니다.

누구나 가까운 친지들의 통증을 볼 때 마음이 아프고 다급해지는 건 이해를 하지만, 자신보다 응급한 환자가 있다는 생각을 왜 이해해주지 못할까 하는 생각에 답답함을 느꼈고, 보호자 환자들이 단지 저를 힘들게 하는 사람들로 여겨져서 밉기만 했습니다. 암성 통증으로 진통을 호소하는 환자들 역시 즉각적인 통증 조절을 원했기에 항상 '빠르게! 빠르게!'라는 생각만 하게 되었습니다.

그런 저에게 많은 걸 느끼게 해준 일이 있었습니다. 얼마 전 안타깝게 세상을 떠나신 환자분의 이야기입니다.

대장암 말기 환자로 마음껏 먹지도 못하고 2년 가까이를 영양제에 의존해 살아가시던 분이었습니다. 영양상태가 조절이 잘 안 되어 항상 환자 분의 손과 발은 혈장단백질이 부족해 퉁퉁 부어있었습니다. 온 몸이 마른 상태에서 부은 다리가 무거워 화장실 다니기도 버거울 정도였으니 말입니다. 더 안타까웠던 것은 알부민을 아무리 맞아도 단백질 수치는 늘 그 자리로 오를 생각을 안했습니다. 30분 간격으로 통증을 호소하면서 아파하는 아저씨는 제게 그냥 안타깝다는 마음만을 주었을 뿐이었습니다.

그러던 어느 날 야간근무를 하는 중 아저씨가 힘겹게 1층 편의점까지 내려가 커피를 사 들고 간호사실까지 걸어 나오셨습니다. 괜찮다고 말해도 매일 밤이면 잦은 통증 조절 때문에 저희를 귀찮게 한다고 미안하다고 말씀하시며 사오곤 하셨습니다. 그런데, 진통제를 달라고 말하고 들어가시는 아저씨에게 같이 일하던 선생님께서 "아직 계란은 남았어요?"라고 물으셨습니다. 알고 보니 혈장 단백질이 떨어졌을 때 계란 흰자가 도움이 된다고 선생님께서는 편의점에서 훈제 계란을 사비로 사서 아저씨께 드렸던 것이었습니다. 아저씨는 아직 남았다면서 고맙다는 말을 하고 들어가셨습니다. 들어가시는 아저씨 뒷모습에 "떨어지면 말씀하세요. 또 사다가 드릴게요."라고 선생님은 이야기 하셨습니다.

　큰돈이 아니지만, 아저씨를 안타까워하는 마음에 선생님의 행동은 제게 많은 생각을 하게 했습니다. 바쁜 업무에 당장 내가 해야 할 일을 하기에도 바쁜 저와는 달리 선생님은 처방이 없어도 진짜 친할아버지 할머니처럼, 양치를 잘 못하면 구강간호도 서슴지 않게 해주시고, 병실이 너무 건조하다는 이야기엔 남은 가습기가 있는지 확인하고 가습기를 대주고, 욕창 발생이 가능한 환자라면 보호자가 없어도 선생님이 더 신경 써서 체위변경을 해주는 모습에 저는 항상 본받고 싶다고 느끼고는 했습니다. 사실 학교를 다니면서 배운 내용으로는 당연한 것들이지만, 당장의 응급상황에서 그렇게 중요하지 않은 일이라고도 느낄 수 있는 이런 일들을 신경 쓰고 해준다는 것이 쉽지는 않은 일이었습니다.

그러던 어느 날 저도 비슷한 경험을 하게 되었습니다. 아저씨랑 비슷하게 대장암 말기로 거의 먹지 못하고 혈장단백질 수치가 낮아서 다리가 퉁퉁 부어 잘 걷지 못하는 한 아주머니가 있었습니다. 아들들이 항상 엄마를 안타까워하면서 옆에서 지극정성으로 간호를 했지만, 아주머니의 호전되지 않는 모습에 항상 안타까운 마음을 갖고는 있었습니다. 아주머니 역시 부운다리에 거동이 불편하여 화장실도 가기 힘들어지자, 재활치료실에서 다리 운동도 하곤 했었는데, 점점 기력이 약해져 재활치료실에 내려가는 것도 힘들어 결국 포기하고 말았습니다.

그러던 어느 날 근무를 마치고 집에 돌아왔을 때 다리가 아파서 집에서 다리 마사지 하는 기계에 다리를 넣고 누워 쉬고 있었습니다. 그 순간 '이게 아주머니께 도움이 될 수도 있겠구나!' 하는 생각에 저는 다음날 당장 아주머니께 그걸 가져다주었습니다. '아무 사이도 아닌 환자에게 이런 제가 부담스럽진 않을까, 내가 너무 지나친 건 아닌가?' 하는 생각에 망설여지기도 했지만 사실 안타까운 제 마음을 달래려고 한 일이었습니다. 아드님께 사용법을 알려드리고 아주머니께 해주고 오는데 실상 너무 지친 아주머니는 그것조차 힘들어서 몇 번 하지 못하고 세상을 떠나셨습니다. 이제 필요 없게 된 기계를 돌려주시며 아드님은 캔 커피 두 개를 함께 주셨습니다. 고맙다는 말과 함께 말입니다. 그런 아드님을 보고 저 역시 마음이 뭉클했습니다.

저는 공감간호라는 단어가 생소했을 때 선생님을 떠올렸습니다. 내가 그 환자라면 낯선 병원에서 아픈 병을 치료하는 것도 중요하지만, '집과 다른 환경에 불편한 것. 그리고 잘 모르는 치료과정에 대해 설명해 주는 게 환자나 보호자는 더 크게 느낄 수도 있겠구나.' 라는 생각을 하게 되었습니다.

앞으로 임상에서 일을 하면서 얼마나 더 많은 경험을 하게 될지 모르지만, 이런 하나하나의 일들을 마음에 새기고 환자 곁에서 함께 더 아파고 힘께 웃어 줄 수 있는 그런 간호사가 되었으면 합니다. 이번 수기를 통해 제가 느낀 소중한 경험을 많은 사람과 함께 나눌 수 있었으면 좋겠습니다.

마음의 소통자

강 선 미 (인공신장실)

당뇨 합병증으로 복막투석을 받던 중 복막염이 치료되지 않아서 급기야 도관 제거술을 받고, 또 다시 복막투석도관을 삽입하게 된 어느 40대 남자 환우의 이야기다.

만성신부전 환자에게 있어 투석은 마치 그림자처럼 생명이 존재하는 한 평생 지속해야 할 피할 수 없는 숙명 같은 것이다.

정말 쉽지 않지만, 그렇다고 포기할 수도 없는 끝이 보이지 않는 길을 걷고 있다고 할까.

이 환우 또한 오랜 시간 당뇨 치료와 함께 복막투석을 해 오면서 감내했을 생의 굴곡이 가히 짐작이 가는 분이었다.

더구나 이 분이 터득한 복막투석에 대한 자신만의 노하우와 신념은 대단했다. 지금까지 복막투석을 스스로 지속적으로 해 온 시간만큼 쌓여진 복막투석에 대한 상식과 지식은 베테랑 수준, 복막투석에 있어서만큼은 웬만한 의료인을 능가하는 수준이었다.

복막염 치료를 받는 동안 복막투석실에 오시면 투석액 농도 처방에 대한 불만부터 시작해서 복막염 치료 및 수술 방법 등 30분 동안 불만족이 쏟아지셨다. 너무 답답하다고 가슴을 치셨다.

본인이 비록 환자이지만 어떤 투석액 농도가 필요한 지 더 잘 알고 있는데, 자신의 의견을 무시한 채 처방만 따르라고 하니 정말 답답하고 힘들다고 토로하셨다.

30분 동안 숨 쉴 겨를 없이 말씀하시는데 솔직히 귀가 따갑고 욕설이 많이 거슬렸다. 그렇다고 설명할 틈도 주지 않으시니 나로서도 방법이 없어 속수무책 계속 듣고만 있을 뿐이었다. 그런데, 계속 듣다 보니 복막투석 간호사로서 환자 입장이 십분 이해가 되었다. 그 분 입장에서 생각하면 정말 의료진이 환자의 얘기를 안 듣고 있구나 싶고 환자분의 주장이 억지가 아니고 다 맞는 말인 것 같아 정말 안타까운 마음이 생겼다.

"네. 네. 그러셨어요. 얼마나 힘드시겠어요?"

그러던 중 복막투석 도관 삽입 2주 후 기능이 안 되는 상황이 발생했다. 수술도 잘 되었다고 하고 x-ray 검사도 괜찮아 안 될 이유가 없어 의료진도 고심하고 추후 경과를 지켜보는 과정에서 투석실에 오셔서 욕과 함께 언성을 높이고 흥분하셨다. 가까스로 복막투석실로 모셨지만 힘든 마음을 들어주는 것 밖에는 도와드릴 수 있는 게 없었다.

얼마나 시간이 지났는지도 모를 만큼 환자 분의 흥분이 가라앉을 때까지 다른 일도 뒤로하고 그냥 곁에 있어 드렸다.

환자 분이 소리치고 흥분하며 얘기하는 것을 끝까지 듣다 보니 내가 그 입장이라도 정말 속상하고 힘들 것 같고 답답하고 미칠 것 같은 기분이 들 것 같았다.

"네, 많이 힘드시죠? 얼마나 힘드시겠어요? 복막투석이 안 될까 불안하고 걱정되시지요.
저도 제가 할 수 있는 부분에서 최선을 다하고 있는데 시원하게 해결해 드릴 수 없어 저도 너무 안타까워요."

환자를 달래기 위한 빈 말이 아니라 내 마음이 정말 그랬다. 해결해 드릴 수 없어서 정말 안타깝고 나도 속상하고 마음이 아팠다.

그 마음이 통했을까? 시간이 흘러 흥분을 가라앉히며 이렇게 말씀하셨다.

"간호사님, 내가 너무 흥분해서 미안해요. 들어주고 이해해줘서 고마워요. 우리 아버지도 여기서 혈액투석 받으시다가 돌아가셨어요. 저는 그 생각하면 혈액투석은 도저히 못 하겠어요. 저는 꼭 복막투석을 해야만 해요. 복막투석 아니면 안 돼요. 나도 우리 아버지처럼 혈액투석 받다가 그렇게 될까 불안하고 걱정돼서 죽을 것 같아요."

건장한 체격을 소유한 40대 가장이 이렇게 속 얘기를 털어놓으시는데 나도 눈물이 흘렀다. 언성을 높이고 욕하고 흥분하는 것, 그 건 아무 것도 아니라는 생각이 들었다. 복막투석만이 내 생명 연장에 절대적이 될 수밖에 없다는 그 필사적인 몸부림에 그만 나도 말문이 막히고 숙연해졌다.

그 이후 환자 분을 볼 때면 기분은 어떤지 표정과 마음을 살피게 되고, 휴가 중에도 경과가 어떻게 되고 있는지 생각나고 걱정되는 분이 되었다. 환자 불만을 들어주는 동안 많은 욕을 먹고 지치기도 했지만, 환자의 아픔을 공감하고 동감하는 마음으로 내가 변화된 사실이 놀라웠다. 잘 쓰지 않고 진열장에만 넣어 두었는데, 공감이란 그릇을 꺼내어 마음을 담을 수 있는 기회를 허락한 귀한 경험에 감사했다.

나는 오랜 시간 투석실에서 근무한 경력 간호사이지만, 진정한 공감간호는 아직도 너무나 서툴고 미숙하기만하다. 그렇지만 잘 들어주는 것, 또한 끝까지 들어주는 것 하나만으로도 투석 환우 분들이 내면의 아픔과 고통을 조금이라도 나눌 수 있는 귀한 통로가 될 수 있음을 뒤늦게 깨달았다. 앞으로 더욱 잘 듣고 정말 힘들고 속상했겠다고 그 마음을 공감해 줄 수 있는, 그래서 잠시나마 지친 마음들이 나의 등을 기대고 한 숨 돌릴 수 있는 마음의 소통자가 되고 싶다.

진정한 공감간호 실현이 그리 쉽진 않지만, 다시 한 걸음씩, 들어주는 것부터 새롭게 출발하고 싶다.

슬픔도 공감해주는 간호사

박 금 애 (5층 서병동)

작년 4월 나의 큰 별이었던 아버지께서 우리 병원에 입원, 퇴원을 두어 번 정도 반복하셨다. 막내딸이 일하는 병원이라며 엄마는 늘 아버지가 좀 위중하다 판단이 들면 의정부 성모병원으로 아버지를 모시고 오셨고 입원하실 때마다 "간호사님들이 신경 많이 써준다."며 좋아하셨다. 그러던 중 마지막으로 퇴원하시던 날 처음으로 부모님을 울진 본가까지 모셔다 드렸다.

그런데 아버지께서는 어딘가 많이 불편해 보였지만 여쭈어보면 "아니 괜찮다." 하고 손을 흔드셨고 굳이 집으로 가시겠다고 고집을 부리셨다.

그런데 퇴원하고 일주일 정도 뒤에 전화기로 엄마의 다급한 목소리가 울려 나왔다.

"금애야. 아버지가 이상하다. 약 먹어도 소용이 없다! 지금 구급차 불렀다!"

"금애야! 이 병원에서는 못 본다고 큰 병원 가란다."

"금애야 그 병원 가다가는 아버지 죽을지도 모른단다. 어쩌노!"

"여기 선생님과 전화 좀 해다오." 등 수십 통의 전화로 아버지의 상태를 듣고 언니들과 전화 통화를 했다.

아버지는 패혈증으로 친정집과 가까운 포항 00병원 중환자실에 입원하셨고 난 다음날 병원에서 있었던 시험을 어떻게 끝냈는지도 모르고 바로 포항으로 향해 갔다. 포항 가는 버스를 타는 순간부터 말없이 계속 눈물이 흘렀다.

'대체 그 시험이 뭐라고. 아버지 살아만 있어주세요. 내가 왜 아버지를 울진에 모셔다 드렸지? 내가 간호사면 뭐하나?' 등 마음속으로 계속 나를 자책했다.

밤중에 병원에 도착해서 면회 시간도 아닌데 중환자실 간호사에게 부탁했다. 간호사는 표정 없는 얼굴로 "얼른 하고 나가세요."라며 겨우 면회를 허락해 주었다.

아버지께서는 날 기다린 듯이 손을 내 밀고 우셨다. 나도 같이 울고 있는데 중환자실 간호사님이 "이제 나가셔야 해요. 그만 정리해주세요."라고 말했다.

너무 섭섭했다. '자신의 부모님이 이렇게 누워있다 해도 저렇게 대할 건가?' 하며 속상하고 슬픈 마음을 안고 중환자실을 나왔다.

그날 밤에 '나라면 어떻게 했을까? 병원 규정에 맞게 보호자에게 똑같이 했을까?' 라며 슬픈 마음과 속상한 마음을 달래었다.

다음 날 아침 회진을 기다렸다. 밤사이 소식이 궁금한데 회진이 계속 늦어지고 있었다. 중환자실에 회진 시간을 물어 보았다. 담당 간호사는 "글쎄요? 기다리세요. 다 회진 하세요."라는 대답뿐이었다.

오전 11시쯤 회진하고 언니들과 상의 후 난 의정부로 올라왔다. 집에 도착한 지 1시간도 안되어 큰언니로부터 전화가 왔다.

"아버지가 위중하시다!"

난 다시 옷을 챙겨 남편과 병원으로 갔다. 또 밤중에 병원에 도착해서 면회시간도 아닌데 중환자실 간호사에게 부탁했다.

역시 이번에도 간호사는 표정 없는 얼굴로 "이제 마지막으로 한번만 해드립니다. 보호자분도 간호사라고 하시던데 알아서 해주세요."라며 겨우 허락해 주었다.

그러나 정작 중환자실에서 아버지와 이야기도 많이 나누지 못했다. 아버지께 잘못 한 일들만 생각났다. 아버지께 용서를 빌고 싶었다.

다음날 아침 담당 교수님이 임종이 임박한 것 같다며 심폐소생술 시행 여부에 대해 물어보셨다. 우리 가족은 이미 패혈증으로 피부가 벗겨지고 있는 아버지께 더 이상 고통을 주고 싶지가 않았다. 그래서 심폐소생술 포기를 선택했다. 이 선택이 최선이라고 누구 하나 말하지 못했다.

그 날 저녁에 아버지는 세상을 떠나셨다. 너무 슬퍼 울고 있는데 중환자실 간호사가 "이제 그만 우세요, 아니면 나가서 우세요. 다른 환자들이 보고 있어요."라며 또 다시 표정 없는 얼굴로 말했다. 이제는 슬픈 마음과 속상한 마음이 아니라 화산 같이 폭발하고 싶었다. 가족들은 모두 슬퍼 어찌 할 바를 모르고 있었다. 나의 큰 별이셨던 아버지가 떠나가는데 내가 울고 싶은 만큼도 울지 못하고 조용히 하라니! 결국 간호사한테 "간호사님 부모님이 돌아가신다 해도 지금처럼 말 할 수 있어요?"라며 화를 냈다. 남편을 잃은 부인, 아버지를 잃은 딸들, 외할아버지를 잃은 손자, 손녀들, 장인을 아버지로 여기고 따른 사위들의 슬픔은 그 병원의 간호사의 눈과 마음에는 들리지 않았나 보다. 단지 심폐소생술을 포기했던 환자가 돌아가셨으니 빨리 정리를 해야겠다라는 생각만 하고 있는 것 같았다.

그런 간호사의 모습을 보면서 너무나 화도 나고 속상하기도 했지만 한편으로는 나 또한 임상에서 늘 똑같이 바쁘게 일하면서 이런 슬픔을 쉽게 생각하고 지나쳐 버릴지도 모른다는 생각을 했다.

아버지 상을 잘 정리하고 업무에 복귀했는데 병동에 심폐소생술 포기 동의를 한 암 환자가 있었다. 문득 아버지가 생각났다. 내가 느꼈던 슬프고 속상한 마음을 이 환자나 보호자들에게는 조금이라도 더 느끼지 않도록 해야겠다고 생각했다. 그러나 막상 내가 해 줄 수 있는 일은 보호자의 말씀을 들어주고 환자의 손을 잡아주는 정도였다. 하루는 환자의 여동생이 "간호사님, 우리 언니 살 가능이 있나요? 엄마하고 말은 해야 하는데 어쩌죠?"라며 현재 환자와 엄마의 관계, 과거 언니의 생활과 성격, 어머니의 질환 등 이런 저런 이야기를 말씀하셨다. 나 또한 보호자의 얘기를 듣고 환자에게 보호자의 안 좋았던 과거를 풀어주고 싶었다. 그러나 환자는 어머니를 만나고 싶지 않다고 했다. 난 환자의 손을 잡고 부모님에 대해 말을 나누었다.

그리고 주말에 어머니께서 환자분과 만남을 가졌다. 그 만남에서 어떤 말과 일이 있었는지는 모른다. 그러나 월요일 환자의 얼굴은 밝아 보였다.

시간이 흐르고 환우 분이 돌아가시기 전날 "고마워요."라며 짧게 내 손을 잡아주셨다. 눈물과 함께 나 또한 환자에 대한 감동과 고마움이 함께 느껴졌다. 그 때 나를 화나게 한 포항병원의 간호사를 떠올렸다. "많이 슬프시죠?"라는 말 한마디만 해주셨다면 감사했을 텐데…….

환자의 작은 슬픔에도 진심으로 그 슬픔을 공감하는 간호사가 되고 싶다. 나의 큰 별이셨던 아버지께서는 당신이 돌아가심을 통해 바쁜 일상 속에서도 환자와 보호자들의 슬픔을 느낄 수 있는 간호사인 딸을 원하셨는지도 모른다고 생각하고 오늘도 환자의 마음을 들어 본다.

중환자실의 소리들

양 현 희 (신경외과 중환자실)

2007년 겨울, 이곳 신경외과 중환자실에 발령을 받아 처음 중환자실에 들어오게 된 날의 첫 인상은 매캐한 냄새와 함께 무의식 상태의 환자들, 그리고 정신없이 바쁜 간호사 선생님들의 모습이었다.

학생간호사가 되어서 병원실습을 나갔을 때, 몸은 고되고 힘들어도 환자들이 완치되어 병원을 나가는 모습과 환자, 보호자들과 그분들의 아픔을 함께 이야기 하고 들어 주는 게 참 좋았다. 하지만 보호자도 없고 나와 말조차 할 수 없고 모든 것을 우리들의 손에 맡겨야 하는 환자들이 가득한 이곳의 모습은 내겐 큰 충격이었다.

시간이 조금씩 지나 신규로서 선배들에게 혼나면서 정신없이 일을 배우고 중환자실에 적응을 해갈 무렵, 조금씩 ICU(중환자실)의 소리가 들리기 시작했다.

"OOO님, 오늘 이쁜 손녀딸이 오셨던데 보셨어요? 할아버지 빨리 일어나라고 기도도 하고 갔는데 들으셨어요? 너무 이쁜 손녀딸 OOO님도 보고 싶으시죠?"

"오늘 날씨가 참 좋죠, OOO님? 빨리 일어나셔서 이렇게 좋은 날씨에 가족들하고 나들이도 가고 하셔야죠. 어서 일어나세요."

주위를 둘러보아도 의사소통이 가능한 환자는 없었지만 선배 간호사 선생님들의 이야기는 계속되었다. 체위 변경을 할 때도, 위관 영양 삽입을 할 때도, 약을 줄 때도, 모든 행위 하나하나가 환자들과의 대화였다.

아, 이제까지 일을 배우기에 급급한 나머지 주위에서 들리던 소리도, 환자를 대하는 나의 모습도 생각해 본 적이 없이 지내던 시간이었다. 내가 환자였다면, 이렇게 침대에 누워서 천장만 바라보고 있으면 어땠을까 하는 생각이 문득 들었고, 그날부터 나는 환자들의 딸, 손녀, 친구가 되기 위해 노력했다.

나의 모든 행위를 그분들에게 설명하고, 그분들과 이야기 하고, 이런저런 이야기를 하면서 내 가족을 생각했고, 내 가족을 생각하니 보호자들의 입장에 대해서도 다시 한 번 생각하게 되었다.

어느 날, 잠깐 동안이지만 환자의 입장이 되어보는 환자 체험이라는 프로그램을 하게 되었고 억제대적용, 적용, 체위변경, 혈압측정, 침대에 누워보기 등을 하면서 환자로 누워 있다는 게 쉬운 일이 아니라는 걸 깨달았다. 항상 간호사의 입장에서 서서 행동하고 나와 환자가 별개라고 생각했을 때의 나는 참 어리석었고 환자들에게 진심으로 다가가지 못했었던 것 같다. 그 일들을 계기로 지금은 환자와 보호자의 입장에 서서 행동 하려고 많이 노력중이지만 가끔씩 일에 치어 신규 때의 마음을 잊고 지내기가 부지기수다.

앞으로는 풋풋했던 신규의 마음을 다시 각인시켜 나의 간호를 받는, 이제는 ICU의 가족이 되어버린 장기 환자와 완쾌가 되어 중환자실을 나가는 환자들이 조금 더 행복한 마음으로 치료를 받을 수 있도록 환자들의 마음으로 열심히 간호를 해야겠다.

할머니의 마음

조 윤 경 (5층 동병동)

소아청소년과 간호사로 일한 지 7년차, 2010년 공감간호라는 미션을 가지고 한 해를 맞이한다.

십여 년 전 엄마가 편찮으셔서 자주 입원을 하셨을 적에, 가끔 병문안을 오는 나에게조차 병원이라는 낯선 환경이 쉽게 적응

되지 않았던 기억이 떠오른다. 예전에는 병원 입구만 들어서면 알코올 냄새가 많이 나서 그 냄새조차 나를 두렵게 만들었고, 보리차를 뜨러 지하로 내려갈 때면 어두컴컴한 느낌에 꼭 장례식장에 내려가는 기분이 들어 보리차를 뜨러가기 싫다고 하곤 했었다.

이런 경험에 비추어 병원이라는 낯선 환경에 환자, 보호자로 있으면서 얼마나 불안하고 걱정이 많을까를 생각하게 되었고, 나에게 공감간호란 환자, 보호자의 불안감을 감소시키고자 눈높이에 맞추어 설명을 잘 해주는 간호가 아닐까 생각을 했었다. 욕심이 많은 나는 모든 환자·보호자들이 고마워하고 칭찬하는 내 모습을 생각하며 바쁜 업무 중에도 투약이나 검사에 대해 같은 약이라도 두 번, 세 번 설명을 아주 열심히 했었다.

하지만 내가 설명하는 그 모습이 그들에게는 간호사가 해야 하는 아주 당연한 것으로 여겨져서인지, 아니면 설명 하는 나의 태도가 그들의 눈높이에 맞추어진 것이 아니라 내 업무의 성과를 위해 하는 것처럼 딱딱하게 여겨져서인지, 두세 번 설명하는 것 자체를 다 알아서 지겨워하는 것인지는 모르겠지만 그들에게 큰 공감을 주지 못 했었고, 나는 딜레마에 빠져 있었다.

그러던 8월의 어느 날.

이브닝 근무를 하고 있는데 어김없이 바빠서 저녁을 먹을 시간조차 없었다.

우리네 간호사들의 현실은 TV에서 나오는 것처럼 여유롭게 식사하고, 병원 앞 잔디를 거닐며 커피도 한 잔 하면서 가끔은 서로 휴대폰으로 수다도 떨 수 있는 그런 모습이 아니다. 휴대폰은 근무 중에 가지고 있지도 못할 뿐더러 밥 먹는 시간은 10분이면 뚝딱이다. 하지만 때로는 10분이면 먹을 밥조차 식당 다녀오는 시간이 너무 아까워 굶는 경우도 많다.

  그 날도 어김없이 입원이 몰려오고 보호자들은 나와서 요구하는 것이 많고 병동은 소란스러워 정신이 없었다. 며칠째 입원해 있던 쌍둥이의 보호자인 할머니가 나오셨었고, 도와드릴 일을 여쭈어보아도 주치의와 얘기한다며 말씀을 하지 않으시고는, 다른 보호자와 면담 중인 주치의를 기다렸으나 한참이 지나도 끝나지 않자 화를 내시며 병실로 들어가고 한 것이 2번 정도 지났을 때였다. 마지막에는 안 되겠다 싶어 할머니를 따라 병실로 들어가서 조심스레 여쭈어 보았다. 그러자 할머니는 아이가 입원한 지 며칠이 지나도 장염 증상은 호전이 되지 않아 잘 먹지도 못하고, 기침과 콧물 등 증상이 하나하나 더 늘어간다고 불평을 하셨다. 그래서 나는 당연하다는 듯이 "잘 먹지도 못하고, 기침도 늘었어요? 어떡해요? 그럼 주치의 선생님께 말씀드려서 약을 추가해 드릴까요?"라고 말을 하였더니 할머니께서는 증상이 한 가지씩 더 생긴다고 약만 자꾸 추가해주는데, 아이는 먹지도 못하고, 약만 계속 먹으면 간도 나빠지는데 무슨 병원이 이러냐고 하시며 더 역정을 내셨다.

  순간 그 말에 '공감'이라는 두 단어가 뇌리를 스쳤다.

조금 전까지만 해도 밥도 못 먹고 이렇게까지 일을 해야 하냐며 궁시렁대면서, 저 보호자는 바빠 죽겠는데 까칠하다고 말 하고 있는데, 할머니의 속상해 하는 모습을 보고는 일은 미뤄두고 병실에 가서 환아를 달래면서 죽을 떠먹이기 시작했다. 내가 주사를 놓는 간호사라 무서웠던 것일까, 할머니가 먹이려고 했을 때에는 먹지도 않고 떼를 쓰던 아이가 내가 먹여주는 죽은 잘 받아먹었다. 그렇게 얼마가 지나 할머니가 속상한 마음이 좀 풀리셨는지 바쁠 텐데 일 보라며 고맙다고 말씀하셨다. 그렇게 병원에 대해 불평을 하시던 분이 내가 먹여준 죽 몇 스푼에 태도가 완전히 변하신 것이다. 이후에도 며칠이 지나 다시 담당 간호사가 되었을 때에 복도 저 멀리서도 나를 보시고는, 그 날은 미안했고 너무 고마웠다며 오늘 퇴원한다고 좋아하시며 인사를 하셨다.

지금에서 생각해 보면 입원한 환아는 쌍둥이로 외할머니와 친할머니께서 한 명씩 간호하고 계셨는데 한 명은 증상이 빠르게 호전되었으나 다른 한 명은 증상이 호전되지 않고 더 안 좋아 보여 아마도 손자를 사랑하는 마음에 비교도 되고 더 많이 속상하셨으리라 생각이 든다. 또한 할머니가 원하셨던 것은 증상을 호전시킬 약이 아니었으며 이해해주고, 공감해주는 따뜻한 말과 행동 한 마디가 아니었나 하는 생각도 해본다.

이 일로 인해 나는 진정한 간호는 물론 설명을 잘 하고, 능력과 기술이 좋아 환자를 편하게 해주는 것도 중요하지만 그 환자의·보호자 입장에서 생각하면서 요구하는 것이 무엇인지를 파악하고, 함께 아픔을 나누고 속상한 마음을 달랠 수 있는 언행 하나 하나가 진정한 간호가 아닌가 하는 큰 깨달음을 얻었다. 이 날은 비록 몸은 힘들지만 마음은 따뜻한 하루로 기억되며, 앞으로 간호를 하는 데 이번 일을 교훈삼아 조금 더 성숙한 간호사가 되리라 다짐해본다.

때로는 환자가 가족 같이 느껴진다

한 윤 희 (6층 서병동)

어느덧 병원에서 근무를 한 지 8년여가 되었다. 세월이 흘러서 이제 신규 때의 기억은 없어진 것 같지만 뒤돌아보면 나에게 아픔으로 다가오는 환자와 보호자가 있다.

신규시절의 나는 외과 병동에서 근무를 했었다. 외과 병동에서 근무할 때 과의 특성상 항암치료를 위해 주기적으로 입원하는 환자가 많았고 매번 입원할 때마다 보다보니 저절로 정이 들어 나도 모르게 환자가 아니라 가족 같은 느낌이 들었었다.

그 환자들 중에도 유독 마음 쓰이는 할아버지 환자 분과 할머니 보호자 분이 있었는데 할아버지, 할머니는 신규이던 나에게 고생한다며 항상 힘이 나게 하는 말씀도 해주시고 볼 때마다 웃어주셨다. 또 어느 날은 린넨실에 들어가는 나를 따라와서 주머니에 삼만 원을 넣어주시고 내가 되돌려 주기도 전에 도망가셨고, 나 역시 돈은 받을 수 없다며 한사코 사양하는 해프닝이 벌어지기도 했다.

그렇게 시간은 흘러 나는 외과에서 신경외과로 병동을 옮기게 되었고 자연스레 기억에서 그 환자와 보호자가 잊혀지게 될 때쯤 복도를 지나가다가 그 때 그 할머니 보호자가 다른 분 면회 온 것을 발견하였다. 보호자의 얼굴을 보는 그 순간 서로 너무도 반갑게 덥석 손을 잡으며 그간의 근황을 물었고 할아버님의 안부를 여쭤보았는데 할머님께서 말씀하시길 항암 치료를 받던 할아버님이 돌아가셨다는 것이다.

그 이야기를 듣는 순간 나도 모르게 내 두 눈에서는 눈물이 흘러 내렸고 할머니의 손을 잡고 울고 있는 나를 위로하던 할머니와 나는 병동 복도에서 서로 끌어안고 서러운 눈물을 쏟아내었다.

뭐랄까, 할아버님의 죽음에 관한 소식을 접하던 나는 마치 나의 친할아버지의 죽음을 마주한 것처럼 너무도 슬펐고 나와 같이 눈물을 흘리던 할머님은 마치 나의 친할머니인 것 마냥 나를 위로해주었으니 생각해보면 이것이 서로에 대한 공감이 아니었을까?

세월이 흘렀어도 기억에서 영원히 잊혀 지지 않을 나의 신규 시절의 이 기억이 진정 공감간호를 경험한 것이기를 바라며, 지금의 나 역시도 다시금 신규 시절의 내가 되어 공감간호를 할 수 있기를 희망한다.

공감이란 남의 신발에 내 발을 넣어 보는 것

이 정 은 (심장내과 중환자실)

저는 심장내과 중환자실에 근무하는 간호사입니다. 의정부성모병원을 직장으로 삼고 일한지는 13개월이 넘었지만, 심장내과 중환자실에서 근무한 지는 6개월이 채 안됐습니다. 현재 부서와는 일하는 성격이 완전히 다른 '외래'에서 왔기 때문에 부서가 이동된 후부터 지금 까지도 배울 것도 많고 실수도 많고 혼날 일도 태산같이 많은 부서 내에서의 신규 간호사입니다. 제 상황이 이렇기에 저 하나 챙기느라 환자분들을 잘 못 봐드리는 경우가 종종 있습니다. 가슴이 아픈 환자들, 숨쉬기가 어려운 환자들. 이곳은 아직 미숙한 저의 손길을 필요로 하는 분들이 너무나 많습니다.

가끔 노인 분들께서 입원하시는 경우에는 치매를 동반한 질환을 가지고 계시는 분들이 많습니다. 답답하다며 침대에서 나오려고 하고 주사 놓는다고 소리 지르고 욕을 하시게 되면 감정도 많이 상하게 되고 해야 할 일의 스케줄에 차질이 생겨 저도 모르게 짜증이 나기도 합니다.

'조용히, 가만히 있어주면 얼마나 좋을까?'

'나는 당신을 도와드리려고 하는데 왜 나한테 이렇게 심한 말을 하실까?'

라는 생각이 들기도 합니다. 그저 저의 일에 방해가 된다고만 생각을 했기 때문이겠지요.

한참 이런 생각이 들 때 즈음에, 같이 일하는 올드 선생님께서 할머니에게 하시는 것을 보고 제가 그동안 얼마나 제 자신을 위해서만 일을 했었는지 알 수 있었습니다.

"할머니, 할머니가 빈혈이 있어서 피주사를 맞아야 되요. 그래서 지금 아픈 주사 한 번 맞을 거예요. 할머니 잠깐만 참아보세요."

혈관주사를 놓으려는 선생님께 할머니는 저에게 하셨듯이 욕을 하고 소리를 지르셨지만 선생님은 싫은 내색 한 번 없이 할머니의 기분을 맞춰가며 그렇게 간호를 하고 계셨습니다. 정말 자신을 위한 일이 아닌 환자를 위한 일을 하신 것입니다.

환자 분들 중 대개는 몸의 질병뿐만 아니라 마음의 질병까지 안고 계시는 분들이 계십니다. 그리고 간호사는 이런 환자들을 위해 몸의 질병을 낫게 하는 데에 힘쓰고 감정적으로 약해지지 않도록 건강한 기운을 전달해야 합니다. 저는 올드 선생님의 행동과 말을 보고 다시 한 번 저의 모습을 되짚어 보게 되었습니다.

그리고 그 후, 선생님이 하셨듯이 저도 할머니에게 마음으로 다가가

"할머니, 우리 할머니 빨리 나으시라고 식전 당뇨약 드릴게요. 할머니 빨리 나으셔야 집에 가시죠, 그렇죠?"라고 했고 할머니는 친절한 내 모습을 보시더니 "고마워요"라고 말씀하셨습니다. 항상 욕을 하시고, 소리 지르시던 분께 그 한 마디를 들은 순간 저의 진심이 전달된 것 같아서 제가 오히려 더 고맙고 감사했습니다.

공감이란 남의 신발에 내 발을 넣어보는 것과 같다고 합니다. 상대방의 입장 안에 들어가 보는 것이지요. 간호사라는 직업은 다른 직업과는 조금 다릅니다. 나를 위해 일을 하지만 나보다는 남을 위한 일을 하기에 가치가 있습니다. 일이 바쁘고 힘들 때는 그 본질을 잊고 일해서 이기적인 나를 만듭니다. 내가 환자라면, 내가 이렇게 아프다면이라는 생각을 가지고 일해야겠다는 다짐을 하게 된 계기가 된 것 같습니다.

❀ 내게 힘을 주는 사람들

김 현 주 (신경외과 중환자실)

'내가 어떻게 하다 간호사가 되었을까?'
 병원 일에 지칠 때면 한 번씩 나에게 묻는 질문입니다. 그리고는 곰곰이 생각해보면, 정말 어쩌다 보니 간호사가 되었다라는 말이 틀리지 않습니다.

 우리나라 입시가 늘 그렇듯 '소신지원'이 아닌 '맞춤지원'에 맞춰 간호학과를 지원하여
 '내가 어쩌다 간호학과에 들어와서…….' 하며 후회의 나날을 보냈는가 하면, 어느 순간 - 이때는 정확히 기억이 납니다. 첫 병원실습 - '아, 내가 이런 데 적성이 있었구나' 하며, 나의 새로운 길을 찾아낸 듯한 즐거움에 무사히 학교를 마칠 수 있었습니다.

그렇습니다. 간호라는 '학문'을 만나기보다는, 간호하는 '환자'를 만나는 순간이 저에게는 즐거움이었고, 악몽일 수도 있는 신규간호사 시절을 이런 재미에 빠져 무사히 넘길 수 있지 않았나 싶습니다.

 그리고 10여 년이 지난 지금은 또 다른 질문이 고개를 듭니다.
 '내게 간호사라는 자리를 지키게 하는 힘은 무엇일까?'

아마도 저는 신규 간호사 시절로 돌아간다면 '새로운 세계를 만나 알아가는 즐거움'이라고 대답했을 것이고, 5~6년차 간호사 시절이었다면 '난 간호사야. 전문직이라고. 할 것이 얼마나 무궁무진한데……'하는 자부심을 최우선으로 꼽았을 것입니다. 그러나 '환자'는 나의 도움을 받는 사람이고, '보호자'는 환자의 가족이라는 단순한 관계의 사람들이 아니라는 것을 어느 순간 깨닫게 되는 날이 오고야 말았고, 간호사의 역할을 하는 동안 나를 둘러싼 환자, 보호자, 동료들… 이들은 그저 '사람'일 뿐이었고, 나는 일방적으로 도움을 주는 입장도 아니었으며, 그 '사람'들로 인해 나는 간호사로서 또 한 뼘 성장하는 것을 알게 되었습니다.

나의 말 한 마디에 상처를 받는 사람, 나의 웃음에 함께 웃음 짓는 사람, 나의 얄팍한 설명 하나에도 감사하며 받아주는 사람, 큰 호통으로 나의 잘못을 일깨워주는 사람, 단지 그들의 대화를 우연히 듣게 되는 것만으로도 '아, 사람 사는 게 이런 것이구나.'라는 깨우침을 주는 사람.

병원이라는 곳은 환자가 있는 곳이 아니었습니다. 수많은 사람들이 자신의 삶의 일부로 여기고, 그 안에서 살아가면서 서로에게 눈에 보이지 않는 영향을 주는 큰 배움의 장소였던 것입니다. 그래서 지금의 저는 이렇게 말합니다. 내가 간호사라는 자리를 지키게 하는 힘은 사람간의 관계 안에서 느끼는 "희노애락"이라고. 그것이 나를 계속 자라게 하고 있으며, 이렇게 나를 키워주는 '사람'들은 바로 환자, 보호자, 그리고 동료들이라고 말입니다. 그러므로 저는 오늘도 내일도 내게 힘을 주는 환자들에게 내가 줄 수 있는 유일한 재주인 '간호'로 답례하고자 합니다.

백설왕자 진성이를 기억하며

최 지 영 (9층 동병동)

신규 간호사로서 병동의 업무를 익히느라 바빴던 2004년 여름, 유난히 흰 피부와 갈색머리, 까만 눈동자의 진성이를 처음 만났습니다. 종양내과의 특성상 할머니, 할아버지 환자 분들이 대부분인데 고등학생이었던 진성이의 존재는 남달랐습니다. 침대 가득 과자와 빵을 올려놓고 "누나도 맘에 드는 것 골라서 가지고 가세요."라고 웃던 진성이. 진성이의 병명은 골육종, 암이었습니다.

골육종은 주로 청소년기에 발생하는 암으로 성장통과 구분이 잘 되지 않아 병이 진행된 후에 병원을 찾게 되는 경우가 많습니다. 진성이 역시 진료 후에 원인을 알게 되었고, 이미 병이 많이 진행된 상태였습니다.

부모님의 부탁으로 자세한 병명 및 상태는 비밀로 한 채 항암치료가 시작되었습니다. 자신의 상태를 잘 알지는 못했지만 진성이는 열심히 치료를 받았습니다. 골육종에 사용되는 항암제는 대부분 항암제들 중에서도 독한 약들이었기 때문에 진성이는 구토와 설사 등을 호소하였습니다. 그런 중에도 6시간마다 소변 검사를 나가야 한다는 설명을 들으면, 늘 잊지 않고 새벽에도 눈을 비비며 소변을 받아다 주었지요. 아픈 다리를 절뚝이며 간호사실로 걸어 나오던 진성이의 모습이 지금도 눈에 선합니다.

여자아이보다 더 예뻤던 진성이는 간호사들 사이에서 인기가 대단했습니다. 바쁘고 정신없이 흘러가는 3교대 속에서도 진성이가 있는 방에 들어가게 되면 누구나 한 번 더 인사하고, 안부를 묻고, 손을 잡아주었습니다. 진성이도 그런 간호사 누나들을 하나같이 잘 따르고 고마워했습니다. 그렇게 몇 차례의 항암치료가 끝난 후 한동안 진성이의 모습이 보이지 않았습니다. 타 병동 간호사들은 늘 오던 환자분들이 오지 않으시면 '완치가 되셔서 안 오시나 보다.' 라고 생각할 수 있겠지만 종양내과 간호사들은 불안해집니다. '혹시, 안 좋아지신 것은 아닌가?' 하고 생각하게 되지요.

다행히 몇 개월이 지나고 진성이가 다시 병동을 찾았습니다. 항암치료 후 빠졌던 갈색머리카락 대신 눈동자만큼 까만 머리카락이 새로 난 모습으로 병동을 찾은 진성이, 반갑게 인사하는 제게 애써 웃음을 지어보였지만 전처럼 천진난만한 모습이 아니었습니다. 많이 지쳐보였습니다. 부모님의 얼굴에도 수심이 가득하였습니다. 진성이는 안타깝게도 전보다 더 많이 다리를 절었고, 통증 때문에 휠체어를 타고 이동하는 시간이 늘어났습니다. 부모님을 통해 진성이가 항암치료를 너무 힘들어해서 병원에 가지 않겠다고 떼를 썼다고 하더군요. 계속 토하고 설사하고, 다 큰 어른들도 견디기 힘든 치료를 어떻게든 피하고 싶었을 진성이의 마음이 이해가 되어 고개를 끄덕이게 되었습니다. 그러나 진성이의 상태는 전보다 분명 더 안 좋아져 있었습니다. 전보다 웃음도 눈에 띄게 줄어든 진성이를 바라보는 저의 마음도 좋지 않았습니다. 불안했습니다. 진성이가 금방이라도 우리 곁을 떠날 것만 같았습니다. 그리고 제가 해줄 수 있는 일은 많지 않았습니다. 아프다면 진통제, 토하면 항구토제, 설사할 땐 지사제. 그러나 제 마음과는 달리 진성이는 크게 좋아지지 않았습니다. 유난히 하얀 피부, 검은 눈동자, 검은 머리카락의 진성이에게 우리는 '백설왕자'라는 별명을 지어주었습니다.

그렇게 몇 번의 입원과 퇴원이 반복되고, 백설왕자 진성이는 더 이상 항암치료를 하지 않게 되었습니다. 아니, 할 수 없게 되었습니다. 팔과 다리는 부어서 코끼리 같아졌고, 계속되는 통증에 투여된 안정제로 인해 자는 시간이 부쩍 늘어났습니다. 간호사 누나들이 부르면 자다가도 눈 비비며 일어나 아픈 다리를 절뚝이며 몸무게를 재기 위해 간호사실로 나오곤 하던 진성이었지만 아침식사가 나와도 잠자는 것이 더 좋다며 점차 일어나지 못

하는 날이 잦아졌습니다.

그러던 어느 날 성탄절이 다가왔습니다. 가톨릭 신자였던 진성이는 수녀님들의 방문과 성탄절이 다가온다는 사실에 기분이 좋아졌는지 전보다 더 잘 웃고 힘을 내는 모습이었습니다. 성탄절이나 명절에는 대부분의 환자분들이 퇴원을 하거나 외출을 다녀오곤 하지만 진성이는 컨디션이 좋지 못해 병원에 있어야 했습니다. 그래도 진성이는 "누나, 크리스마스에 눈이 올까요?"라고 물으며 화이트 크리스마스를 기대하는 모습이었습니다. 그리고 또 한마디, "내년이면 저 열아홉 살 돼요." 그 말에 마음이 무너진 사람이 저만은 아니었을 겁니다.

『스무 살 까지만 살고 싶어요』라는 소설이 떠올랐습니다. 진성이의 마음이 어떤지 물어보진 못했지만 제 마음이 그랬습니다. 진성이가 스무 살까지라도 살았으면 싶었습니다. 진성이의 모습은 바람에 흔들리는 촛불같이 불안했습니다. 새해가 오기 전 간호사실에서는 롤링 페이퍼가 작성되고 있었습니다. 진성이를 위한 간호사 누나들의 롤링 페이퍼였습니다. 진성이의 건강과 행복을 기원하는 글로 가득채운 롤링 페이퍼를 새해 첫 날 아침 근무였던 간호사들이 전해 주었습니다. "진성아, 19살이 된 걸 축하해!"하며 새해 인사를 하는 우리에게 진성이는 졸린 눈을 비비며 "와, 고맙습니다, 누나!"하고 밝게 웃어주었습니다.

저의 바람과는 달리 진성이는 새해가 되고 나서 컨디션이 급격히 나빠졌고, 부모님들과 의료진은 진성이가 얼마나 더 버틸 수 있을지 노심초사 바라볼 뿐이었습니다. 진성이가 제일 좋아하는 형이 군 복무 중이었기 때문에 형이 휴가를 나와야 하는 것이 아닌지, 휴가를 나온다면 그 시기를 언제로 해야 하는지, 혹시라도 진성이가 잘못되면 형이 병원에 오기까지 얼마의 시간이 걸리는지 등 다들 가족처럼 걱정을 하였습니다.

종양내과 간호사의 워크샵이 있던 2월의 어느 날, 휴가인 간호사들도 하나, 둘 병동으로 모여 워크샵을 갈 준비를 하고 있었습니다. 그리고 그날따라 유난히 컨디션이 좋아 보였던 진성이의 모습에 부모님은 잠시 철원의 집에 다녀오시기로 했지요. 진성이를 돌보느라 부모님이 집에 다녀오지 못한 지 수일이 지났었기 때문이었지요. 발길이 떨어지지 않았지만 친척 분들이 계셔서 부모님들은 급히 발걸음을 옮기셨습니다.

부모님들께 자신이 하늘나라로 가는 모습을 보여드리기 싫었던 것일까요? 부모님이 병원을 떠나시고 두 시간쯤 지나자 진성이의 혈압과 호흡이 불안해지기 시작했습니다. 워크샵을 준비 중이던 간호사들까지 모두 진성이에게 달려가 진성이의 상태를 살펴보았습니다. 그리고 급히 부모님께 전화를 드렸습니다.

"지금 바로 병원으로 돌아오셔야겠어요. 진성이 상태가 안 좋아졌어요." 혹시라도 돌아오시는 길에 서두르시다 사고라도 당하실까봐 애써 차분한 목소리로 얘기했지만 부모님은 이미 불안한 상황을 직감하신 듯했습니다. 부모님이 병원에 도착하실 때까지 병동의 간호사들은 진성이의 곁을 지키며 진성이가 조금만 더 버텨주기를 기도했습니다.

  그러나 러시아워에 걸려 평소보다 더 많은 시간이 걸린 후에야 병원에 도착하실 수 있었지요. 다행히 부모님이 병원에 도착하실 때까지 진성이는 버텨주었습니다. 부모님의 손을 잡고, 부모님으로부터 사랑한다는 말과, 그 동안 치료받느라 수고 많았다는 얘기를 듣고 30여 분이 지난 후 진성이는 하늘나라로 떠났습니다.

  진성이가 그렇게 하늘나라로 떠나고 슬픔이 가시기도 전에 워크샵을 위해 그곳을 떠나야 했습니다. 다들 눈물을 훔치며 병원 건물을 나오는데 하늘에서 하나, 둘 눈송이가 내리기 시작했습니다. 얼마 지나지 않아 눈은 소복하게 쌓이기 시작했지요. 백설왕자가 하늘나라로 간 것을 하늘이 알기라도 하는 듯 내린 눈에 마음이 더욱 아파왔습니다. 천사처럼 착하고 예쁘던 진성이의 모습이 파노라마처럼 스쳐지나갔습니다.

  진성이가 우리 곁을 떠나고 몇 년이 지났습니다. 신규 간호사였던 저는 어느새 7년차의 간호사가 되었습니다. 수많은 환자들을 만났고, 좋은 인연도 있었으며, 임종도 많이 지켜봐야 했습니다. 그러는 동안 과거의 환자들 기억은 점차 흐려져 갔지만 진성이의 기억만은 여전히 생생합니다. 진성이가 하늘나라로 가던 날, 누군가가 했던 말 "나는 죽을 때까지 진성이를 잊지 못할 것 같아." 그 말을 저도 모르게 하고 있습니다.

  진성이를 대하듯 모든 환자들에게 애정을 가지고 진심으로 걱정하는 제가 되기를 기도합니다. 가슴을 조여 오는 책임감과 바쁜 업무에 웃음을 잃다가도 진성이를 보면 웃을 수밖에 없었던 그 때처럼, 모든 환자들에게 사랑을 베풀 수 있길 바라봅니다. 그래야 하늘나라에서 보고 있을 진성이가 "역시 우리 간호사 누나가 최고예요."라며 웃어줄 것 같기 때문입니다.

신경외과 중환자실의 스타

이 소 영 (신경외과 중환자실)

나는 신경외과 중환자실에서 근무하는 간호사이다. 아기를 너무나 좋아해서 신생아실을 원하기도 했었지만, 병상에 누워계신 어르신들을 보면서(가끔 의식이 혼란스러워 귀여우신 분들도 있다) 소소한 웃음을 지으며 일한다.

그러던 와중에 웬일인지 한 아기가 입원했다. 신경외과의 특성상 아기들이 입원하게 되는 일이 별로 없는데, 옹알이도 제대로 하지 못하는 정말 조그마한 아기가 집안의 소파에서 떨어져 생긴 경막하출혈로 입원했다. 두개골이 완전히 발달하지 않은 아기에게는 작은 충격도 큰 손상으로 올 수 있기 때문에 면밀히 관찰해야 하는데, 아기가 경련이 일어나면서 급하게 응급실을 통해 내원하였고 응급수술까지 받은 케이스였다.

사실 아기는 너무 조그맣고 어른들에 비해서 손이 많이 가기 때문에 조금 어려운 감이 있지만 나는 워낙 아기를 좋아해서 그저 우중충한 신경외과 중환자실을 밝혀주는 그 존재가 너무나 귀엽고 사랑스러워 다른 환자들보다 조금 더 애정을 쏟았다.

그런데 아기 엄마와 아빠는 너무나도 어렸다. 20대 초반이었던 걸로 기억한다. 조금 미성숙한 부모라는 편견이 있어서 그런 건지 모르겠지만, 아기의 아빠는 제대로 얼굴을 본 적이 없고 엄마와 할머니가 대부분 번갈아가며 오셨는데 생각보다 자주 면회를 오진 않았다. 보통은 아기가 입원하면 우유 먹일 시간에 맞춰서, 면회 시간이 아닐 때에도 면회를 요청하는 일이 잦아 곤란하기도 한데도 오히려 그런 일이 적어 아기의 분유 먹이는 일은 우리 간호사들이 하는 일이 되었다. 너무 바빠서 아기 분유까지 먹일 시간은 턱없이 부족했지만 아기 특유의 귀여운 짓을 보람으로 삼아 분유 먹이기에 내 황금 같은 근무 시간을 투자했다. 먹이는 도중에 한 번씩 엄마가 면회를 와서 아이를 챙겨줘서 고맙다고 인사를 건네기도 했고 아기의 상태가 어떠한지 걱정을 많이 하기도 하고 주치의 면담도 자주 원하기도 했다.

아기는 수술을 하고 머리에 작은 주머니를 달고 나왔는데, 수술 중에는 큰 혈종을 제거하고, 수술 후에는 머리에 있는 주머니로 남아 있는 혈종을 조금씩 빼내면서 양이 줄어들면 그 주머니를 제거 후 일반 병실로 가면 되는, 물론 아기에게는 버겁겠지만 비교적 간단한 수술이었다. 그런데 문제가 생겼다. 아기가 혈우병이 있었던 것이다. 혈우병이란 남자에게만 유전되는 지혈이 힘든 병이다. 그것 때문에 일부러 수술시간을 단축하고 급하게 주머니를 달고 나온 것이었는데 지혈제를 계속 투여하였지만 주머니는 시간이 갈수록 빨갛게 양이 늘어났다. 지혈은커녕 빼내는 대로 머리에서 새로운 출혈이 계속 생기고 있었다. 그 출혈량이 아기가 감당하기에는 너무나 위험했기에 하루 종일 수혈을 받았다. 최선의 방법은 응고검사를 통해 지혈인자가 부족하다는 것을 진단받고 그 인자를 보충해주는 약을 투여하면 되는 것이었으나, 아기 엄마는 응고검사 받는 것을 망설여 했는데 그 이유는, 지혈이 안 되는 유전적 소견이 있다고 진단이 내려지게 되면, 병원비를 보험회사에서 지원받기 힘들다는 것이었다. 그렇게 시간이 지나면서 아기는 2차례의 수술을 더 받기에 이르렀고, 주치의와 면담 끝에 드디어 엄마를 설득하여 부족했던 지혈인자를 투여받을 수 있게 되었다.

하루 하루가 불안했던 아기의 상태는 그 이후로 눈에 띄게 좋아져 머리에 있는 주머니를 제거하기에 이르렀고 끝이 보이지 않던 중환자실 생활을 뒤로 하고 일반병실로 올라가기로 결정된 날 아기 엄마는 기쁨을 감추지 못해 눈물을 글썽이며 우리 간호사들과 주치의에게 감사의 인사를 건넸다.

중환자실에서 퇴실한 지 한두 달 남짓 되던 날, 아기 엄마가 웬

통통한 큰 아이를 데리고 중환자실을 찾아왔다. 아기의 얼굴을 한동안 몰라봤다. 상태가 호전되어 살도 많이 붙고 무럭무럭 자라서 아기엄마가 아니면 얼굴도 못 알아볼 정도였다. 당연히 아기는 우리를 알아보지 못해 반갑게 인사하는 간호사들에게 무관심한 태도로 일관했지만, 아기 엄마는 실밥만 풀면 퇴원한다고 그동안 너무나 고마웠다고 인사를 하러 일부러 중환자실로 찾아온 것이었다.

 그동안 고생하셨다고 서로 진심으로 마음을 주고받은 뒤 아기는 건강하게 퇴원했고, 그 후 얼마 지나지 않아 첫돌 잔치를 했다면서 귀여운 포크와 스푼 세트를 중환자실로 보내왔다. 우리는 선물을 보면서 엄마의 마음 씀씀이와 아기에 대해 이야기를 나누었다. 정말 이제 아프지 않고 건강하게 잘 자랐으면 좋겠다고 기도해본다.

신생아실 간호사로서 느끼는 감정

양 미 란 (신생아실)

나는 신규 간호사이다. 아직 신생아실에 온 지는 얼마 되지 않았지만 이곳에 있으면서 참으로 다양한 감정을 느끼게 되었다.

가장 먼저 내가 느낀 감정은 생명의 기쁨이었다. 신생아실과 함께 분만실을 함께 보면서 처음 분만하는 장면을 봤을 때의 그 느낌! 37주 전 후로 힘들게 배 속에 아기를 품고 분만을 할 때 진통을 하는 산모의 모습을 보고 있을 때에는 내가 다 고통스러웠다. 아무 것도 모르는 내 손을 잡으면서 살려달라고 애원하는 산모에게 나는 손을 잡아주는 것 말고는 아무것도 할 수 없었다. 그렇게 진통을 겪고 아기가 태어난 순간 산모가 눈물을 흘릴 땐 괜히 나까지 마음이 찡했다. 그렇게나 힘들게 아기가 태어나면 그 다음은 신생아실의 몫이다.

아기가 건강하면 그 아기는 기본적인 신생아 간호를 받고 엄마와 함께 병원을 떠나게 되지만 아기가 좋지 못하면 아기는 계속해서 신생아실에 입원해 있게 된다. 신생아실에만 입원을 하게 된다면 그나마 다행이지만 초극소미숙아라든가 호흡이 심하게 불안정하면 아기는 신생아중환자실에 입원하게 된다.

신생아 중환자실에 입원하게 된 아기들을 봤을 때 느낀 감정은 두려움이었다. 태어난 지 얼마 되지도 않았는데 또 다시 삶과 죽음의 기로에 선 아기들을 보면서 과연 내가 이 아기들에게 얼마나 큰 힘이 될 수 있을까 하는 의문이 들었다. 물론 전문적인 간호는 연차가 오래 된 선생님들께서 모두 하시지만 하다못해 기저귀 하나를 갈아 줄때조차 나 때문에 아기가 더 스트레스를 받는 듯한 느낌이 들었다. 내가 간호하기 위해 만지면 만질수록 아기가 더 나빠질 까봐 차마 가까이 가지를 못했다. 언젠가 올드 선생님께 이 말을 하니 선생님께서는 "나는 지금도 무서워. 아기를 만질 때는 정말 섬세하고 조심스럽게 만져야 해."라고 하셨다. 그만큼 아기들은 섬세하고 예민하다고 말해주시는 선생님을 보며 선생님께서 얼마나 아기들을 사랑하고 또 이 일에 긍지를 가지고 있는 지 알 수 있었다.

  간호사가 되어 신생아실에 배정을 받았을 때 난 스스로 내가 언제까지 일할 수 있을까 생각했다. 아니, 정확히 말하자면 얼마나 버틸 수 있을까라고 자문했다. 3~4년 정도 해서 돈을 모으면 결혼해서 그만 둘까라고도 생각했고. 당장 힘이 들면 조그만 병원에 가서 적당히 일할 생각을 한 적도 있었다. 하지만 하루하루가 지날수록 욕심이 생긴다. 나도 선배 간호사들처럼 되고 싶다. 좀 더 배우고 싶고, 좀 더 알고 싶고, 좀 더 아기들에게 힘이 되고 싶다. 나로 인해 아기들이 건강하게 퇴원하는 모습이 보고 싶어진다.

얼마 전 미숙아가 사망하는 모습을 봤다. 내 인생을 통틀어서 생명이 죽어가는 모습을 처음으로 보게 된 것이다. 나는 서서히 죽어가는 그 모습을 보면서도 아무것도 할 수 있는 게 없었다. 무엇을 해야 할지, 어떻게 해야 할지 아무 생각도 나지 않았다. 내가 아무것도 하지 못하는 동안 다른 선생님께서는 침착하고 냉정하게 아기에게 에피네프린을 주시하고 앰부백(ambu-bug)으로 인공호흡을 하셨다. 그렇게 선생님께서는 아기가 하늘로 가기 전에 보호자와 아기가 인사를 할 시간을 버신 것이었다. 그럼에도 아기가 죽었을 팬 난 옆에 보호자가 있었음에도 소리 내어 울 수밖에 없었다. 나는 스스로가 초라하고 한심하게 느껴졌다. 과연 내가 간호사의 자격이 있을까 하는 생각도 들었다. 이 날 선생님께서 신규 간호사일 때는 누구나 그럴 수 있다며 위로해 주시지 않으셨다면 난 지금 이 순간까지도 자책하며 있었을 것이다.

이 곳에 와서 나는 참으로 다양한 감정을 느끼며 일하고 있다. 일이 너무 힘들어서 눈물이 난 적도 있고, 아기들이 하품을 하는 모습을 보며 혼자 미소를 지은 적도 있다. 한 가지 확실한 것은 이곳에서 일을 하면 할수록 나의 마음도 풍요로워진다는 것이다. 나도 언젠가 더 연차가 쌓이고 전문적인 간호사가 되어 확실하게 신생아 간호를 할 수 있을 때 나로 인해 신생아와 산모 그리고 다른 보호자들의 마음에 풍요로움을 넣어주고 싶다.

❀ 내 예쁜 똥강아지들

김 서 희 (신생아 중환자실)

　따스한 햇살 아래 벚꽃 잎이 흐드러지게 날리는 모습이 꽃비가 내리는 듯하여 바라보는 마음이 따뜻해지며 한 잔의 향긋한 커피향이 그리워지는 행복한 오후입니다. 두 손에 올려져 있는 실과 바늘은 핑크빛의 바탕에 흰색 물방울 무늬가 그려져 있는 천을 한 땀 한 땀 바느질 하고 있으며 내심 입가에는 행복한 미소를 머금고 있습니다.

　'이 정도이면 1.5kg 머리에 꼭 맞을까, 아니면 2.0kg의 머리에 맞을까?' 처음 본을 그리면서 지우고 다시 그리고 인터넷을 찾아보고 '이 정도면 되지 않을까?' 혼자서 생각을 하고 또 지우고……. 그래서 드디어 한 땀 한 땀 장인정신으로 한 개의 짱구 베개를 완성하였습니다. 만들고 보니 너무 대견하고 예뻐 보여서 식구들에게 자랑하면서 다녔습니다.

딸아이가 너무 귀엽다며 "나 주면 안돼요?" 하길래 "이 다음에 시집가서 아이 낳으면 그때 예쁘게 만들어 줄게. 이건 우리 이쁜 강아지들 줘야 해." 하고 야박하게 잘라 말을 했습니다.

　"그런데 엄마가 이걸 왜 만들어요. 애기 엄마들에게 싸오라고 하면 안돼요?"

137

"작은 애기들이 한 달 두 달 있다 보니 머리 모양이 삐뚤어져서 항상 미안했어. 그래서 치료도 중요하지만 예쁜 머리 모양도 중요해. 그래서 엄마가 이쁜 강아지들을 위해서 만드는 거야 내가 할 수 있을 때 까지."

"이쁜 강아지들……."

할머니가 항상 어린 손자 들여다보고 "이쁜 할매 강아지!" 하고 엉덩이를 두드리고, "이쁜 똥강아지 오늘은 왜 이렇게 울고 있냐? 배가 고파서 우냐? 아니면 안아 달라고 우냐?" 입에서 강아지들 소리가 자연스럽게 흘러나오는 내 모습을 바라보면서 '나도 이제 나이가 들었나 보다' 하는 생각을 하게 됩니다. 아기들만 바라보던 해도 벌써 17년이 지나고 18년이라는 해를 맞이하고 있습니다.

'세상에서 내가 제일 잘 하는 일이 아기들 돌보는 일 외에 무엇이 있을까?' 하고 스스로에게 질문을 해도 답이 나오지를 않습니다. 어제도 그랬고 오늘도 내일도 내가 아기를 돌보는 일보다 잘 하는 일은 없을 것 같습니다. 제 삶에서 이 아기들이 없었다면 저는 의정부성모병원에 존재하지 않았을 것이며 제 인생도 지금처럼 순수하지 않았을 거 같아요. 이 아기들이 있었기에 제가 지금 이 자리에 있지 않나 생각 합니다. 앞으로 몇 년 더 이곳에서 천사 같은 아기들과 생활할 수 있을지는 모르겠지만 이쁜 똥강아지를 돌보면서 할매 같은 마음으로 많은 사랑을 베풀며 많은 행복을 느끼면서 살아가고 싶습니다.

오늘도 거실바닥에 핑크색 땡땡이 흰색 무늬의 예쁜 천을 들여다보며 한 땀 한 땀 장인 정신으로 바느질을 하고 있습니다. 사랑하는 나의 이쁜 똥강아지들을 위해서…….

말하지 않아도 알아요

박 소 은 (7층 동병동)

하루하루가 총알처럼 지나가는 입사 3개월 차인 나는 아직 미숙한 업무에 공감간호를 하기에는 역부족이라 생각했다. 날이면 날마다 새로운 광경이 펼쳐지는 매일이 정신없었고, 그 상황 속에서 환자 한명 한명을 온 마음으로 care 해야 한다는 게 몹시도 버거웠다.
의정부 성모병원에 입사하면서 수 없이 들어왔던 '공감간호'라는 말.

누군가를 공감해준다는 것이 내가 상대방의 입장이 되어 그 사람이 느끼는 감정의 모든 부분을 함께 느끼며 알아주는 것인데, 내가 모르는 사람들, 더군다나 아파서 나에게 짜증내는 사람들의 입장이 되어 그 기분을 이해하기란 쉽지 않았다. 환자들이 호소하는 많은 것들, 그게 내 일이라 생각하지 않고 그 환자들을 이해하려 하지 않고 일을 하려니 매일이 바쁘고 짜증스럽기만 했다. 이렇게 일하다가는 환자를 그저 며칠 입원해 있다가 지나가는 '환자'로만 보게 될 것 같았다.

 그러던 중 매일 병실을 돌아다니며 환자들이 하는 말 하나하나에 귀 기울여 주고 손도 잡아주고 토닥여주시는 수녀님을 몇 번이고 마주치게 되었다. '저 분은 수녀님이니까 당연히 그래야지.' 하는 생각을 하던 중 문득 '환자들은 과연 간호사인 내 행동이 어떻기를 바랄까'라는 의문이 들었다. 백의의 천사라는 간호사를 직업으로 가진 내가 단지 일에만 쫓겨 환자들과 공감하지 못하고 도리어 인상 쓰는 내 모습에 너무 부끄러워졌고 그러한 내 모습에서 빨리 벗어나고만 싶었다. 이후 조금씩 내 자신을 변화시켜보기로 했다.

 첫 병동 순회를 돌 때, 환자에게 달려있는 수액이나 기타 배액관 등 보이는 것에만 집중할 게 아니라 내가 먼저 환우의 손을 잡아주며 반가운 인사를 한 번 건네는 게 너무나도 보람차게 느껴졌고, 의식이 다소 떨어지는 환자들이 나의 인사에 대답 해주시고 웃어주면 그보다 더 가슴 뭉클한 것은 없었던 것 같다.

 어느 날, 꽤 오랜 기간 입원해 계시던 한 환자 분이 퇴원하시는 날이었다. 간호사실에서 간호사들에게 인사를 하고 가시려는데 왠지 꼭 한 번 손을 잡아드리고 싶다는 생각이 들어 환자 분에게 달려갔다. 잡아드리자 마자 내 손을 꼭 붙잡고 눈물이 그렁그렁

맺힌 환자 분을 보고 나는 목이 메어 아무 말도 하지 못했다. 무슨 기분인지는 정확히 알 수 없지만 그 분이 내게 무엇이라 말하지 않아도 충분히 그 감정이 나에게 전해져 왔다. 비록 그날 아무런 인삿말도 건네지 못했지만. '안녕히 가세요.'라는 말보다도 훨씬 큰 인사를 전한 것 같았다.

비록 아직까지도 환자들의 사소한 부분까지 공감해주고 간호해 주지 못하고 있지만 내 마음가짐을 이렇게 가지고 계속 일한다면 언젠가는 나의 간호가 환자의 입장에서 모든 걸 이해할 수 있는 공감간호가 되어 있지 않을까 생각해본다.

마지막 만남

유 지 은 (8층 동병동)

병원에서의 일요일 근무는 늘 '오늘은 바쁘지 않겠지. 일찍 집에 갈 수 있겠지.'라는 기대를 잔뜩 하게 하는 날이다. 여느 때와 다름없이 여유롭게 일을 할 수 있을 것이라는 희망을 가지고 출근을 하였다. 전번 간호사에게 인수인계를 받기 위해 자리에 앉자마자 전화가 왔다. 다른 병동에서 심폐소생술 포기동의를 한 말기암 환자를 호스피를 위해 1인실로 전실 신청을 했으니 받아달라는 전화였다.

"이런~ 하필 왜 또 나지? 오늘도 바쁘겠구만."

인수인계 끝나고 연락 주겠다는 짜증 섞인 목소리로 통화 후 전화를 끊었다.

"도대체 어떤 환자가 오는 거야?! 이 좋은 일요일 근무에!"

전실 정보를 클릭해 보니 매우 낯익은 이름 세 글자가 떠있었다.

'김OO, 혹시 그 할머니?'

이름 세 글자를 보는 순간 선명하게 떠오르는 기억이 있었다.

식도암으로 구강 섭취는 불가능해 경피적 내시경 위루술을 통한 튜브를 삽입 후 경관유동식을 먹어야만 했던 분이었다. 내과 병동에서 이런 환자가 한둘이겠냐만은 그 할머님이 유독 내 기억 속에 자리 잡은 이유는 단 하나였다.

"나 오늘 생일이야. 생일인데 미역국 먹으면 안 되겠지?"

늘 예쁜 빨간 조끼를 입고 연세가 많으심에도 불구하고 큰 눈에 우리 병동에서는 최고의 귀염둥이 할머님으로 인기를 한 몸에 받던 분이었다.

"할머니 생일 축하해요!"

우리는 기쁜 마음으로 축하를 해주었지만 늘 먹는 미역국을 생일에도 먹지 못하고 아쉬워하는 환자의 모습은 시간이 지난 후에도 가슴을 찡하게 만들었다.

인계를 서둘러 받고 전실을 받았다. 한동안 보이질 않아 '잘 지내시겠지'라고 생각했었는데 막상 얼굴을 보니 할머님은 몰라볼 정도로 많이 달라져 있었다. 부은 얼굴과 그 동안의 항암치료를 증명해주듯 머리카락은 한 올도 남아 있지 않았다. 의식은 거의 없었으며 산소마스크로 겨우 숨만 유지하는 상태였다. 병실을 정리하고 나와 다른 간호사들과 이야기를 나누는데 모두들 나와 같은 기억을 떠올리고 있었다.

"정말 못 알아보겠어. 그 동안 얼마나 힘드셨을까?"

전실을 받은 후 2~3시간이 지났을까. 할머님을 결국 병동 1인실에서 숨을 거두셨다. 뒷정리를 하는 내내 마음이 무거웠다. 종종 다른 간호사들과 "그 할머님을 잘 계실까?"라며 건강히 잘 계시기를 바랐는데 이렇게 마지막 만남이 되어버릴 줄은 생각도 하지 못했다.

문득 5년 전 신규 간호사로서 담당했던 처음 환자분이 돌아가셨을 때 핑 도는 눈물을 감추던 기억이 떠올랐다.

1년, 2년, 시간이 지나면서 무디고 무뎌진 감정에 말기암 환자를 담당하게 되면 '나 때만 피하면 된다.'라는 이기적인 생각으로 환자와 보호자를 대하던 내 모습도 반성했다. 김OO 환자가 돌아가시던 순간을 지켜보면서 영영 잊어버린 줄만 알았던 신규 때의 내 모습으로 되돌아가는 기분이었다.

최근에 외할머니가 돌아가셨다. 멀리 떨어져 사는 이유로 임종도 제대로 지켜보지 못한 것이 마음에 늘 걸렸다. 생전에도 바쁘다는 핑계로 자주 찾아뵙지 못해 외할머니가 돌아가신 이후로 죄송스러운 마음에 병동에 입원해 있는 할머님들을 보면 '잘해 드려야지, 손 한 번 더 잡아드려야지'라는 다짐을 한다. 그러나 항상 바쁘고 정신없이 일을 하다 보면 그 다짐도 금방 잊혀지곤 한다.

오늘도 내가 마주하고 손을 잡고 이야기를 나누는 환자분들. 퇴원하고 나면 다시 만날 일이 없을지도 모르지만 혹시라도 다시 만나게 되면 "나 또 왔어."라고 밝게 웃으며 만나기를. 마지막 만남이 되지 않기를 바라고 또 바란다.

뇌졸중 환자들을 만나며

진 세 희 (6층 서병동)

'안녕하세요. 어제 밤에는 잘 주무셨어요? 아침 식사는요?', '어디 불편한 곳은 없으세요?' 요즘 환자들에게 하는 첫 인사입니다.

오랫동안 신경외과 중환자실에서 지내다가 뇌졸중 전담 간호사가 되어 병동에서 지내게 된지 한 달이 넘었습니다.

뇌졸중 전담 간호사.

처음에는 업무에 대한 적응이 안 되어 있는 상태인 데다가 병동 구조며 시스템들을 전혀 모르니 더욱 혼란스럽고, 어렵게만 느껴졌습니다. 또한 환자분들이 대부분 의사소통이 가능한 - 중환자실에서는 거의 느껴보지 못한 - 상태이기 때문에 무엇을 필요로 하는지 어떤 설명들을 해야 할지 더욱 힘들게만 느껴졌습니다.

환자 분들에게 무슨 말을 먼저 해야 할지 망설이며 다가가서 질환에 대해 설명하고 있는데, 어두운 표정을 짓고 저를 쳐다보시기라도 하면 '내가 뭘 잘 못하고 있나?'라는 생각에 제 마음도 무겁고, 어색하기만한 시간들이 있었습니다.

처음에는 '내가 환자에 대한 많은 정보들을 가지고 큰 도움을 드려야지.'라는 마음으로 환자 정보를 조회하고, 여러 가지를 공부하려는 생각에 마음도 조급해 부족한 시간이 답답하게만 느껴지는 시간들이 계속되었습니다.

하지만 시간이 지날수록 '아! 내 입장에서만 생각하고 있었구나!'라는 생각이 들었습니다. '내가 그 분들에게 주고 싶어 하는 것만 고민하고, 그 분들이 정말 바라는 것을 고민하지 않았구나.'라는 생각에 부끄러웠습니다. 제가 알고 있는 지식에 집중하는 것이 아니라 환자가 알고 싶어 하는 것에 더 초점을 맞추고 가장 필요한 도움을 주는 일을 해야겠구나 생각하게 되었습니다.

그리고 또 한 가지 환자 분들은 본인에 대한 지식도 물론 원하지만, 안정과 편안함에 대한 요구가 더욱더 절실하다는 것을 느끼게 되었습니다.

특히 뇌졸중 환자들이 느끼는 상실감과 불편감은 더욱 크기 때문에 매일 매일 찾아가서 인사하고 불편한 곳은 없는지 묻고 살펴드리는 것 또한 정말 중요하다는 것을 느끼게 됩니다.

첫 날 어두운 표정으로 설명을 듣고 계시던 분도 어느새 밝은 얼굴로 바뀌어 웃고 계실 때면 제 마음도 편해지고 큰 힘을 얻게 됩니다.

우리 모두는 행복을 원합니다. 많은 것을 가지고 있으면서도 행복하지 못한 사람이 있는가하면 아무것도 가지고 있지 않지만 행복한 사람들이 있습니다. 그 행복이라는 것이 꼭 모든 것이 완벽한 상태에서 있는 것이 아니라 끝없이 몰아치는 상황을 긍정적으로 해석하는 능력에 달려있음을 느끼게 됩니다.

암에 걸렸을지라도 고질병이라고 생각하는 사람에게 암 치유율은 38%에 그치지만, 점 하나 붙여서 고칠병이라고 믿는 사람에게 있어서 암의 치유율은 70%까지 올라간다는 통계가 있습니다. 똑같은 암이지만 죽을병이라는 사람과 암을 통해서 삶과 죽음에 대한 통찰을 얻었다는 분들도 있습니다. 암을 죽음으로 연결하느냐, 암을 삶으로 해석하느냐는 전적으로 우리의 긍정적인 태도에 달려 있다는 것으로 생각합니다.

이제 저의 할 일은 환자들이 보다 질병을 자세히 이해하고, 긍정적으로 받아들이게 되어서 행복을 느낄 수 있도록 도와주는 것이라고 생각하게 되었습니다. 그러면 저도 행복해질 테니까요.

처음이란 단어

김 진 아 (6층 서병동)

처음이란 말처럼 또 설레는 말이 또 어디 있을까?
만남도, 사랑도, 일도, 나와 관련한 그 무엇도 처음에는 설레임으로 다가온다. 처음 병원에 와서 병동을 방문하고, 프리셉터 선생님을 만나고, 떨렸던 첫 정맥주사 start, 첫 근무 전 밤잠 못 이루던 그 것을 어찌 잊을 수 있을까?
신경외과 병동의 특성상 어리바리한 신규인 내게 다가왔던 것은 이른바 나보다 병동 경력이 몇 배는 되시는 환자 분들과 간병인, 보호자들이었다. 주사기만 잡으면 손을 덜덜 떨고 사투리를 쓰는 내가 못미더워서였을까? "주사 못 놓겠으면 다른 간호사 불러주세요." 퇴짜도 수십 번. 몇 번이나 다른 선생님께 부탁하기도 민망했었던 기억이 난다. 그래서였을까? 환자와 보호자에게 공감이라기보다는, 오히려 거부감을 더 가지게 된 시간이었다.

그날도 어김없이 입원을 받고, 바쁘게 Day근무를 하던 중이었다. 한 할아버지께서 입원을 왔는데 혼자 왔었고, 뇌출혈 수술 후 추후관리를 하시던 분이었는데 재발을 의심하여 입원을 온 분이었다. 간호사정을 하다 보니 몇 번이나 수술을 받았던 것에 대한 불안감을 느낄 수 있었고 보호자도 없이 혼자 입원을 온 할아버지가 왠지 우리 친할아버지와도 같아서 얼마나 불안하시겠냐며 힘내시라고 손을 잡아드렸다. 그 분은 다행이도 수술 없이 퇴원이 가능하게 되었고 나는 여느 때와 똑같은 나날을 보내고 있었다.

하루는 병동에 출근을 했는데 부서 선생님들께서 나에게 칭찬카드가 나왔다며 축하해 주셨다. 신규 3, 4개월차쯤 되어서야 처음 받는 칭찬카드였다. 아무리 생각해봐도 칭찬 받을만한 것이 없는데 의아해하며 카드내용을 확인해 보는 순간, A4용지 한 가득 빽빽하게 나에 대해 칭찬해주는 글귀에 놀랐고 그 양과 내용에 또 한 번 놀랐었다. 읽다보니 그 할아버지인 것을 알 수 있었고 단지 한 번의 격려, 공감에 대해 환자가 그토록 감동을 받았다는 것에 대해 놀랐었다.

환자와 간호사가 서비스 받는 사람과 서비스를 제공하는 사람 간의 관계라면 제공하는 사람에 있어서 그 서비스가 인간의 생명을 담보로 한다는 사실이 가져오는 막중한 책임감도 있을 것이다. 인술은 복잡한 것이 아니라 그 의료서비스에 감동을 담아 주면 그것이 곧 인술이라 생각한다. 일반 기업들도 고객만족이 아닌 고객감동을 위한 서비스를 하겠다고 나서는 요즘이다. 간호사 역시 단순히 기술이 좋다고 전부가 아니다. 기술만큼이나 환자에게 서비스하는 태도와 방식도 세심하게 신경 써야하고, 그로써 고객에게 감동과 만족을 주고자 노력해야 하는 것이 정말 중요한 것이 아닐까 싶다.

공감의 다리

정 지 아 (7층 남병동)

2010년 더운 여름 어느 날, 교통사고로 흉부외과 환자 분이 입원을 왔다. 50세 남자 분이셨는데, 아직 미혼이시라 보호자로 연로하신 어머님이 따라 오셨다. 환자분이 거동을 못하시니 꼼짝없이 옆에만 계셔야 하는 상황이었다.

간호사들도 모두 '환자 분이 거동 못하시니, 보호자분이 옆에 꼭 계셔야 합니다.'라고 교육하고 있었다.

어느 날 보호자 분에게 인사차 "어르신, 식사하셨어요?" 하고 여쭤보니, 옆에 보호자가 계속 있어야 한다고 해서 식사 하러 못 가고, 다른 보호자분이 집에서 해오지 않으면, 환자분이 식사 후 남은 밥이나 반찬으로 조금씩 해결하고 계셨다고 하였다.

순간 아차 싶어, "혹시 식당이 어디 있는지 못 들으셨어요?" 여쭤보니, 병원비 내면서 매일 매끼니 사먹기도 부담스럽고, 왔다 갔다 하기도 힘들고, 자기가 자리 비우면 환자는 어떻게 하냐고, 대충 때우는 거지 하며 웃으셨다.

그 얘기를 듣고는 어찌나 죄송스럽던지. 진작에, 한 번쯤 먼저 어르신께 식사 하셨나 여쭤보았다면. 그 말 한마디가 그리 힘든 것도 아닌데…….

간호사들이 어디 가면 안되고 꼭 환자 옆에 계셔야 한다니까, 그 말을 듣고 잠시도 자리비우면 안 되는 줄 알고 더 조심하셨던 것 같았다.

그럼, 집에서 밑반찬 조금 해오시고, 마트에서 즉석 밥 사다 병동에 있는 전자레인지로 데워, 환자 분 식사할 때 같이 드시는 것은 어떤지 여쭤보았더니, 그런 방법이 있었냐며, 생각도 못했는데, 앞으로 그렇게 하면 되겠다고 좋아하시는 모습에, 나도 기분 좋고, 보호자 분에게 도움이 되는 것 같아 다행이었다.

조금 더 생각해서, 편의점에서 사는 것은 비싸니, 제가 퇴근 후 내일 출근하면서, 동네 마트에서 조금 더 싸게 몇 개 사다드리겠다고 하여, 즉석 밥과 김을 사다드렸다. 받으시며, 어찌나 고마워하시던지. 그냥 말 한마디 건넸을 뿐이었는데. 장 보면서 같이 더 샀을 뿐인데……. 어르신의 순박한 웃음을 보면서, 다시금 나의 처음 모습을 떠올리게 되었다.

그리 길지도, 짧지도 않은 병원 생활이지만, 그 사이 느낀 건, 환자분들이나 보호자분들에게 보탬이 되고, 공감이 되는 것은 사실 많은 것이 필요 없는 것이다. 따뜻한 말 한마디라도 먼저 건네주고, 먼저 눈 마주치고 인사하고, 먼저 웃어주는 것, 그러나 어렵지 않지만, 잘 안 지켜지고 있는 것들.

처음 간호사가 되었을 때는 환자분들이 얘기하는 것도 조곤조곤 다 들어주고, 비록 일은 미숙하지만, 지금보다 더 많은 이야기도 나누고 했었던 것 같은데, 일이 익숙해지면서 오히려 환자나 보호자들과의 대화는 더욱 줄어드는 것 같은 느낌이다.

어떤 상황이 벌어지면, 그건 이렇게 처리하면 되고, 저건 저렇게 대응하면 되고, 경력이 쌓이고 일이 익숙해지면서 너무 일적으로만 환자와 보호자들을 대한 건 아닐는지. 예전의 모습을 기억하며, 차근차근 하나씩 실천해볼까?

당장 오늘부터 먼저 눈 마주치기, 먼저 웃어주기, 먼저 인사하기를 실천해야겠다.

"안녕히 주무셨어요? 식사 하셨나요?" 이 말 한 마디가 나와 환자, 보호자 분들을 연결하고, 서로 공감할 수 있는 다리가 되길 기대한다.

🍀 아빠의 입원, 그리고

김 선 호 (7층 서병동)

<u>출근해서</u> 퇴근할 때까지 함께 하는 환자들 속에서 간호복을 입고 기계적으로 움직이는 나는 '간호사' 입니다. 저의 아빠는 외상성 뇌신경 손상, 다발성 두개골 골절, 경막상 내 출혈로 한 달간 병원에서 입원 치료를 받고 현재는 집에서 통원 치료 중입니다.

응급실에서 중환자실로 입원이 당장 필요한 상황에 자리가 없어 몇 시간을 알아본 뒤에 겨우 중환자실로 예약이 되었습니다. 수술을 받은 후 중환자실로 가는 아빠에게 내가 할 수 있는 것은 아무 것도 없다는 무력감 속에서 의존할 수 있는 건 담당교수님과 간호사 선생님들이었습니다. 30분씩 두 번 있는 면회시간을 기다리며, CT 촬영하러 가는 아빠의 모습이라도 잠깐 보기 위해 3일을 중환자실 문 앞에서 보냈습니다. 그 후 일반병실에서 생활을 하면서 환자의 보호자가 되었을 때 비로소 절박하고 간절한 그들의 마음을 공감하게 되었습니다.

의식이 없는 아빠에게 "안녕하세요? 오늘은 어떠세요? 보호자 분들이 건강해야 합니다." 라고 인사해주는 교수님, 침상 억제대를 하였음에도 불구하고 온전한 의식상태가 아닌 아빠에게 팔을 물린 수간호사 선생님, 하루에도 3~4번 씩 링거주사를 놓기 위해 혈관확보를 해야 하는 간호사 선생님들, 진정제를 투여하였음에도 불구하고 CT 촬영 한 번 갔다 오면 땀으로 범벅되는 사원님들. 이런 큰 고마움 속에서 사소한 것 하나에도 서운하고 신경 쓰이는 것이 보호자의 마음이었습니다. 보호자들은 24시간 병실에 있으면서 간호사 선생님들의 표정, 말투, 행동 하나하나 지켜보고, 우리가 생각하는 그 이상의 관찰력을 발휘하고 있었습니다. 그 모습을 제 3자의 입장에서 지켜본 나는 일할 때 나의 모습이 문득 생각났습니다.

병실에서 나를 부를 상황이 아님에도 불구하고 나를 부르거나, 내가 보는 환자는 여러 명인데도 불구하고 자기에게만 관심을 갖고 대해 주기를 바라는 그들 속에서 짜증냈던 나는 과연 얼마나 그들을 이해하려고 하였는가? 의료진 중에서 환자, 보호자와 가장 가까이 있는 직업으로서 하루 종일 같이 있던 그들의 입장에서 생각해 본 적이 있었는가? 대답은 "아니요."였습니다.

'아빠를 생각하자!'라는 생각을 가슴 깊이 새겨두고 공감간호를 실천해보기 위해 그들의 말에 귀를 기울였고, 그들의 아픔에 진심으로 안타까워하며 고통이 감소할 수 있게 노력하였고, 그들의 도움 요청에 적극적으로 응대하려고 하였습니다.

하지만 현실은 따뜻하지만 않았습니다. 다리 고관절 골절로 수술 후 절대 침상안정을 해야 하는 상황임에도 불구하고 몰래 휠체어를 타고 다니는 환자, 정기적인 피검사를 위해 목적 설명 후 시행하려고 하였더니 피가 부족하다고 수혈할 땐 언제고 시도 때도 없이 피를 뽑는다면서 짜증내는 환자, 수술 후 6시간동안 금식을 해야 하는 목적에 대해 설명하였더니 전날 밤 12시부터 굶겨놓고 또 못 먹게 하는 병원이 어디 있냐며 화를 내는 보호자. 그들을 치료해주고, 보호하려고 했던 나의 행동에 짜증을 내는 그들의 모습은 공감간호를 해보자는 나의 마음에 큰 상처가 되었고 좌절감을 주었습니다. 그런데 좌절감에 빠져있을 때면 신기하게도 나의 주눅 든 모습을 본 그들은 "밥은 먹고 일하세요?", "집에는 안 가요? 하루 종일 병원에 있는 것 같아요." 라는 걱정과 나를 칭찬해주는 따뜻한 말 한 마디로 다시 기운 차리고 마음을 추스르는 계기를 만들어 주었습니다.

너무 가까이 붙어 있어 미운 정 고운 정이 드는 관계처럼, 간호사와 환자, 보호자는 사랑을 주기도 하고 상처를 주기도 하는 사이인가 봅니다.

공감간호를 하려고 노력하면서 간호는 냉철한 머리, 따뜻한 가슴, 숙련된 손으로 하는 종합예술이고, 그것을 갖추는 간호사가 되려면 반드시 신념이 필요하며, 그 신념은 바로 우리가 그들을 공감해주는 마음가짐이라는 것. 또한 행동이 따르지 않는 신념은 무의미하며 공감간호를 행하는 간호사만이 간절한 도움이 필요한 그들에게 진정으로 와 닿는 다는 것을 느꼈습니다.

하루는 일 끝나고 아빠 병문안을 갔더니 아빠는 간호사실에서 제가 아닌 다른 간호사 선생님을 보고 "선호야, 선호야."라고 하는 것을 보았습니다. 그 모습에 밥은 먹었는지, 안전운전 하는지, 병원 생활은 잘 하는지 항상 물어보시던 아버지의 말씀이 여지껏 잔소리라고 생각했던 내가 너무 부끄럽고 미안한 마음에 가슴이 아렸습니다. 늘 함께 있었기에 가족의 소중함을 잊고 지냈던 우리가족에게 이번 사고는 많은 것을 느끼게 해주었습니다.

저희 아빠가 입원해 있으면서 '왜 하필이면 나한테 이런 일이 생긴 걸까?' 라는 질문을 스스로에게 많이 했었습니다. 어쩌면 아빠는 내가 더 좋은 간호사가 되게 하려고 했던 것 같습니다.

언제 예전처럼 회복될지 모르는 아빠에게 인사하며 나를 힘들게도 하지만 나에게 더 큰 충전을 채워주는 환우들을 만나러 출근을 서두르는 나는 7서 병동 간호사 '김선호' 입니다.

따뜻한 손길

이 정 빈 (신경외과 중환자실)

　병원이라는 직장에서 간호사라는 직업으로 근무한 지도 짧다면 짧은 기간이지만 벌써 7년차가 되어간다. 신경외과 중환자실의 근무의 특성상 의식이 없는 환자들이 대다수이지만 종종 경추, 요추 손상의 환자들이 입원하게 된다. 처음에 신규 간호사 일 때에는 모든 환자들이 그냥 대하기 어렵기만 하고 형식적으로만 응대하는 것에만 급급했던 것 같다. 하지만 시간이 조금씩 흐를수록 의식이 없는 환자들보다 의식이 있지만 손, 발을 쓸 수 없는 환자들이 우리의 손길을 더더욱 필요로 하다는 것을 인식하게 되었다. 그리고 그 환자들이 얼마나 힘든 하루하루를 보내고 있는지도…….

　최근의 일이었다. 일상생활 속에서의 정말 사소한 사고로 인해 경추가 손상되어 팔만 간신히 들어 올리며 손가락의 감각도 정상으로 느끼지 못하고 움직임도 둔해졌으며 다리는 아예 움직이지 못하는 환자 분이 수술 후 중환자실로 나와 치료를 받고 있었다. 나이는 나랑 비슷한 여자 환자였던 것으로 기억된다. 여느 경추손상 환자들처럼 자세 불편한 것, 물 먹는 것, 손, 발이 저려 주물러 달라는 것 등 많을 것들을 부탁하는 환자였다. 필요로 한 것을 스스로 할 수 없으니 당연한 일이었다. 하지만 근무가 바쁘다 보니 바로 바로 필요한 것을 해 드리는 일보다 "잠깐만요.", "잠시만요."라는 말로 응대했던 일이 더 많았다. 그런 내가 바빠 보였는지 무슨 일을 부탁하면서도 "죄송해요.", "감사합니다."라는 듣는 순간 내 자신이 조금 부끄러운 생각이 들었다. 그 순간 가장 힘든 건 그 환자분일 텐데라는 생각이 들면서……. 일이 어느 정도 정리가 되고 그 환자분이 주사 맞은 곳이 빨개져서 주사를 다시 삽입하면서 이런 저런 대화를 나누게 되었다. 환자분은 지금 상황을 받아들이면서도 앞으로 조금이라도 나아질지 걱정을 하고 있었다. 나이도 젊은 환자 분이 지금 상황을 받아들인다는 것도 대단하게 생각되었지만 그 다음에 하는 말씀이 지금까지 이런 저런 요구들을 들어주며 간호하는 것이 전부라고 생각했던 나에게 많은 생각을 하게끔 만들었다.

"다리 감각은 하나도 없고 움직일 수 없지만 목도 움직일 수 있고 팔을 들 수 있어서 다행이에요."

간호사라는 직업을 가지고 수많을 환자들을 보아왔지만 이런 생각을 얘기하는 분은 처음이었다. 나부터도 이것도 안 되고 저것도 안 되고 이런 부정적인 생각을 하며 현재 생활에 만족하지 못하고 불평, 불만 하는 일이 많았기 때문이다.

환자 분에게 조금씩 재활 운동도 하고 지금 같은 긍정적인 사고로 노력하시면 지금보다는 더 나아지실 거라고 얘기하고 힘내시라는 말도 덧붙였다. 며칠 후 그 환자분은 움직임은 더 좋아지진 않았지만 일반병동에서 치료받기 위해 이실을 가셨다.

  병원 근무를 해나가면서 조금은 자만도 하면서 이런 것쯤이야 라는 생각을 했던 일도 간혹 있었다. 하지만 지난 일을 계기로 환자분으로 인해 내가 한층 성숙될 수 있다는 생각이 들면서 아직도 갈 길이 멀고 간호사로서는 한참 멀었구나라고 생각했다. 비록 신체적으로는 도움을 필요로 하고 약자의 입장에서 치료받고 있는 환자 분들이지만 정신적으로는 간호사인 나보다 더 성숙하고 간호사인 나보다 자신을 더 잘 간호하고 치유하는 분들이 아닐까? 이런 분들을 위해서라도 사무적인 태도인 간호사보다 정감 있고 따뜻한 간호사가 될 수 있도록 노력해야겠다. 내 자신이 환자분으로 인해서 긍정이라는 마음이 성장했듯이 나부터도 다른 환자분들에게 절망적인 마음에 따뜻한 손길이라도 얹을 수 있게…….

❁ 천사가 된 아기

최 유 진 (응급의료센터 중환자실)

모든 일이 그렇겠지만 아픔으로 인한 고통은 본인이 직접 당해보지 않고는 알 수 없을 것 같다. 병원에 입사하기 전에는 환자의 고통을 내 가족의 고통처럼 느끼며 간호하겠다고 했었는데 사실 매일 아픈 사람들만 보다보니 날이 갈수록 환자들의 고통에 무뎌 지고, 치료를 받다가 환자들이 사망을 해도 눈물이 나지 않았다. 더 이상 누군가의 아픔에 슬퍼 할 감정이 남아있지 않았던 것 같다.

나는 간호사고 어느 경우에나 객관적이고 냉정하게 상황을 볼 수 있어야 한다고 생각했기 때문이다. 모든 상황에서 감정을 조절하지 못하고 눈물을 흘리고 슬퍼하면 내 스스로가 너무 힘들 것 같아 슬픔을 참아 왔었는데, 그러지 못한 상황이 딱 한 번 있었다.

병에 고통 받는 모든 환자들이 안타깝지만 특히나 더 마음을 아프게 하는 건 작은 아이들이 입원했을 때이다. 내가 담당했던 환자도 2살도 되지 않은 여자아이였는데 계속되는 경련으로 중환자실에 입원하게 되었다. 그 작은 몸에 모니터라인을 붙이고 중심 정맥관에 기관 삽관을 하고 인공호흡기까지 가지고 있는 아이는 치료를 받다가 날이 갈수록 상태가 악화되어 결국 하늘나라로 가버렸다. 면회시간이면 항상 가족들과 아이의 할머니, 할아버지가 다녀가시며, 우리에게 아이를 잘 부탁한다면서 치료를 잘 좀 봐달라고 하시고는 누워 있는 아이에게 어서 일어나서 집에 가자며 아이의 몸을 어루만지시던 분들이셨다.

  아이가 하늘나라로 가던 그날, 아침까지도 아빠와 엄마가 아침 면회를 왔었고 면회시간까지만 해도 괜찮았었는데 면회가 끝나고 얼마 되지 않아 아이의 산소수치가 떨어지면서 온 몸이 새파래지고 심장박동이 떨어졌다. 즉시 심폐소생술을 시작했고 그 작은 가슴에 compression(압축) 하는 걸 보고 난 눈물이 났다. 그러나 심폐 소생술을 시작한지 30분 정도 지나도 아이의 심장박동과 산소수치는 돌아오지 않았다. 연락을 받은 아이의 부모님이 오셨는데 아이의 아빠는 그 사이 출근을 하셨는지 정장을 입은 모습으로 나타났는데 그게 더 가슴이 아팠다. 아까까지만 해도 이런 모습으로 아이를 다시 만나게 될 거라고는 생각하지 못하셨을 텐데…….

  계속되는 심폐소생술로 아이의 작은 가슴이 눌리고 또 눌리는 모습을 더 보기 힘드셨는지, 아이의 부모님은 심폐소생술을 중단해달라고 했고, 곧이어 주치의의 사망 선언이 내려지며 커튼이 쳐졌다. 가려진 커튼 사이로 애써 담담한 모습을 보이던 아이의 아빠가 흐느껴 울기 시작하는 모습이 보였다. 그리고 환아의 오빠로 보이는 아이가 울고 있는 아빠의 손을 꼭 붙잡고는 아무

것도 모르는 듯 한 얼굴로 아빠를 따라 울고 있었다. 너무 가슴 아픈 장면이었다. 그러나 나는 담당 간호사이기 때문에 사후 처치를 하고, 가족들이 슬퍼하는 틈 사이에서 어디 장례식장을 쓰실 거냐고 물을 수밖에 없었고, 그렇게 할 수밖에 없는 상황이 너무나도 싫었다. 마지막으로 아이의 옷을 갈아입히는데 나조차 눈물이 나서 급히 마스크로 눈물을 가렸다. 그리고 영안실로 내려가는 아이의 마지막 모습을 보며, 부디 하늘나라에서는 아프지 않고 행복하길 바라며 좋은 곳으로 가라고 마음속으로 기도를 했다.

모든 환자들이 삶과 죽음 사이에서 고통을 받으며 힘겨워 하지만 침대의 반도 차지하지 못하는 작은 아이에게는 너무 큰 고통이었을 것이고, 그 모습을 바라보는 가족들의 고통도 굉장히 컸을 것 같다. 나의 마음도 이렇게 아팠었으니 가족들은 오죽했을까.

  내가 그들에게 해줄 수 있는 건 작은 위로 한 마디와 주어진 간호를 최선을 다해 수행하는 것뿐이다. 또 다른 환자들이 와도 언제나 같다. 처음 간호라는 일을 시작하면서 두려웠던 것은 환자들의 아픔과 슬픔에 무뎌지는 것이었고 그러지 말아야지 하는 생각으로 마음을 다 잡았지만 시간이 지나면서 이미 그때의 마음은 많이 무뎌져 버린 것 같다. 앞으로는 환자들의 마음을 좀 더 다독이며 내가 해 줄 수 있는 간호에 최선을 다하여 정성을 다하는 간호사가 되어야겠다고 다짐했다.

❀ 잊을 수 없는 기억

이 아 름 (응급의료센터 중환자실)

사실 간호는 일반적인 돌봄에서부터 투약 등 많은 것을 포함하고 있다고 알고 있습니다. 하지만 무엇보다 간호의 가장 기본적인 부분은 공감과 경청이라고 생각합니다. 환자에게 있어 약물 치료도 물론 중요하고 제일 우선이기도 하지만 그 밑바탕에는 환자를 공감하는 마음이 있어야한다고 생각합니다. 의식이 없는 환자라 하더라도 형식적인 간호를 하는 사람과 진심으로 공감을 하며 성의껏 간호를 하는 사람은 천지 차이일 것입니다. 가끔은 약물 치료보다는, 힘들고 지쳐하는 환자 옆에서 손 한 번 잡아주는 것이 엄청난 힘이 될 때도 있을 것입니다.

신규 오리엔테이션 기간이 끝나고 병원에 일한 지 한 달이 쯤 넘었을 때였습니다. 이젠 혼자 내 담당 환자를 care하고 환자의 생사가 내 손에 달렸다고 생각하니 사실 모든 게 무서웠습니다. 그렇게 하루하루 지쳐가던 저에게 엄청난 힘을 안겨준 한 분의 환자 분이 있었습니다. 의식은 있었으나 기관 내 삽관을 하고 인공호흡기를 통해 호흡을 하던 분이었습니다. 그러다보니 말을 할 수 없는 상태라 항상 침대 난간을 툭툭 치면서 가래 빼 달라, 자리가 불편하다 등 불만사항을 늘어놓았습니다. 당연히 해야 할 일인데 일이 바쁠 땐 그게 너무 귀찮고 짜증이 났었습니다. 마냥 그 환자가 밉기만 했습니다. '바빠 죽겠는데, 아 짜증나.' 사실 이런 못된 마음 가진 것이 한두 번이 아닙니다. 그렇게 하루하루 지나보니 그 환자와도 정이 들어 대화를 나누진 못해도 종에 글을 써가며 의사소통도 하고, 손짓만 봐도 대부분 무엇을 원하는지 알게 되었습니다. 정말 저를 딸같이 대해주셨습니다.

  출근해서 들어서면 그 분께서 항상 먼저 웃는 얼굴로 손을 흔들어주셨습니다. 인공호흡기에 의존하여 두 손 모두 억제대를 하고 있는 상태에서 오히려 웃어주고 혹시나 선생님께 혼나는 모습을 보면 오히려 선생님 앞에서 엄지손가락을 번쩍 들고 절 응원해주셨습니다. 그렇게 전담간호를 시작하고 처음으로 맞은 내 환자와 라포 형성을 하고, 하루하루 건강해지는 모습을 보면서 같이 기뻐하고 좋아했습니다. 지금은 더 좋은 곳으로 가셨지만, 그 뒤로도 항상 제 마음속에서는 그 분이 지워지지 않았습니다. 그 분으로 인해 나를 다시 뒤돌아보며 한 단계 더 성장할 수 있는 간호사가 된 것 같습니다.

  예전에는 공감이란 단어가 단순하게만 느껴졌었는데 지금은 그 단어가 얼마나 큰 힘이 되고 어떤 것을 의미하는지 자신 있게 말할 수 있게 되었습니다. 그 경험을 통해 지금까지도 앞으로도 성심으로 간호를 할 것입니다.

  항상 잊지 않을게요. 너무 감사합니다.

언제나 따뜻한 사람

정 민 영 (외래 이비인후과)

따뜻한 햇살이 비치는 나른한 오후입니다. 오전 외래 진료가 끝나고 급하게 먹은 점심은 식사 후 마시는 커피 한 잔이 나의 점심시간의 여유의 마지막 지점입니다. 그렇게 따뜻한 커피를 마시는데 언뜻 누군가의 얼굴이 떠오릅니다.

작년 이맘때쯤이었던 것 같습니다. 목 쪽으로 임파선이 커졌다면서 오신 그분은 약간 상기된 표정으로 저에게 다가오셨습니다. 바쁜 업무로 나는 그저 상투적인 인사와 함께 진료실로 안내를 하였습니다. 일단 기본검사 및 정밀검사를 시행하였고, 그 후 검사 결과를 보던 날, 암 의중으로 결과가 나와서 여러 가지 검사를 다시 해야 했습니다. 그 분은 너무나도 놀라 잠시 동안 말 없이 멍하니 서 있었습니다.

그러던 그 분이 갑자기 내가 서 있는 쪽으로 걸어와서는 손을 잡고 펑펑 우는 것이었습니다. 옆에서 지켜보던 난 그분의 얼굴을 보면서 뭐라고 말을 해드려야 할지 난감하였습니다.

며칠 후 교수님께서는 수술적 치료보다는 항암치료나 방사선 치료를 하는 것을 권유하셨고, 그 이후 그 분은 다른 과로 전과를 했습니다. 뒤돌아서 가는 뒷모습을 보면서 너무도 안쓰러웠습니다. 젊은 나이의 환자 분이라 그런지 안타까운 마음이 더 했던 것 같습니다.

한 달 정도가 지났을까요. 수액을 맞으며 어느 분이 제 앞에 서 계셨습니다. 다른 환자의 설명을 마친 난, 그제야 앞을 바라 봤습니다. 그런데 그 때 그 분이었습니다. 짧은 인사와 함께 환하게 웃어 주던 그분은 항암치료를 받기 위해 입원하였다면서 입원하고 나니 문득 제가 생각이나 내려왔다는 겁니다. 그러고는 바빠 보인다면서 일을 마저 하라 합니다. 몇 마디 말도 제대로 못해보고 그렇게 그 분을 보냈습니다.

저는 퇴근하면서 그 분의 얼굴이 떠올라 병실로 가보았습니다. 병실 침대에 앉아 무언가에 열중하던 그분은 제 얼굴을 보자 너무나도 환하게 반기면서 다시 한 번 제 손을 잡았습니다. 짧은 시간이지만 참 많은 얘기를 했던 것 같습니다. 인사를 하고 돌아서는 절 등 뒤에서 부르시고는 무언가를 전해주셨습니다. 손뜨개를 한 자그마한 인형 옷이었습니다. 만들 줄 아는 거라고는 이것밖에 없다면서 제 손에 꼭 쥐어 주십니다. 그리고는 그분이 저에게 찾아와 주셔서 감사하다면서 언제나 잡아도 제 손이 참 따뜻하다고 하셨습니다. 그분의 뒷모습을 바라보면서 '아, 나도 누군가에게는 따뜻한 사람으로 기억이 될 수 있구나.'라는 생각을 잠시 해보았습니다. 그리고 누군가의 기억 속에 따뜻한 사람으로 기억되길 바라면서 오늘도 전 하루를 살아가고 있습니다. 따뜻한 표정과 말투를 연습하면서 말이죠. 최신 의료기술이 아닌 마음과 마음이 통하는 것이 진정한 마음의 치료가 아닌가 생각해 봅니다.

웃음에서 찾은 행복

이 순 열 (6층 동병동)

신경외과 환우들과 항암치료 환우들과 생활을 하다 보니 장기적인 치료로 인해 환우는 물론이고, 가족들마저도 삶의 질이 저하되고 웃음을 잃어가고 지쳐가는 모습이 보였다.

2년 전 나 역시 그랬었다. 부모님 두 분이 같이 쓰러지셨고, 긴 병원생활을 해 봐서 그 여정을 알기에 입원 설명을 할 때, 나의 경험을 이야기 하고, 많이 놀랐냐고 묻고, 이제 시작이다, 장기전이기 때문에 가족들이 건강을 챙기는 것이 중요하다고 말을 해 드렸을 뿐인데, 다음날 웃으면서 밤 사이 별 일 없었냐고 인사 한 번 했을 뿐인데 그들은 우리 간호사 선생님 오셨다고 신나라, 좋아라 하신다. 경험을 바탕으로 몇 마디 그들과 공감을 했을 뿐인데 말이다.

그들의 환영 인사로 하루를 시작하던 어느 날, 문득 아픈 환우는 웃을 수 없는가, 보호자들의 지친 어깨를 들썩일 방법은 없는가, 질환과 통증을 이겨낼 수는 없을까? 문득 내 마음 안에 물음표가 생겼다.

그래서 어떻게 하면 즐거운 병동 생활을 할 수 있을까 고민을 하다가 웃음 임상치료사 과정 광고를 보고 이거다 하고 자격증을 이수하고 지난 5월부터 웃음요법 강의를 매 주 수요일 오후 2시에 6층 담화실에서 하게 되었다.

처음 웃음 치료를 하던 날에는 입이 바짝 마르고, 심장이 터질 것 같았었는데, 이제는 제법 능청 부리고 자연스럽게 웃는 여유가 생겼다.

신나게 크게 웃는 환우, 웃는 모습 보고 구경하며 몰래 웃는 환우, 뭐하는 거냐는 듯한 웃음을 짓는 환우, 실성한 것처럼 웃는 환우, 마지못해 웃는 환우, 웃음을 참는 환우 등등 웃는 방법도 다양하다.

그러나 어떠한 웃음이든 이 모든 웃음들은 다 소중하다. 왜? 웃음의 첫 단계에 선 것이기 때문이다. 웃음을 알았고, 어떻게든 웃었기 때문이다. 뇌는 웃는다는 것만으로도 엔돌핀을 생성한다. 억지웃음이든 진짜 웃음이든.

몇 개월을 한 번도 웃은 적이 없는 남편이 웃었다며 감사하다고 하고, 그 동안 잃어 버렸던 웃음을 찾게 해 주어서 고맙다고 눈물을 흘리기도 하고, 웃어서 속이 시원하더라 하기도 하고, 웃고 떠들고 박수 치다가 보니 신이 절로 나더라 하기도 하고, 왜 웃어야 하는지 모르겠지만 웃다 보니 기분이 좋아지더라 하기도 하고, 웃는 자신의 모습에 놀라서 또 웃게 되었다고도 했다. 웃음으로 인해 느껴지는 감정도 다양하다.

그렇게 시작된 어색한 웃음이 가슴에 자리 잡아서 일상이 되어 가고, 웃음으로 인해 나도 여러분들도 행복해지는 계기가 되었다. 웃음치료를 한 대상으로 행복지수를 100점 만점에 몇 점이냐고 설문 했을 때 웃음치료 전 40~50점이었으나 웃음치료 후는 80~100점 정도로 즐거워졌다고 했다. 행복해서 웃는 것이 아니라 웃어 행복하다는 말이 정말 마음에 와 닿는다.

의무적으로 친절했던 지난날을 많이 반성하고, 웃음치료를 하면서 내 마음이 넘쳐야지만 진심으로 공감간호를 할 수 있음을 알았고, 그런 것을 알게 해 준 의정부 성모 병원 6동 병동 모두에게 감사하다.

나는 오늘도 의정부 성모 병원의 패치 아담스를 꿈꾸며, 우리 모두가 웃는 그 날까지 내 한 몸 부서져라 웃음을 전도하리라 다짐을 해 본다.

서로의 마음이 연결되는 순간

한 미 라 (6층 서병동)

병원에 입사하여 일한지 벌써 4년이라는 시간이 지났습니다. 처음에 어리둥절하게 병원 일을 하던 생각이 납니다. 그저 아무 사고 없이 하루를 마치면 다행이라고만 생각했던 때였습니다.

지금은 환자와 보호자들에게 먼저 말을 걸고 다가가지만 처음에는 눈도 마주치기 무서웠고 혹시 나에게 말을 걸어오지 않을지, 내가 모르는 것을 물어보지는 않을지 하루하루 일을 시작할 때마다 걱정만 했었던 것 같습니다. 그런 만큼 환자, 보호자들과 라포 형성하기가 어려웠고 신뢰감을 쌓지 못했던 것 같습니다.

그렇게 일을 계속 하다 보니 병원에도 익숙해지고 환자, 보호자들과의 라포 형성이 얼마나 중요한지를 몸소 깨닫게 되었습니다.

라포란 '마음의 유대'란 뜻으로 서로의 마음이 연결되는 상태를 말합니다. 라포가 형성되면 간호사에 대한 신뢰감이 생기고 환자와 보호자들이 내가 하는 일을 믿어준다면 그 일에 대한 자신감이 보태어져 일을 더 잘 할 수 있게 되는 것 같습니다.

처음 만나는 환자나 보호자들은 어색하고 말을 걸기가 어렵지만 일단 라포가 형성되면 자신의 어려운 점이나 힘든 점, 그리고 병을 이겨내는 과정 중 좌절하는 순간에도 나를 의지한다는 것을 느낄 때에 간호가 단순히 환자들을 보살펴 준다는 것 외에도 많은 의미를 담고 있다는 것을 느꼈습니다. 그렇게 병을 이겨내며 서로를 의지해 가며 좋은 모습으로 퇴원하는 환자들을 볼 때 내가 이 직업을 선택했다는 것에 대해서 뿌듯하게 생각했습니다.

환자들이 퇴원하면서 "모두 선생님들이 잘해주시고 치료해줘서 이렇게 좋게 나가요. 다음에 외래 올 때 한번 들를게요."라고 하시며 나가는 모습을 보면서 나 스스로 자랑스럽게 생각했던 적도 있습니다. 그리고 그런 분들이 정말 다음에 병동으로 찾아와 나를 찾았다는 이야기를 전해 들었을 때는 정말 고맙고 미안한 마음이 함께 들기도 합니다. 정말 내가 그분들에게 마음을 다해 정성을 다했을까? 라고 말입니다.

마음을 다해 진심으로 환자와 보호자들에게 다가간다면 그런 마음을 외면하는 분은 없다고 생각합니다. 앞으로 나도 그러한 마음가짐으로 환자와 보호자들을 대해야겠다고 다시 한 번 되새김하게 됩니다.

❋ 버럭 화를 내시던 그 할아버지

정 은 주 (심장초음파실)

그날도 어김없이 외래 환자와 병동 환자들 틈바구니에서 정신없이 업무를 하고 있었습니다. 그 때 응급실에서 할아버지 한 분이 심장초음파 검사를 하기 위해 저희 검사실에 올라 오셨습니다. 숨이 많이 차서 침대에 앉으신 상태로 오셨는데 너무 힘드신지 얼굴 표정도 무척 안 좋았습니다. 보호자들도 잔뜩 긴장한 모습으로 저희를 주시했습니다.

검사 준비를 위해 환자의 자세를 잡으려하자 할아버지께서는 버럭 화를 내시며 손대지 말라고 하셨습니다. 저희는 검사를 위해 어쩔 수 없이 환자의 몸에 접촉을 할 수 밖에 없는데 손대지 말라며 화를 내시니 순간 당황스러워 멈칫 했습니다.

하지만 다른 환자들도 기다리고 있으니 지체할 시간이 없었습니다. 할아버지에게 검사를 해야 하니 불편하시더라도 자세를 바꿔 달라고 부탁을 드렸습니다. 하지만 할아버지께서는 여전히 손사래를 치시며 검사를 안 하겠다고 하시며 더욱 화를 내셨습니다. 보호자들까지 들어와 할아버지를 설득하기 시작했습니다.

저는 속이 타들어갔습니다. 이렇게 허비할 시간이 없는데, 검사 순서를 기다리는 환자들의 불만 찬 목소리와 환자 준비가 빨리 안 된다며 투덜거리는 의사 선생님. 정신이 하나도 없었습니다.

그래도 한 번 더 마음을 가다듬고 할아버지를 설득하기로 했습니다. 할아버지께 다가가 손을 꼭 잡아드리면서

"어르신, 어르신이 숨이 많이 차고 몸이 아파서 응급실로 오셨는데요. 숨 차는 것이 심장이 나빠서 그럴 수 있어요. 얼른 심장초음파 검사를 해서 원인을 밝혀내면 그만큼 빨리 치료를 할 수 있으니깐 숨찬 것도 나아질 거에요. 그러니깐 검사하는 동안만 자세를 취해 주시면 최대한 빨리 검사를 해드릴게요."라고 말씀드렸습니다.

그러자 할아버지께서는 저를 한번 쓱 쳐다보시더니 '그래, 알았어!' 하셨습니다.

저는 그제야 안도의 한숨을 내쉬며 얼른 검사 준비를 했습니다. 한참의 실랑이로 어느덧 시간은 20분이나 지나 있었습니다.

저는 다른 업무를 하며 할아버지께서 검사를 잘 받고 있는지 검사실 쪽으로 귀를 기울이고 있었습니다. 저의 걱정과는 달리 어르신은 검사를 잘 마치시고 나오셨습니다.

저는 할아버지께 "수고 많으셨어요."라고 말씀을 드렸고, 할아버지께서는 "아니야, 내가 고집을 부려서 아가씨가 힘들었지. 미안해. 늙은이가 몸이 너무 아프니깐 성질이 나서 그랬어." 하시며 저의 손을 꼭 잡아주셨습니다.

저는 할아버지의 그 한마디에 힘들었던 순간을 모두 다 잊어버리고 오히려 고마움마저 느꼈습니다.

몸이 아파서 병원에 오시는 분들은 본인의 마음과는 다르게 다른

사람들에게 종종 투사를 하시는 것 같습니다. 저도 인간인지라 환자들의 그런 태도에 감정적으로 대응하게 될 때도 있습니다. 하지만 병원이라는 특수한 환경에서 그런 환자들을 만나는 것은 종종 있을 수 있어서 제 감정을 잘 다스리는 게 정말 중요한 것 같습니다. 그래서 환자들을 대할 때 측은지심으로 대한다면 환자들의 마음을 조금 더 이해하고 공감 할 수 있을 것 같습니다.

"아, 그러세요", "힘드셨겠어요", "힘내세요"

김 민 아 (응급병동)

제가 다른 사람들의 말에 귀를 귀 울이게 된 지는 얼마 되지 않습니다.

불과 몇 개월 전만 해도 남들이 진지한 고민 상담을 해와도 무심하게 넘어갔었고, 하다못해 환자들의 불평불만도 그냥 지나친 적이 많습니다.

얼마 전 가정불화로 인해 자살 목적으로 약을 먹고 온 한 젊은 여자 분이 입원을 하여 간호한 적이 있습니다. 자살 목적으로 입원을 하였기에 24시간 보호자가 함께 병원에 있어야 했는데, 그 날은 무슨 일이 있었는지 보호자와 환우 분이 서로 얼굴을 붉히며 싸우고 보호자가 자리를 박차고 밖으로 나가는 것을 보았습니다. 그리고 얼마 후 환우 분도 가슴이 답답하다며 병동 밖으로 나가셨습니다. 혹시나 하는 마음에 환우 분이 걱정되어 바로 따라 나갔습니다. 환우 분은 진정이 되지 않았는지 조금은 흥분되는 말투로 너무 화가 난다면서 병동 한 바퀴만 돌다 가겠다고 해서 저도 함께 하겠다고 하였습니다.

  같이 병동을 돌면서 당신이 지금껏 겪어 왔던 일, 남편과의 일을 이야기하며 눈물을 계속 흘리셨습니다. 10분 정도 되는 짧은 시간 동안 환우분의 이야기를 들어주고 그 감정을 함께 나누면서 맞장구도 치면서 병실로 돌아왔습니다. 환우 분은 덕분에 기분이 많이 좋아졌다며 이야기를 들어주어서 고마워하셨습니다.

  고마워하는 환우 분을 보면서 오히려 더 공감하고 경청해 주지 못한 저를 반성하게 되었습니다. 그 이후로 생긴 환자, 보호자분과 대화를 할 때는 저도 모르게 "아, 그러세요.", "힘드셨겠어요.", "힘내세요." 라는 말을 입버릇처럼 하게 되었습니다. 저의 진실 된 맘을 담은 말로 위안을 받았던 그 환우 분으로 인해 저는 말투와 행동이 많이 달라졌음을 느낍니다. 제가 아무렇지도 않게 하는 말이지만 환우 분들은 이런 말들을 통해서 조금이나마 위안이 되셨다고 말씀하시는 것을 보면 공감과 경청은 결코 무시할 수 없는 행위인가 봅니다. 너무 늦게 알아버린 감이 없지 않지만은 좀 더 많은 환우 분들께 공감간호를 실현하는 날이 올 것이라 다짐해봅니다.

🍀 아낌없이 주는 나무를 떠올리며

유 안 나 (응급의료센터 중환자실)

'우리는 환자 마음의 아픔까지 헤아립니다.'

출근과 동시에 내 눈에 띄었던 액자에 담긴 공감문구이다. 나는 과연 환자의 아픔을 보살피는 의료진으로서 그들의 마음까지도 보살피고 있는지에 대한 의문이 들기 시작한다. 벌써 입사한 지 만 6년이 되어가는 지극히 평범한 간호사인 나는 내가 그 동안 마주쳤던 환자 분들의 이미지에 대해 떠올렸다. 과연 적지 않은 경력을 쌓아가는 동안 나 혹은 고객에게 깊은 인상을 남겼던 일이 있었는지에 대한 생각을 하게 되었다. 그리고 친절함을 떠나 진심으로 공감을 하며 간호에 임했던 적이 있었는지 생각하면서 공감에 대한 사전적 의미부터 찾아보았다.

공감이란, 사전적 의미로 남의 감정, 의견, 주장 따위에 대하여 자기도 그렇다고 느낌. 또는 그렇게 느끼는 기분이다. 이의 심리학적 측면의 의미로는 타인의 사고나 감정을 자기의 내부로 옮겨 넣어, 타인의 체험과 동질의 심리적 과정을 만드는 일이다. 공감의 비슷한 의미인 동감이라는 단어 또한 우리들의 일상생활 속에서 자주 쓰이고 느끼는 어휘이다. 단순히 같은 생각을 하는 동감보다는 심리학적 측면의 공감이 우리 의료진들이 신체적,

심리적 아픔을 겪고 있는 환우들을 위해 할 수 있는 가장 큰 위로가 되지 않을까 싶다.

　이렇게 의미 있는 공감을 내가 어떻게 간호로 승화시켰는지에 대한 이야기를 해보자. 정확하진 않지만 내 기억 저편에 문득 신OO 환우가 생각났다. 신OO 님은 버젓한 직장도, 함께 할 가족도 없이 어느 모텔에서 쓰러진 채로 발견 되었다. 의식이 없는 것을 모텔 주인의 신고로 병원에 와서 CT를 찍은 결과 미량의 출혈이 보인 경막하혈종 진단을 받고 응급실에서 응급센터 집중치료실로 오셨던 분이었다. 발견된 지 그리 오래되지 않아 영상을 찍었기 때문에 응급으로 수술도 받았고, 그 덕에 회복 또한 빨라 배액관도 금세 제거하고 떨어졌었던 근력도 일상 생활하는데 있어 불편함 없이 움직일 수 있는 정도로 많이 좋아지셨다. 버벅거리며 표현하기 어려워했던 말조차 더 이상 본인의 생각에 대한 이야기를 어려워하지 않으며 표현하기 시작했다. 그러는 와중에 잠시 시간이 난 나는 환우 곁에서 간호를 하다 그 분의 인생에 대한 이야기를 듣게 되었고, 어느 길 잃은 어른에 대한 연민의 감정을 느끼게 되었다. 아직 사회생활에 익숙치 않아 버벅거렸던 내게 가족을 잃고, 직장도 잃으면서 여기저기 여관방을 전전하며 하루하루 그저 술만 기울이다 이 곳 병원까지 오게 된 아저씨의 진심어린 이야기는 몹시 심금을 울리는 영화와 같은 일이었고, 그저 돌아가신 환자에 대한 미안함이나 점차 컨디션을 회복하며 병동에 가게 된 환자를 배웅하며 쾌차하길 바랐었던 신출내기 간호사에게는 한 인간에 대한 깊이 있는 이해를 하게 된 것이다.

  어렸을 적, 놀이터에서 놀다가 죽어있는 새를 발견하고 놀라서 울먹이며 그 새를 위한 무덤을 만들었던 경험이 있다. 그저 단순히 어떠한 사고로 인해 죽었을 생물체에게 나 나름의 심적인 첫 공감을 하게 된 것은 아닐까 싶다. 죽은 새에 대한 측은지심이 이승에서의 마무리를 제대로 하지 못한 새가 느꼈을 안타까움으로 승화되어 했었던 일이었으니 말이다.

  돌이켜보니 어느 새 성인이 된 나는 간호사로 일하면서 이러한 감정 따윈 싹 다 잊고 물리적이고 표면적으로 간호 행위만 하는 간호사의 모습을 띠고 있었다. 연차의 세월이 무색하게 성숙하게 사람을 다루는 사람이 아닌 그저 나의 힘듦에 대한 동감을 얻고자 투덜거리는 투덜이가 되어 있었다. 공감간호에 대한 고찰을 하면서, 내가 그동안 잊고 있었던 간호에 대한 보람과 더 나아가 인간에 대한 존중에 대한 반성을 하게 되었고, 익숙해진 일에 대한 핑계로 인간 대 인간이 아닌 마치 질환에 대한 치료에만 신경 쓴 것은 아닌지, 바쁘고 복잡한 업무에 치여 인간 본연의 감정을 다스리지 못해 오히려 환우에게 투사한 적은 없었는지에 대한 많은 생각이 들었다. 고된 일을 핑계로 안타깝게 쳐다보며 나를 애타게 찾았을 환우를 그냥 못 본 척 스쳐지나 왔던 내가 너무 부끄러웠다.

  이러한 반성을 하는 사이, 예전에 겪었던 공감했던 신OO 님이 떠올랐다. 우리의 마지막은 여느 환자와 간호사의 관계와 다를 바 없었다. 가족이 없던 그는 다행히 꽃동네 입소를 하게 되었고, 퇴원하는 날 웃으면서 휠체어에 몸을 기댄 채 손을 흔들며 떠났다. 한참 후, 신규였던 나는 어느 정도 간호사의 틀을 갖춰 갔고 열심히 일하고 있던 어느 날, 내게 손님이 찾아왔다. 인터폰을 통해 유안나 간호사가 있느냐는 물음에 자동문을 연 순간, 잊고 있었던 신OO 님이 휠체어에 탄 채 함박웃음을 짓고 계셨다. 그간, 꽃동네에서 생활을 하며 간간이 외래를 방문하셨던 것이다. 그 중 한 날 내가 기억이 났다며 그 때 자신의 이야기를 잘 들어주었던 간호사가 나라고 말씀하셨고 고마운 기억에 찾아오셨다고 했다. 그렇게 나를 찾아와준 그 분을 보며 나는 묘한 기분을 느끼게 되었다.

  진심으로 다가가는 것에 대한 중요한 기억을 내 마음속에 심고 한동안 잊고 지낸 나는 그 때의 그 경험이 공감간호라고 말하기에 너무 미흡한 일이었을지 모르지만 사람을 이해하는 간호사가 되기 위해 다시 한 번 박차를 가하기로 한다. 아낌없이 주는 나무를 떠올리며……

🌸 고마움이 가득 담긴 눈빛

방 의 정 (6층 서병동)

　신규 시절 재활의학과 병동에서 근무 할 때의 일이었습니다. 재활의학과는 과의 특성상 타과에서 급성기를 거치고 오다보니 장기로 있던 환자가 많았고 의식이 없는 채로 몇 달 길게는 약 1년 정도를 흔히 말하는 식물인간 상태로 있는 환자들이 몇 있었습니다.
　학교에서 배울 때는 의식이 없어 보이는 환자들도 다 듣고 있다고 어떤 간호를 하든 환자에게 이야기를 하고 하라고 들었지만 막상 일을 하다 보니 신규가 많은 업무를 하기도 힘든데 의식이 없는 사람에게까지 이런 저런 설명을 하며 일을 하기엔 시간적 마음 적 여유도 없었습니다. 혈압을 재거나 할 때도 팔을 내가 하기 편하도록 대어 줄 수도 없었고 어디가 불편하면 불편하다 말을 할 수도 없어 한 번 더 들여다봐야 하는 수고를 하게 하는 환자였습니다. 물론 환자에게 함부로 대한 건 아니었지만 의식이 있는 환자들 보다는 빠른 일처리를 위해 말없이 간호 행위를 하곤 했습니다.
　매일 무의식에 가까운 환자들을 대하다 보니 이들이 다 알고 듣고 있다는 건 교과서적인 지식일 뿐 임상과는 다르다는 생각이 자리 잡게 되었습니다.

　신규 생활이 1년여 정도를 지나갈 무렵 조금씩 차도를 보이는 환자들도 있었고 상태가 악화되는 경우를 겪기도 했습니다. 그러던 중 의사소통이 전혀 되지 않았던 환자가 아주 조금씩 호전이 되어 퇴원을 하는 날이었습니다. 환자는 여전히 의사소통이 원활히 되지는 않았지만 다른 병원으로 전원을 가게 되었고 장기간 입원을 했던 터라 환자의 부인이 간호사실에 들려 고마움의 인사를 전했습니다.

　저는 의례적으로 환자분에게 "다른 곳에 가서 치료 잘 받으세요." 하며 손을 잡아주었습니다. 그러자 의사소통이 되지 않아 아무 것도 모를 거라 생각했던 환자가 눈물을 흘리며 제 손을 꼭 잡았습니다.

　말을 하진 못했지만 하염없이 눈물을 흘리는 눈에는 고마움이 가득 담긴 눈빛이었습니다. 순간 제 눈에도 눈물이 고이며 "그 동안 이 사람이 다 듣고 느끼고 있었구나." 라는 깨달음이 있었습니다.

　시간이 많이 지난 지금 이 날의 기억은 기계적이 되어 버린 나의 간호 행위를 한 번씩 돌아보고 반성을 하게 되는 계기를 주고 있습니다. 이 사람도 그 때 그 환자처럼 일어나 다 느끼고 있었노라 말할지도 모른다는 생각으로 오늘도 환자 간호에 정성을 기울여 봅니다.

손길의 대화

문 혜 선 (7층 남병동)

7년 전 대학을 졸업하고 이 곳 의정부 성모병원의 간호복을 입게 되었을 때 나는 설레임과 두려움으로 가득차 있었다. 학교를 다닐 때는 열심히 공부했다고 생각했지만 여기서 내가 혼자 할 수 있는 건 하나도 없는 것 같았다. 그 중에서도 나를 가장 힘들게 한 것은 환자와 보호자를 상대하는 것이었다. 활력증후를 체크하거나 약을 줄 때 무슨 말을 해야 할지를 몰랐다. 다들 너무 아프고 힘든 상황인데 내가 잘못 말해서 환자가 오해하거나 화나게 하는 건 아닐까 하는 노파심에 더 다가가지 못 했었다.

내가 환자에게 하는 간호를 그저 일로만 생각했기에 환자의 혈압이나 맥박을 재면서도, 약을 주면서도, 주사를 놓으면서도 대화나 접촉을 최소한으로 하였다.

이런 나의 모습에 변화의 계기가 생겼다. 병원생활에서 처음으로 임종을 맞이하는 환자와 가족을 보게 되었다. 나는 임종을 맞이하고 있는 그 환자와 가족에게 무슨 말을 해야 할지 몰랐고 두려웠다. 그 환자는 호스피스환자였기에 그가 임종을 맞이하는 순간 수녀님께서 오셨다. 수녀님은 그와 그 가족의 손을 잡아주셨다. 수녀님께서도 별다른 말은 하지 않으셨다. 그러나 그 손길이 전해져서 그런지 그 환자의 가족은 눈물을 흘렸다. 그 때 나는 그 작은 손길하나가 질병으로 고통 받는 환자나 가족에게 큰 힘이 된다는 것을 느끼게 되었으며 나도 조금씩 변해야겠다고 생각했다.

  처음엔 환자에 손을 잡아주고 등을 어루만져 주는 것이 쉽지 않았다. 그러나 7년이라는 시간이 지나면서 어색하던 손길은 어느새 익숙해지고 있었다. 생의 가장 힘든 시기를 맞고 있는 그들에게 나의 손끝은 작지만 큰 힘이 된다는 것을 알게 되었다. 나의 손길은 백 마디 말보다 더 많은 말을 환자들과 하고 있었으며 손길의 대화를 통해 그들의 힘들고 불안한 마음을 알게 되었다.

  환자의 맥박을 재면서도 주사를 놓으면서도 좀 더 가까이 환자들에게 다가갔다. 설명을 할 때도 환자들의 등을 어루만져 주었으며 통증이 있다고 할 때도 그냥 말로만 듣는 것이 아니라 아픈 부위를 직접 어루만져 주었다. 나의 손길이 그들의 아픈 곳을 낫게 해주지는 못한다. 그건 나와 환자가 모두가 알고 있다. 하지만 내가 당신의 아픔을 느끼고 있으며 내가 당신의 불안한 마음을 알고 있다는 마음을 나의 손길이 전달하고 있다고 나는 생각한다. 그러나 가끔은 이런저런 환자나 보호자를 만나면서 마음의 상처를 받기도 하고 내가 의도하지 않은 방향으로 일이 되기도 하여 마음이 흔들릴 때도 있었다. 이런 생각이 들 때쯤 병원 내에서 하는 환자를 위한 여러 가지 활동에 참여하게 되었다. 각 병동의 거동이 불편한 환자들을 위한 세발 간호, 목욕간호와 1004 DAY 에 했던 환자 발 씻겨주기 등의 활동은 흔들리는 마음을 붙들어 주었다. 거동이 불편하며 스스로 위생관리가 힘든 환자의 머리를 동료와 함께 직접 감겨드리면서 많은 것을 느끼고 얻을 수 있었다. 그 환자들도 표현을 못하지만 나의 손길에서 사랑을 느꼈을 것이라도 생각한다. 또한 환자의 발을 직접 손으로 씻겨주면서 환자와 직접대화를 한 것보다도 많은 소통을 한 것 같았다. 이렇게 나에게 있어 이제 손끝을 통한 대화는 간호의 일부가 되었다.

 얼마 전 팀장님이 강의하신 직무교육의 내용 중에도 손길로 이어지는 간호의 힘에 대한 내용이 있었다. 강의를 들으면서 내가 막연히 알고 행동했던 손끝의 대화가 정말로 환자에게는 큰 도움이 된다는 것을 여러 사례를 통해 알게 되었다.

 내 미니 홈피엔 내가 처음 간호사가 되려고 결심했을 때 적은 글귀가 아직도 적혀 있다. 그 글귀엔 "간호란 질병을 치료하는 것이 아니라 사람의 마음을 치료하는 것, 소중한 것을 잃어가고 사랑하는 사람을 잃어가는 사람들 그들을 위하여 살고 싶다." 라고 적혀있다.

내가 7년이란 짧은 간호사생활을 하면서 느낀 것은 사람의 마음을 치료하는 것은 쉽지 않지만 그들에게 진심으로 다가가며 진심을 담아 작은 손길을 보낸다면 언젠가 서서히 그들의 마음에 스며들어 물들게 되고 환자의 마음속에 스며든 간호는 다시 나에게 전달되어 내가 더 큰 간호를 실천할 수 있는 힘으로 되돌아 온다는 것이다.

작지만 강한 손끝을 통한 간호로 환자의 몸과 마음을 어루만져 주고 싶다.

마음부터 시작했어요

김 혜 영 (7층 동병동)

2008년 5월 "치료가 아닌 care, 질병간호가 아닌 공감간호로 아픈 이들의 마음을 돌보겠습니다."라는 자기소개서를 읊었던 저는 어느덧 입사한 지 1년 하고도 6개월이 다 되어갑니다. 그렇게 바라던 곳에서 일하고 있는 저는 제가 말했던 공감간호를 잘 실천하고 있지 못 했던 것 같습니다.

다른 동기들과 선생님들은 그렇게도 많은 칭찬카드와 칭찬브로치를 받았음에도 불구하고 저는 단 하나의 칭찬카드도 받아보지 못했습니다. 그저 처음에는 '왜 나는?', '내가 무엇이 부족한 것일까?' 라고 어리석게 생각했습니다.

얼마 전 밤 근무일 때 무릎 관절농양으로 6서에 있다가 수술실에서 I&D(천자&흡입술)를 하고 저희 병동으로 이실 온 분이 있었습니다. 환자분은 I&D를 시행한 무릎에 생리식염수 3L로 세척을 하던 분 이였고 Hemo Vac(수술 부위에 삼출물이 고여서 신체 안에 염증반응을 일으키지 않도록 신체 밖으로 배출시키도록 사용되는 배액관)은 1시간도 채 못 되어 꽉 차, 매시간 마다 가서 삼출물이 새지 않도록 비워 줘야 했습니다. 거기다 이 환자분은 입원해서 I&D를 하던 중 경색으로 중환자실 간호까지 받았었고, 혈액 전해질 수치도 떨어진 것뿐 아니라 밤 근무번이라 환자의 의식을 정확히 사정하기도 어려웠고, 깨우면 몇 가지 대답만 하시고 다시 잠들어 버리셨습니다. 저는 처음 보는 중환이라 나름 걱정되고 부담되었지만 매 시간 마다 가서 Hemo Vac을 비우고, 세척하는 수액을 확인하고, 잠이 든 건지 바이탈은 괜찮은지, 어디 불편한 덴 없는지 변화되는 건 없는지, 처음 보는 환자라 놓치고 있는 건 없는지 확인하며 걱정스런 마음에 손이 한 번이라도 더 가는 분이었습니다. 오히려 Hemo Vac도 매 시간마다 가서 비워야 한다는 것에 있어 귀찮다는 느낌보다는 자주 가는 계기가 되어 환자가 언제 컨디션이 바뀔지 모르는 것이니 참 다행이라고 생각되었습니다.

새벽 5시가 되어 활력증후측정과 채혈을 하며 체위변경을 시켜드렸는데 환자분이 "아파. 아파."하면서 눈을 뜨셨습니다. 그래서 이 때다 싶어 의식을 체크하면서 괜찮으신지, 아프지는 않는지 물어보니 "많이 아팠다. 어제 수술방 들어가서 다리를 긁

어냈다. 힘들었다."고 말해주시는데 얼마나 다행스러웠는지. 입이 많이 건조하고 말라 있어 구강 간호를 해드렸더니 좋다고 고맙다고 해주시니 부끄럽기도 하면서 제가 뿌듯했습니다. 지금도 저희 병동에 입원해 계시는데 이제 세척은 끝났지만 아직도 무릎에 부종이 심해 절대안정을 하는 분이라 담당이 아니더라도 아침 간호할 때 알코올로 등 마사지를 해드리면 시원하다고 좋아하시고, 지나가는 길에 누워계시면 불편한데 없으시냐고 한 번 더 다가가서 물어보면 "괜찮다. 아프다. 오늘도 일하네." 라고 말씀하시며 힘들지만 미소를 지어 주시는 모습을 보면 '아 이런 것부터가 시작이구나. 공감이 내 마음에서부터 시작되어야 하는 것이구나.'라는 생각을 들게 됩니다.

 이 글을 쓰며 진정 내가 생각했던 공감간호가 무엇인지 내가 하고 싶었던 공감간호와 내가 지금 하고 있는 간호는 어떤 것인지 다시금 생각해 보게 되는 계기가 되었습니다. 이제는 공감간호 라는 단어로 새기려 하기보다는 환자들의 밝은 미소를 생각하며 간호하려고 합니다.

메아리

강 정 옥 (9층 서병동)

"○○ 님 안녕하세요? 잘 지냈어요?"

내가 물으면 환자는 긴장된 모습으로 한 번 나를 노려보고 말도 없이 나를 지나쳐 간다. 벌써 정신과 입원 치료를 한 지 한 달이 넘었지만 인사뿐만 아니라 전날 대변을 보았는지를 물어봐도 누워서 담요로 얼굴을 가린다. 이렇게 일하는 내내 나는 혼자 인사하고 혼자 이야기하는 간호사다.

환자 스스로 말하는 것은 "약 먹기 싫어요.", "안 먹을래요." 내지는 전화 좀 쓰겠다는 이야기이다. 그것도 내가 그 물음에 답변하면 노려보고 지나쳐가기 일쑤, 아니면 그냥 바라만 본다. 그래도 나는 출근 하면 가서 웃으며 인사를 건넨다. 그리고 나는 여전히 차가운 눈빛을 받으며 "말 하고 싶으면 이야기 해요. 불편한 거 있으면 꼭 이야기 해주세요."라고 한다. 나 또한 환자가 노려보거나 대답해주지 않으면 상처를 받으면서도 '그래 그러니까 환자지.'라는 생각을 하며 그 상황을 민망해 하며 지나간다.

그러던 얼마 전이었다. 연이은 입원에 다른 환자 분 상태가 좋지 않아 나 또한 예민하고 출근하는 것조차 지쳐 있어 오늘은 또 어떻게 가서 버티나 하는 생각을 하며 출근을 했다. 그 날도 역시나 OO 님를 보며 '말 건네지 말까? 오늘도 또 무시당하면 가뜩이나 지쳐 있는데 더 일하고 싶지 않을 거야.'라는 생각을 하고 있었다.

　병동에 출근하자 우리 OO 님 역시나 긴장된 눈빛으로 병동 끝에서 걸어오고 있었다. 그냥 오늘은 지나쳐야지 라고 생각하고 있을 때 갑자기 OO 님이 나를 끌어안았다. 그리고 수o씨가 끌어안은 채로 나에게 하는 말했다.

　"왜 이리 슬퍼 보여요. 슬퍼하지 말아요."

　고작 그 말이 다였지만 그 짧은 시간에 나는 눈물이 맺혔다.

　항상 나를 싫어하는 것 같고 내 말에는 대꾸조차도 안 해주던 환자인데 내가 지쳐 있는 모습에 안아 주며 말을 건네는 거였다. 그래도 내가 매일 인사하고 말을 한 것이 전혀 의미가 없지 않았구나. 라는 생각이 들며

　'그래! 오늘도 열심히 해보는 거야. 할 수 있는 힘을 이 사람이 주는구나.'
라는 생각이 들었다.

　그 날도 그 말 한 마디가 환자가 나에게 건넨 이야기의 전부였고 내가 다른 말을 건네자 또 다시 말이 없었지만 다음 날도 출근하여 내가 인사하니 아무 말하지 않으며 고개를 끄덕이며 인사를 했다. 그 모습이 정말 고마웠다. 더 신이 나서 이 이야기 저 이야기했지만 역시나 반응은 바라만 보는 것일 뿐 그래도 노려

보지 않아서 좋았고 내가 하는 이야기를 듣고 있는 것 같아 기분이 좋았다. 정신질환 그 중에서도 정신분열증이 만성질환이라 사람들과의 상호작용이 잘 안 되지만 그 모습에 작은 희망을 보았다. 내가 계속 자극을 주고 나는 당신이 나에게 말하기를 기다리고 있다는 것을 환자에게 보여줘야 하는구나, 그것이 정신과 간호사로서의 역할이구나 하는 학생 때 배웠던 정신간호학의 기초 이론이 다시금 생각이 났다.

OO 님은 지금도 부적절하고 긴장되어 있지만 언젠가 지금보다 더 좋아져 퇴원할 때쯤이면 나랑 꼭 일상적인 이야기를 할 수 있는 상태가 되기를 바란다. 그렇기 때문에 나는 더욱더 출근을 하면서 웃으며 또 말을 할 것이다. 잘 지냈냐고, 불편한 게 있으면 꼭 말하라고 말이다. 언젠가는 나에게 고개를 끄덕이며 이야기해줄 것을 기대하며 말이다.

몸이 아닌 마음까지도

유 소 영 (병동 중환자실)

　내가 지금 일하고 있는 곳은 중환자실이다. 살짝 앓고 지나가는 감기에 걸린 자들이 아닌, 지금은 잠깐 나아졌더라도 또 언제 다시 몸 상태가 악화될지 모르는 지독한 중병에 걸린 환자들을 돌보는 곳이다. 수술 혹은 치료를 통해서 건강을 되찾고 웃으면서 중환자실을 나서던 환자들도 합병증, 혹은 재발 등으로 다시 중환자실을 찾게 되는 경우도 허다했다. 그럴 때마다 나는 현재 병과 씨름하고 있는 환자 자신보다는 그 옆을 지키는, 가슴이 쓰리도록 아프지만 아픈 척 못하는, 눈물이 나지만 입술을 깨물며 눈물을 참는 그런 보호자들이 더 안쓰럽고 애처롭다.
　입사한 지 얼마 되지 않던 해였다.
　만성폐쇄성 폐질환을 가진 할아버지가 폐렴이 악화되어 중환자실에 입원한 적이 있었다. 할아버지의 보호자는 할아버지보다 두 살 연상의 할머니였다. 심하게 구부러진 허리와 머리에 비녀를 한 아주 호호 할머니였다. 물론 자녀들과 함께였지만 면회시간마다 지팡이를 짚고 등장하는 할머니를 간호사들은 너무 반갑게 맞이하였다. 단 20분밖에 되지 않는 짧은 면회시간 동안 인공호흡기를 한 할아버지와 할머니는 몇 마디 주고받지 못했지만 수많은 대화를 나눈 것처럼 표정은 온화해 보였다. 난 언제나 할아버지가 돌아가실까봐 걱정이었다. 그러면 혼자 남게 되는 할머니가 너무 안쓰러웠기 때문이다. 그렇게 악화와 호전을 반복하시던 할아버지는 몇 년 동안 우리 중환자실에만 총 4번을 내려오셨고, 4번째 오셨을 땐 결국 호전되지 못하고 돌아가시게 되었다. 돌아가시던 날 새벽, 할아버지의 심장박동수가 점차 내려가고 있는 상황에 할머니는 할아버지 침상 바로 옆에 담당간호사가 제공한 long car 위에 누워서 할아버지의 임종을 지켰다고 했다. 다음날 출근해서 얘기를 들었을 때, 나와 함께 일하는 다른 간호사들도 나와 비슷한 생각을 가지고 있구나 하는 생각이 들어서 마음 한편이 뭉클하면서 뿌듯하기도 했다.

병원에서 일하면서 평범한 일생생활에서 느끼지 못하는 자극이 주어지는 것 같다. 또, 삶의 방식을 배우는 것 같기도 하다. 함께 하는 순간만큼이라도 그들에게 최선을 다하고 싶다. 항상 진심어린 마음으로 다가가는 것이 주사를 놓고, 혈압을 재는 등 눈에 보이는 간호행위보다 훨씬 더 마음의 안정을 찾도록 도와주는 것이 아닐까 하는 생각을 해본다.

고정관념

안 단 비 (분만실)

　외국인 환자가 입원하면 언어적으로든, 감정적으로든 우리네와 같지 않는 그들을 간호하는 일은 쉽지 않다. 그런 어려움이 산모들의 통증 및 피곤과 만날 때는 그 곤란함이 큰 오해나 편견으로 변하기도 한다. 그러한 이유로 분만실에서는 외국인 산모는 분만실에서 난감하다. 두껍게 쌓인 오해와 고정관념들은 풀기 어려운 문제이고, 하루아침에 생각의 방향을 바꾸기도 어려운 일이기도 하다.

　그러나 나는 한 외국인 산모로 인해, 단 한순간의 공감으로 그런 단단한 고정관념을 깰 수 있다는 것을 체험했다.

　그 외국인 산모는 다른 외국인 산모들과는 조금 다른 점이 있었다. 우리병원 외국인 산모의 경우 미군기지에서 오는 경우가 다반사인데, 그 산모와 남편은 둘 다 인도사람이었다. 그들의 눈빛은 두려움과 겁에 질려 있었다.

　인도 산모는 난산이었다. 아무리 아기를 사랑하는 마음이 큰 산모라도 몇 시간째 이어지는 지치는 분만 과정에 포기 선언을 하는 경우가 종종 있다. 하지만 그 산모와 남편은 서로를 의지하며 절대 희망을 놓지 않고 고군분투하는 모습이었다. 분만의 고통을 감내하는 뜨거운 어머니의 희생과 아내의 떨리는 두 손을 꼭 잡아 붙드는 남편의 굳건한 손을 본 순간, 나는 그들이 우리와 다른 언어를 쓰고 우리와 다른 문화와 감정을 가지고 살아도 결국 그들도 우리와 같은 두려움과 고통을 느끼는 사람이라는 것을 깨닫게 되었다. 심지어 그들은 고국이 아닌 이곳에서 말도 통하지 않는 의료진에게 자신의 몸과 아기와 아내를 내맡기고 있었다. 그런 그들이 느끼는 고통과 불안 앞에서 내가 느끼는 부담감은 감히 앞에 내놓을 수도 없을 그런 것이었다. 거기까지 생각이 들자, 나는 회피하려고만 했던 내 자세를 고쳐보고 싶었다. 영어와 외국의 문화를 하루아침에 이해할 수는 없었지만, 나는 용기를 내어 그 산모에게 "You are so brave one, I'm so moved. congratulation."(당신은 너무 용기 있어요. 나는 매우 감동했습니다. 축하합니다.)라고 말했다. 어설픈 발음이었지만 그녀는 진심으로 고마워하며 나에게 감사하다고 말해주었다.

  그 산모와 남편이 퇴원하는 날 엘리베이터 앞에서 다시 그들을 우연히 만났다. 멀끔하게 옷을 차려입는 그들의 모습에서 나는 외국인이 아닌, 나와 같이 가족을 사랑하고 가족과 함께 행복을 느끼는 평범한 사람들의 모습을 보았다.

🍀 환자, 그리고 교감

이 혜 주 (7층 남병동)

　2010년 3월 2일, 제가 처음 꿈에 그리던 의정부성모병원에 그리고 혈액종양내과 7남 병동에 첫 출근을 하게 된 날입니다. 병원에 첫 발을 디딘 그 날, 저의 크나큰 설렘과 두근거림이 제 귓가에도 닿을 것처럼 행복했던 순간은 지금도 잊을 수가 없습니다. 항암치료 위해 수차례 계속적으로 입원하시는 분들이 많기 때문에 병동 선생님들과 환자분이 마치 가족과도 같이 대하시는 모습이 정말 인상 깊었던 혈액종양내과. 이후로 저도 차근차근 배워가기 시작했고 환자 한 분 한 분과의 눈 맞춤과 인사를 잊지 않았습니다. 한 달여간의 트레이닝 기간 동안 프리셉터 선생님께서 꼼꼼히 체크해주시고 정확히 가르쳐 주신 덕분에 큰 자신감을 갖고 일을 할 수 있었습니다.

　3월 11일 외래에서 찍은 CT상 위암 진단을 받은 남환자 분께서 보호자 분과 함께 입원하셨습니다. 오시자마자 혈액검사를 한 후 그 분의 생애 첫 항암치료가 시작되었습니다. 저 또한 입사 후 처음으로 혼자서 항암제 투여를 진행하게 되었고, 항암제의 부작용과 잘못 투여하였을 때의 위험을 충분히 알고 있었기 때문에 그 어느 때보다 떨렸던 순간이었습니다. 근심과 걱정, 막막함과 암이라는 병에 대한 두려움으로 가득 차 있던 환자 분께 조금의 안정을 찾도록 하기 위해 항암치료의 투약 시간과 투여 목적, 투여 방법에 대해 설명을 해드리기 시작하였습니다. 항상 환자와 간호사 사이에 신뢰가 있어야 제가 드리는 간호에 진심도 전해지는 것이라 믿고 있던 저였기 때문에 항암제를 투여할 때에도 지금 투여되는 약에 대한 것과 앞으로 몇 시간 투여될 예정인지 다시 한 번 설명해 드렸습니다. 제가 병실에 들어갈 때는 항상 인사와 안부를 물었고 조금 더 다가가기 위해 노력하였습니다. 환자 분께서도 항암제를 투여받기 시작하면서 안정을 취하기 시작하셨고, 이틀 동안 지속되는 항암치료에도 힘든 내색 없이 투여를 마치셨습니다. 곧이어 퇴원을 하는 날 밝은 얼굴로 인사를 하며 퇴원하셨습니다.

프리셉터 기간 동안 실수도 많이 하고 학교에서 배운 내용을 공부해 보면서 왜 이렇게 바보 같은 행동을 했는지 자책도 하며 고뇌에 빠져 있었던 저에게 며칠, 그 환자 분께로부터 저는 큰 선물을 받았습니다. 그것은 환자분의 진심이 담긴 칭찬카드였습니다. '항상 부지런하며 성심성의껏 간호에 최선을 다하는 모습을 보여 간호사로서 최고의 덕망을 가졌다고 생각하여 이혜주 선생님을 칭찬해드리고 싶습니다.' 힘든 하루 일과를 끝내고 그 칭찬카드를 받아 들고선 집으로 가는 길에 어찌나 눈물이 복받치는지, 제 진심이 이 환자분께 닿았다는 사실이 어찌나 행복하고 감격스러운지, 처음 환자분을 뵈었을 때가 생각났습니다.

어두운 얼굴에 두려움만 가득 차 있었던 그 분이 마음에 걸려 매일매일 찾아가 힘을 주기 위해 노력했던 저에게 이런 따뜻함을 다시 되돌려 주신 것에 너무나 감사했습니다.

저는 그걸 계기로 다시 시작하였습니다. 병원에 적응하여 새로운 일을 배운다는 것이 신규 간호사들에게는 큰 도전입니다. 도전을 하며 낙담도 하고 괴로움과 힘든 시간도 있습니다. 그 시간 속에서 저는 그 무엇보다 값진 힘을 얻었습니다. 분명 저희 병동 뿐 아니라 다른 병동 선생님들도 한 달에 몇 번의 칭찬카드를 받는 것을 알고 있습니다. 저는 단지 칭찬카드를 받은 것보다 이 환자분의 마음을 받은 것에 감사하고 싶습니다. 그 후로 환자 분의 2차, 3차 항암치료를 하기 위해 지금 또한 10차 항암치료 중이십니다. 어제 인사를 드리다가 환자 분의 손을 보았습니다. 항암으로 인한 부작용으로 손바닥의 살점들이 모두 떨어져 나가 있었습니다. 너무 마음이 아파 연고를 챙겨 직접 발라 드리고 감사의 마음을 표현하였습니다.

이렇게 신규 간호사 이혜주는 환자와 첫 교감을 하고 있습니다. 마음 저 깊은 곳에서 뜨거움을 느낄 수 있었던 계기를 만들어준 환자 분들이 있기 때문에 한 번 더 힘을 내고 한 번 더 다가갈 수 있었던 것 같습니다. 그 분들의 쾌유를 위해 저는 오늘도 달릴 것입니다.

🍀 당신의 이야기를 듣고 싶습니다

김 혜 정 (5층 동병동)

<u>몇 년 전 밤 근무 때</u> 있었던 일을 생각하며 이 글을 시작하려고 합니다.

소아의 특성을 고려하여 소아과 병동에서 근무하고 있는 간호사인 저는 편안하고 아늑한 분위기에서 휴식을 취할 수 있도록 노력하는 것이 간호사로서 중요한 업무의 하나라고 생각하였고, 특히 밤에는 더욱 그렇게 해야 한다고 생각한 나머지, 제가 담당했던 병실에 한 환아가 엄마에게 심하게 투정을 부리면서 크게 울고 있는 상황을 목격했습니다.

하지만 보호자인 엄마는 환아를 달래지는 않고 계속해서 방관만 하고 관심을 보이지 않았습니다. 환아가 신발을 침대에 던지면서 엄마에게 소리를 크게 지르는데도 하지 말라는 단호한 말 한마디 외에는 없었습니다.

밤 12시가 넘은 시간이었고 다인실에 입원해 있는 상황이어서 다른 보호자들과 나머지 환아들에게까지 잠을 설치게 하여 피해가 갈 수 있기 때문에 담당 간호사로써 저는 직접 그 보호자에게 가서 아이가 보채는데 잠깐 병실 밖으로 나오셔서 달래주고 들어오시는 건 어떤지 조심스럽게 여쭤 보았습니다. 말이 떨어진 순간 저는 보호자의 표정에서 저의 말에 기분이 좋지 않았다는 느낌을 받았습니다.

　순간 아차 하는 생각이 들었습니다.

　다른 보호자들에게 피해가 갈 까봐 그렇게 얘기한 것인데 실제 당사자는 저의 말 한마디 때문에 기분이 좋지 않을 수 있었겠다 라는 생각이 왜 그제서야 드는지.

　얼마 후 보호자가 지속적으로 우는 아이를 병실 밖으로 데리고 나와서 신관 담화실 쪽으로 아이를 업고 가시는 모습이 보였습니다. 저는 보호자분을 따라가서 "아까 제가 한 말 때문에 속이 상하신 것 같은데 죄송합니다."라고 정중히 사과하였습니다. 저의 사과를 듣자마자 보호자는 저에게 "아까는 많이 속상했는데, 지금은 괜찮아요." 하시면서 눈물을 흘리셨습니다.

　그리고는 "우리 아이가 밤만 되면 자꾸 우는 이유를 간호사님은 아시나요?" 하시며 제게 질문을 던지셨고, 순간 생각지 못한 상황에 눈만 동그랗게 뜨며 보호자 분에게 왜 그런지 이유를 물어 보았습니다.

　"저희는 맞벌이 부부라서 외할머니가 아이를 지금까지 키워왔고 할머니가 없으면 많이 불안해하고 자기 전에 특히 할머니가 없으면 잠을 못 자고 보채요. 하지만 할머니도 쉬셔야 하니깐 제가 아이를 밤에 병실에서 데리고 자야만 하고, 이런 상황에 있다 보니 밤마다 잠 못 자고 보채는 아이를 보는 것도 속상하고 자신도 너무 지쳐있어서 힘들었는데, 간호사님이 병실에서 나오라고 이야기 하니깐 순간 너무 속상했어요."라고 이야기를 하셨습니다.

"어머니, 저는 입원해 있는 환아와 보호자 개개인이 모두 소중하기 때문에 저도 보호자에게 얘기하기 힘들었지만 다른 아이들도 잠을 자기 어려워서 양해를 구한다는 게 제대로 마음을 읽어드리지 못한 채로 기분을 상하게 해 드린 점 죄송합니다. 저도 밤에 근무하는 간호사로서 입원 환자의 안정과 휴식을 위해서 그렇게 말씀드려야 하는 입장이라는 점을 조금만 이해해 주셨으면 합니다."라고 이야기 한 후에야 어머니께서 이젠 이해가 간다고 밝은 표정으로 저의 이야기를 들어주셨고 환아도 그제야 잠투정 없이 엄마 등에 업힌 채 잠이 들어 병실로 모셔다 드릴 수 있었습니다. 같은 병실에 있는 다른 아이들과 보호자들 역시 이젠 모두 안정된 분위기에서 잠을 잘 수 있었습니다.

저는 이 일이 있고 나서 스스로 많은 반성을 하게 되었습니다. 첫째는 저의 입장만을 생각했던 점입니다. '한 아이 때문에 다른 보호자들이 불평을 하지는 않을까' 라는 걱정 때문에 그 아이를 재우는 방법만 생각 했고 두 번째로는 단편적인 상황만을 보고 엄마가 환아에게 관심이 없는 무책임한 엄마라는 편견을 갖은 점입니다.

이 일을 계기로 하여 저는 환아와 항상 함께 하고 있는 보호자에 대한 공감과 이해가 바탕이 되어야 함과, 자신의 의견을 전달하기 전에 상대방의 이야기를 들어주고 감정을 이해하는 것이 매우 중요하다는 생각을 하였습니다.

또한 중요한 것은 '공감반응!' 즉 시선을 마주치고 고개를 끄덕여 주면서 상대방의 말을 관심 있게 경청하면 상대방도 감동하여 자신의 마음을 충분히 이해하고 있구나, 라는 사실을 알 수 있게 한다는 점입니다.

　마지막으로 이런 결론을 내리고 싶습니다.

　상대에 입장에서 먼저 생각해본 후 간호를 실천하며, 대화 속 공감반응을 통해 상대방으로 하여금 스스로가 매우 가치 있고 중요한 존재라는 느낌을 갖게 하는 것은 상대에게 마음을 전달하는 간호의 핵심이 되어지는 부분입니다. 이 부분을 기억하신다면 여러분들도 분명 당신의 앞에 서 계시는 분의 마음과 미소를 얻으실 수 있을 것입니다.

🍀 초심의 마음으로

김 기 화 (심장내과 중환자실)

　대학을 졸업하자마자 간호사로서 일을 하게 된 지 올해로 벌써 10년째입니다. 간호사를 하면서 제일 힘들었던 것은 남들이 흔히 생각하는 아침 일찍 출근을 하는 것도 아니요, 밤을 꼬박 새워 일을 하는 것은 더더욱 아니었습니다. 바로 환자 분들과 함께 하는 시간들이었습니다. 근무지가 중환자실이기 때문에 임종하시는 분들이 있을 때면 그 보호자들과 한 마음이 되어 슬픔이 복받쳐 눈시울이 빨개질 정도였고 환자분들이 아파할 때면 마치 내 몸이 아픈 듯 발을 동동 구르게 되는 환자분들과 마음을 함께 하는 시간들이었습니다.

　그러나 이런 처음의 마음들도 신규간호사에서 점점 멀어질수록, 한 해가 지나갈수록 언젠가부터 내 모습과는 멀어짐을 느끼게 되었습니다. 환자 분들이 불편사항을 이야기할 때면 그 정도는 참아 보지라는 투정을, 조만간 임종을 앞둔 분들을 앞에 두고 아무렇지도 않게 동료들과 일상적인 대화를 나누며 키득거리고 몸이 아파 혹은 검사나 시술들로 인해 몇 날을 굶고 계신 환자분들 앞에서 커피 냄새를 풍기며 전혀 개의치 않는 제 모습을 발견하게 되었습니다. 그런 제 모습들에 깜짝깜짝 놀라던 중 간호부에서는 언젠가부터 '공감간호 실현'이라는 주제를 강조하기 시작했습니다.

 처음에는 공감간호라는 어려운 단어에 당혹스러웠지만 그 의미를 알고부터는 몸도 마음도 아픈 환자분들과 함께 하려면 꼭 필요한 일임을 깨닫게 되었습니다. 그리고 또한 환자분들과 공감은 하되 그들의 아픔에 동요가 되어서는 안 되는 것인지를 깨닫게 되었습니다. 제가 일하는 곳은 심장내과 중환자실입니다. 대부분 가슴이 아파서 오시는 환자 분들입니다. 가족 중에 심장병이 있어 아파하는 모습은 보았지만 제 스스로가 가슴이 아픈 경험은 한 번도 해 보질 못했기에 그들이 얼마나 큰 고통을 겪고 있는지 전혀 알 수가 없었습니다. 과연 이런 분들 앞에서 내가 펼칠 공감간호가 무엇인가를 고민했지만 정답은 이미 제 일상 중에 있었습니다. 가슴이 아픈 환자에게 왜 아픈지를, 앞으로 이루어질 치료에 대해 보다 성심 성의껏 설명해드리면서 마음을 안정시켜드리고 좀 더 치료가 빨리 이루어질 수 있도록 의료진 간에 의사소통을 지혜롭게 하고 친절한 말투나 모습뿐만 아니라 좀 더 간호지식을 쌓아서 보다 환자분들에게 보다 질 높은 간호로 다가가는 게 바로 공감간호였던 것입니다.

 일부러 일을 찾아서 만들지 않아도 실천할 수 있는 내 일상에 모습들을, 지난날과는 반대로 조금만 변화시키면 되는 간단하고, 쉽지만 꼭 기본이 되어야 하는 것이었습니다.

지금도 이렇게 생각은 하지만 제가 간호사로서 일하는 가운데 얼마나 실천할 수 있을지는 장담할 수 없습니다. 하지만 제 마음 한 구석에 항상 환자분들을 먼저 우선순위에 두고 그들과 함께 한다면 그리 어려운 일은 아닐 거라고 생각합니다. 이제는 신규 간호사가 아니지만 그 초심의 마음을 잃지 않고 환자분들을 내 가족같이 여기며 힘쓰는 게 바로 공감간호의 시작이 아닐까 생각하며 다짐해봅니다.

6년 전 나이팅게일 선서를 하면서 눈가에 촉촉이 맺혀지던 그런 뜨거운 열정과 가슴 속 깊은 곳에서 뿜어져 나오는 그 따스함을, 환자와 함께 공감하며 친절하고, 유능한 간호사로 앞으로 일하겠노라 오늘도 다짐한다. 공감간호를 통해서.

음료수가 아닌 마음을 주신 보호자

이 정 빈 (신경외과 중환자실)

몇 달 전에 환자 보호자분과 관련된 글을 몇 자 적어보려고 합니다.

저희 중환자실에 김OO라는 환자분이 계셨는데 중환자실에 내려온 건 2번째였고 의식은 없는 상태인 환자였습니다. 환자분은 결혼은 하지 않은 상태로 마흔이 조금 넘은 나이였고 나이 드신 어머니와 형님 분이 계셨던 걸로 기억됩니다. 환자분은 EVD(뇌실내 배액)수술을 하고 조금씩 회복되는 듯했으나 갑자기 몸 상태가 안 좋아지면서 자가호흡이 없어졌고 인공호흡기까지 달게 되는 상황까지 오게 되었습니다. 그 때까지만 해도 그 환자 분에게 간호사로서의 책임과 업무를 시행할 뿐이지 별다른 감정이나 느낌이 들지 않았던 것 같습니다. 하루하루 지나면서 점점 소변도 안 나오고 혈압도 떨어지는 등의 안 좋은 상태가 더 진행되기만 하였습니다.

그러던 어느 날 노모께서 면회를 하러 들어오셔서 환자의 상태를 보시고는 눈물을 흘리시며 저희 간호사들에게 우리 아들 잘 부탁한다며 꼭 살려달라고 하시며 슬프게 우시는 모습이 예전 저희 할머니를 떠올리게 하였습니다.

자식을 앞세워 보내시고 참 많이도 슬퍼하셨고 참 많이 마음 아파하셨던 자기 자신이 너무 오래 살아서 그런 거라며 하늘을 원망하고 자기 자신을 원망했던 우리 할머니를…….

그 날 이후로 환자 분에게는 조금 더 신경 썼던 제 자신을 발견할 수 있었습니다. 물론 많은 도움은 아니었겠지만 시간이 흐를수록 그 환자 분의 환경은 점점 안타까워졌습니다. 환자 본인의 상태도 그렇지만 형님 분들도 생활이 넉넉지 못하여서 병원에서 시행해야하는 여러 가지 검사나 시술을 하지 말아 달라는 얘기까지 나왔으니 말입니다. 옆에서 지켜보기에 환자 분도 안타깝고 그렇게 해야만 하는 보호자 분들도 안타까웠습니다.

　그렇게 며칠 시간이 흐르고 근무 중에 환자 분은 운명을 달리하시게 되었습니다. 일단은 형님 분들에게만 연락을 드리고 보호자 분에게 담당 주치의가 내려와 사망 선언을 하였습니다. 순간 저는 할머니가 너무 걱정스러워서 저도 모르게 형님 분께 혹시 어머니는 어떠신지 여쭤보게 되었습니다. 보호자 분은 어머니가 아시면 큰 충격으로 쓰러지실 것 같아 아직 말씀드리지 않았다고 쓸쓸하게 얘기하시며 영안실로 내려간 후 알려드릴 거라고 하시더군요. 자식은 죽으면 가슴에 묻는다고 하는데 젊은 나이에 돌아가신 환자 분도 안타깝지만 비보를 들으실 어머니를 생각하면 제 마음이 아팠습니다. 정성껏 사후 처치를 한 후 어머니를 제외한 다른 보호자분들과 함께 영안실로 내려가는 환자를 배웅하였습니다.

　그 후 10~20분이 지났을까요? 인터폰이 울려서 받아보니 김OO 님 보호자이신 형님 분이셨습니다. 저는 덜컥 걱정이 되었습니다. 혹시 무슨 일이 생겼는지 뭐가 잘못 됐는지 여러 가지 생각을 하며 밖으로 나가보니 보호자 분 손에는 작은 음료수 한 상자가 들려 있었습니다. 그 보호자분은 그동안 너무 수고 많으셨고 어머니는 지금 오시고 계시다며 걱정해 주셔서 감사 하다고 저에게 음료수를 쥐어 주셨습니다. 저는 순간 음료수가 전해지는 것이 아니라 그 보호자 분의 마음이 전달되는 듯한 감동을 받았습니다. 그 환자분의 환경이 어려워서 여러 가지 검사도 진행하지 못했었는데 이렇게 찾아오셔서 감사의 마음을 전해주시다니. 병원에서 5~6년간 업무를 하면서 환자가 사망하시고 나면 저희에게 화를 내거나 소란을 피우시는 분들도 계셨는데 이렇게 감사하다고 그것도 돌아가신 보호자 분이 오신 적은 처음이었습니다.

 항상 저는 제가 환자 분이나 보호자 분에게 뭔가를 해드리고 도움을 주고 있는 거라고 생각했는데 그게 아니라 환자나 보호자분들이 저에게 사람에 대한 진심과 감동을 전해주고 가르쳐 주는 것 같아 마음이 따뜻해졌습니다. 비록 잠깐 잠깐 스쳐지나가는 인연이지만, 크게 뭔가를 해드리는 것이 아니라 조금이라도 진심이 담겨 있는 마음으로 간호를 해드린다면 환자분이나 보호자 분들도 저희들의 마음을 전달받을 수 있지 않을까요?

 공감간호는 그리 멀리 있는 것이 아니라 우리 가까이에 진심이라는 이름으로 조금 감춰져 있는 듯 합니다. 너무 멀리 찾지 말아주세요.

소 원

전 진 (주사실)

주사실 발령 받은 지 어느새 일 년이 다 되어간다.

그 때를 떠올려보니 인증평가 준비에 정신없이 하루하루를 보내고, 심신이 지쳐 작은 일에도 흥분하고 예민해져 있었던 내가 가장 먼저 생각이 난다.

그 당시에는 환자에게 마음을 다해 간호하는 일은 나에게 있을 수 없는 일이었다. 점차 안정을 찾아 가고, 마음의 여유가 생겨나니 환자에게도 관심이 가고 그들에게 가까이 다가가고 싶어졌다. 특히 암 환자들이 정기적으로 주사실을 다녀가지만 가벼운 인사말뿐 그들이 무슨 생각을 하는지 어떤 마음인지 헤아릴 수 없었다. 용기가 없었던 것이다. 그런데 이러면 안 되겠다 싶어 "어떻게 지내셨어요?"라는 질문을 시작으로 일상적인 대화를 나누기 시작했다. 그렇게 인사만 건넸을 뿐인데, 그동안 별 말씀 없으셨던 환자 분들이 마치 기다리기라도 한 듯이 자신의 병명과 치료과정에 대해 많은 질문을 쏟아내는 것이 아닌가? '아, 환자들이 사무적인 우리들에게 마음을 열 수가 없었구나.'라는 생각이 드니, 마음이 짠해졌다.

그 후로, 환자와 좀 더 친해지기로 마음먹고, 처치하지 않을 때도 침상 옆에 앉아 이런 저런 얘기를 나누기 시작했다. 효과는 예상 외였다. 주사실에 먹을거리가 쌓여가고, 주사가 없는 날에도 찾아와 안부 인사를 하고 자신의 치료 경과를 얘기하고 가는 것이었다.

'아, 참 간호라는 것이 별거 아니구나.' 그들의 상황을 공감하고, 위로하고, 의학적 지식이 부족해 두려워 할 때 지식 제공자가 되어주는 것 – 참 간호를 위한 선행 조건은 바로 '관심'으로 시작된다는 것을 깨닫게 되었다.

내가 이렇게 변화되기 시작했을 때, 한 환자가 주사를 위해 내원하였다. 편도암으로 수술 받고, 방사선과 항암치료를 병행하고 있는 환자였다. 한 눈에 보기에도 병마와 싸우느라 지쳐 보였다. 나는 처치를 하며 "뭐가 가장 힘이 드느냐?", "선생님께 치료 계획은 어떻게 들었느냐?", "갈 길이 머니 힘내자." 등등 말을 이어갔다.

그랬더니, 환자는 먹는 것이 너무 힘들다며, 시작도 이렇게 힘든데 앞으로 걱정이라며 푸념하기 시작했다. 나는 죽음과 싸우는 사람에게 행여 말실수라도 할까 두려워 고민하다가 '오늘은 그냥 듣기만 하자!' 라고 생각하고 환자의 침상 옆에 앉았다.

환자는 앉기가 무섭게 자신의 이야기를 털어 놓았다. 결혼은 언제 했고, 어떻게 살아왔고, 딸 아이 하나 있고. 그러고는 "나도 알아요, 내가 오래 못 사는 거. 의사가 그러대요 재발하면 1년 밖에 못 산다고, 재발 확률은 50대 50 이래요. 지금도 힘든데, 견딜 수 있을지 모르겠어요. 지금 내가 버티는 건 늦둥이 딸 하나 있는데 그 애 결혼하는 건 보고 가야 할 텐데 이제 대학교 1학년이니……. 내가 그 아이 때문에 눈도 못 감아요." 말씀하셨다. 그리고 딸아이 사진을 보여주겠다며 지갑 속에서 반명함 사진을 건네주었다.

나는 순간 눈시울이 붉어지고, 어떻게 위로의 말을 해야 할지 아무것도 떠오르지 않았다. 그래서 나도 모르게 어이없는 말을 했다. "따님이 예뻐서, 남자들이 금방 채가겠는데요."라는 말을 던져 놓고 내 자신이 한심했다. 환자는 "진짜 예뻐요? 나는 내 눈에만 예쁜 줄 알았는데, 요즘 내가 병 걸린 거 알고 얼마나 챙기는지 몰라요. 이 아이 때문에 내가 견뎌요."라고 말씀하셨다.

그 후로 환자는 2주 간격으로 항암 치료를 받으러 왔고, 대화는 계속 이어 나갔다. 그러던 어느 날, 올 날짜가 지났는데도 환자가 보이질 않는 것이다. 순간 혹시 잘못된 건 아닐까라는 생각이 들며 가슴이 아파왔다. 연락하는 것도 조심스러워 좀 더 기다려 보기로 마음먹고, 기다리던 중 혈액은행에 다녀오는 길에 방사선 종양학과 내려가는 계단에서 그 환자 분과 마주쳤다. 너무 반가운 마음에 안부를 물었고, 환자는 너무 힘들어 오히려 제명에 못살겠다며 지금 의사 만나서 모든 치료를 포기하고, 방사선 치료도 취소하러 가는 길이라 했다. 그러고는 민간요법으로 성공한 사람들도 있다며 자신도 그것에 희망을 걸고 시골에 집을 하나 사서 이사 간다고 했다. 나는 힘내시라고, 마음먹기 나름이니 좋은 결과 있을 거라고 격려의 말을 하고 추후에 다시 연락드리겠노라 하고 헤어졌다.

마음이 숙연해졌다. 정말 '그 분의 소원이 이루어지게 도와주세요!' 라는 기도가 절로 나왔다. 나는 간호직에 몸담고 일한 지 12년 차에 비로소 참 간호가 무엇인지 알 것 같았다. 의사의 처방대로 시행하는, 독자적으로 할 수 있는 것이 아무것도 없다는 생각에 열등감에 빠지고 직업에 대해 좌절해 왔었다.

하지만, 이제는 당당히 말할 수 있다. "나 간호사예요!"

'공감' 그 멀고도 가까운 이야기

문 동 영 (5층 남병동)

<u>의정부성모병원에서</u> 6개월째 근무 중인 신규 간호사입니다.

저의 근무경력은 얼마 되지 않아도 그동안 병원에서 근무한 여러 날 동안 많은 환자들과 의료진들, 보호자들과 함께 하면서 공감간호가 얼마나 큰 효과가 있는지에 대해 몸소 깨닫고, 실천

의 중요성을 알아가고 있습니다. 병원에 입원해 있는 동안의 환자들은 정신적으로 예민하고 남에게 의지하고픈 마음이 가장 클 시기이며, 보호자들도 의료진들의 치료행위의 신속성과 정확성, 친절함, 환자의 상태에 따라 하루에도 몇 번씩 기분이 바뀌는 경우가 많습니다.

 환자나 보호자들에게 의료진들이 일을 얼마나 잘하는지, 질문에 답을 만족할 만큼 해주는지, 주사를 얼마나 잘 놓는지 등 이런 것들도 중요한 일이겠지만, 정작 더 중요한 일은 얼마나 나의 말을 잘 들어주는지, 친절한지 혹은 잘 웃는지 등이었습니다. 간호사의 능력이 부족해 주사를 몇 번씩 맞게 되어 기분이 안 좋다가도 말 한 마디 친절하게 건네주면 '그럴 수도 있지.' 하면서 넘어가게 되는 반면에 일 잘하는 간호사여도 시종일관 무표정으로 처치를 하거나 내말을 제대로 들어주지 않는다고 느껴지면 무시당한다는 생각에 기분이 나빠질 수밖에 없습니다.

 간호사로서 처음 일을 시작하면서 항상 환자들 앞에서는 웃는 간호사가 되자고 다짐했었습니다. 그러나 한 달여 동안의 프리셉터 기간이 지나 원듀티에 적응하는 기간 동안 나에게 주어진 일들을 다 끝마치는 것도 너무 힘들어서 제대로 실천할 수가 없었던 것이 사실입니다. 웃으려고 하지만 웃음이 잘 나오지 않고, 처치를 하기에 급급했습니다. 기분이 나쁜 날이거나, 환자 분이 유난히 부정적이고 예민하면 친절하게 대하기 쉽지 않은 게 사실입니다. 그러던 중 어느 환자와의 일을 계기로, 아무리 바빠도 항상 웃고 환자들과 공감대를 형성하려고 노력하게 되었습니다.
 제 담당 병실의 환자 한 분은 자신의 얘기를 말하는 것을 좋아하고, 사람들과 어울리는 것을 즐기는 활발한 분이었습니다. 항상 그 병실에 들어가면 그분이 먼저 아는 척도 해주시고, 간호사란 직업이 힘든 일이라며 격려해주시면서 이것저것 소소한 얘기를 해주셨습니다. 한참 신규로 업무에 허덕이는 저에게는 그러한 이야기를 들어주는 게 힘든 경우가 더 많았던 게 사실입니다. 하지만 제 고단함을 알아주시며 격려해주시는 것도 감사했고, 모든 환자에게 친절하고 웃는 간호사가 되기 위해 항상 웃으면서 맞장구를 쳐 드렸는데, 후에 그 분이 퇴원하시면서 다른 선생님을 통해 너무 고생했다고 수고한다면서, 고맙다고 꼭 전해달라고 했다는 이야기를 전해 듣고서는 마음 한구석이 찡해지며 처음으로 간호사가 된 것이 너무나 뿌듯하고 보람찼습니다. 원듀티를 시작한 지 두 달도 채 되지 않았던 시기라 처치도 제대로 못하고 묻는 질문에도 제대로 답하지 못했던 간호사였음에도 너무 감사했다며 고마워하셨다는 이야기에 더욱 더 열심히 해야겠다는 생각이 절로 들었습니다.
 그 때 왜 공감간호가 중요한지, 환자들과 소통하는 게 얼마나 환자에게 위안이 되는지에 대해 절실히 느꼈습니다. 저 뿐만 아니라 모든 간호사들이 앞으로 공감간호를 잘 실천하여 간호사의 이미지도 지금보다 훨씬 드높이고, 환자들을 더 만족시킬 수 있어야 될 것 같습니다.

이모의 마음

유 명 희 (5층 동병동)

나는 소아과에 근무한다. 처음 간호사가 되어 이 곳 소아과 병동에 발을 들였을 때 나는 정말 절망스러웠다. 귀에 끊임없이 들려오는 아픈 아이들의 울음소리만으로도 정신을 차릴 수 없는 내게, 아이가 아파서 어쩔 줄 몰라 하는 초조하고 불안한 보호자들의 빨리 봐주지 않는다는 성난 불만들과 고함소리까지 정말 생지옥이 따로 없다는 생각뿐이었다.

소아과 특성상 수액요법이 기본 치료이기에 주사와 씨름하는 일로 너무 지치고 힘들 때가 많았다. 신규이다 보니 한 번에 정맥주사를 성공하지 못할 때가 종종 있었는데 어떤 엄마 보호자들로부터는 차마 입에 담을 수 없는 욕을 들을 때도 있었고, 또 어떤 젊은 아빠 보호자로부터는 맞을 것 같다는 불안감을 느끼기도 했다.

"더 주사 잘 놓는 간호사 불러주세요!"

"한 번에 해주세요!"

"왜 밥만 먹고 주사 놓는 사람이 이렇게 주사 하나도 못 놔요?"

이런 일들을 겪어내다 보니 보호자들이 조금만 화를 내고 요구도가 높다 싶으면 점점 나도 모르게 '아, 저 보호자는 진짜 짜증나. 누구는 한 번에 안하고 싶어서 저러나? 빨리 퇴원했으면 좋겠어.'란 생각부터 들었고, 스트레스를 받지 않기 위해서라도 '내가 하는 일은 그냥 일일 뿐이야.'라고 나에게 주문을 외듯이 반복하여 되뇌이곤 했다.

그러던 중 먼저 결혼한 내 동생의 아기가 태어나게 되었다. 우리 조카는 태어난 지 며칠 만에 원인불명의 열이 나서 내가 근무하는 우리 소아과 병동에 입원하게 되었다. 정맥주사도 맞고, 약물치료를 했지만 워낙 어려 척수검사를 통해 뇌수막염이 아닌지 감별진단을 받아야 했다. 정해진 치료 일정을 잘 아는 나로서는 당연히 따라야 하는 것을 알고 있었지만 막상 내 조카에게 그 아픈 척수 검사까지 해야 한다고 생각하니 마음이 좋지 않았다.

그 당시 레지던트 1년차였던 조카의 담당의가 척수 검사를 진행하게 되었다. 경험이 많지 않았기 때문에 한 번에 시술을 성공하지 못할 거라고 예상은 했지만, 생각보다 더 많이 실패하여 아이를 여러 번 찌르게 되었고 성공하지 못한 채 시간은 흘러만 갔다. 마음속으로는 "3년차 선생님 불러서 해보면 어떨까요?"라고 담당의에게 말하고 싶은 마음이 굴뚝같았고, 시간이 갈수록 초조하다 못해 속상해지기 시작했다. 걱정이 돼서 눈물을 흘리고 있는 동생을 보자 '처음부터 내 조카이니까 3년차 선생님한테 해달라고 부탁했었어야 하는데…….' 하는 마음까지 들기 시작했다. 결국 3년차 선생님이 와서 시술은 끝이 났고, 레지던트 1년차인 담당의 선생님이 너무 미워지려던 찰나 너무너무 나에게 미안해하는 1년차 선생님의 얼굴이 보였다.

　순간 나는 '나도 내가 그렇게 싫어하던, 유난떤다고 생각했던 보호자들과 나의 모습이 별반 다르지 않구나!'라는 생각이 들면서 잠시나마 선생님을 미워했던 마음이 부끄러워졌다. 나는 내가 먼저 담당의 선생님에게 "아니에요 선생님, 저도 맨 날 여러 번씩 애들 정맥주사 실패해서 찔러대는걸요, 마음 쓰지 마세요."라고 너스레를 떨었다. 내가 뭐라고 하지 않아도 그 선생님이 나에게, 그리고 우리 조카에게 얼마나 미안해하고 있을지 충분히 알 수 있었기 때문이었다.

　나는 지금도 소아과 병동에 근무하고 있다. 경력이 쌓이면서 정맥주사 실패는 신규 때보다 많이 줄어들었지만, 사람이 하는 일에 완벽이 있지 않듯이 아직도 나는 혈관을 잘 찾기 어려운 아이들에게는 여러 번 주사를 실패할 때가 있다. 그러나 예전과 달라진 게 하나 있다면 그건 정맥주사를 실패한 후 나의 태도이다. 예전에는 화를 내고 역정 내며 나에게 심한 소리를 하는 보호자를 그냥 '아, 저 사람이 이상한 사람이야, 한 귀로 듣고 한 귀로 흘려버려야지.'라고 생각했었지만 지금은 그 사람이 화를 내고 역정 내며 내게 심한 소리를 할지언정 한 걸음 가까이 옆으로 다가가서 내가 진심으로 그 아이를 아프게 한 것에 대해 미안하게 생각하고 있고, 나도 마음이 아프다는 것을 표현하려고 노력한다. 울다 지친 아이의 땀을 닦아주려고 하고, 속상해서 마음 아픈 부모의 팔을 쓰다듬어 내가 더 노력하지 못한 것에 대해 누구보다도 안타까워하고 있음을 표현하려고 한다.

그런 내 노력에도 불구하고 아직 내 마음이 부족해서 인지 아이의 땀을 닦으려는 내 손을 거칠게 밀쳐내고 화를 내는 보호자들도 있다. 하지만 대부분의 보호자들은 내 마음을 느끼고 화를 내다가도 누그러지고, 가끔은 오히려 "수고했다."는 말까지 해 줄 때가 있다. 그럴 때마다 나는 아픈 아이들을 내 조카처럼 아끼면 그들도 알아준다는 사실에 또 한 번 다시 감동하고 하루가 벅차게 보람차다.

'오늘도 열심히 공감간호를 해야지!'

나는 44명, 소아과 병동 아이들의 이모이니까.

🍀 나의 과거가 스승이 되다

박 규 병 (응급병동)

간호사로 근무한 지 벌써 10년이 넘는 시간이 지났다. 가끔씩 이런 생각을 해본다.

'처음 일을 시작할 때 나는 지금 같지는 않았는데, 일은 신규 때보다 능숙해졌겠지만 지금보다 더 많이 웃고 환자들과 더 많은 대화를 나누었던 건 신규 때가 아니었었나?' 라고.

얼마 전이었다. 60세의 여자 환자 한 분이 글도 읽지 못하고 거동도 잘 하지 못한 상태로 2개월 동안 식사를 잘하지 못하다가 호흡곤란이 발생하여 응급실을 통해 입원하게 되셨다. 지나가는 나에게 "소변 줄 때문에 못 걸어 다니겠어요. 소변 줄 좀 빼주세요." 라고 말하셨을 때 나는 "소변 줄을 끼고 있어도 움직일 수 있어요. 환자 분은 기력이 없어서 안정하셔야 하고 의사 선생님이 소변 줄을 빼라고 지시할 때까지는 빼드릴 수가 없어요." 라고 즉각 대답하였다. 하지만 사실 상 내 머릿속에는 환자의 안정, 의사의 지시에 대한 생각보다는 '소변줄을 제거하면 소변을 치우기가 힘들어질 거야.' 라는 생각이 먼저 앞서 있었던 것이 사실이었다.

입원 후 2일 정도 지난 어느 날 의사회진 시 소변 줄을 제거하라는 처방이 내려졌다. 혹시나 스스로 소변을 보지 못 할까 봐 방광 훈련을 한 후, 오후 2시에 제거하자마자 거짓말 같이 환자 분은 10분 뒤에 보호자의 부축을 받아 화장실에 걸어서 다녀오시는 것이 눈에 띄었다. '아침 까지만 해도 침상에서만 겨우 움직일 정도였는데, 많이 불편하셨구나.' 라는 생각과 함께 환자의 말과 맘을 공감하지 못하고 내 입장에서만 생각하고, 판단했었던 태도자체에 미안하고, 또 미안한 마음이 들었다.

 환자 분이 입원한 지 6일 정도 지나 퇴원을 하시게 되었다. 주치의는 환자가 인슐린 주사만 잘 맞을 수 있다면 퇴원해도 좋다고 하였지만 환자 분은 눈도 잘 보이지 않고 보호자인 남편은 보청기를 착용하고 계시며 입원 설명 시에도 돋보기를 쓰고 설명서에 서명을 했던 분이었던 것이 기억이 났다. 소변 줄 사건 때문에 좀 더 신경이 쓰였던 환자인데 눈도 잘 안 보이시는 환자분이라 퇴원 설명을 어떻게 하면 잘 이해하실까 고민이 되었다. 며칠 동안 인슐린주사 맞는 방법을 설명 들었던 보호자 분은 다행히 돋보기를 쓰고 인슐린 주사를 놓을 수 있을 만큼 상태가 호전되셨다. 조금 나아진 마음에 퇴원 설명을 천천히, 그리고 분명히 해드리며 보호자 분께 큰 목소리로 천천히 설명을 해주고 A4용지 3장에 크게 인슐린 주사 맞는 시간과 단위, 외래 오는 시간 등을 자세히 적어드렸다. 그렇게 설명을 해드리고 나니 환자 분과 보호자분은 지금까지 표현하지 않았던 말씀을 몇 번이고 "이렇게 자세히 알려줘서 너무 고맙네 고마워." 라고 이야기하고 또 이야기 하셨다.

 다른 환자의 퇴원 설명보다 몇 배의 시간과 에너지를 들여 설명을 해드리면서 업무가 지연되기도 했지만 내 마음속에는 오히려 시간을 많이 소비했다는 불만보단 뭔지 모를 뿌듯함, 만족감이 가득했다. 이번 일을 계기로, 내가 환자의 입장이 아니라, 간호사의 입장에서 생각, 판단하고 일을 해왔었는지를 되돌아보기도 하고, 10년의 시간이 흐르면서, 처음 입사할 때의 환자의 편에서, 환자의 마음을 보듬어 주는 간호사가 되고 싶다는 나의 꿈을 잊고 살았다라는 생각이 들었다. 그리고 뭐든지 열심히, 그리고 간호사의 소명을 다해서 나이팅게일의 정신을 되새기며 열정을 가지고 일했던 나의 신입 간호사 때의 그 다짐들을 다시 한번 되새기게 되었던 계기가 된 것 같다.

 막연했던 공감간호!

 상대방을 배려하는 마음이 공감간호의 시작이 아닐까 라는 생각을 해본다. 환자도 되어보았었고 보호자도 되어 보았었다. 그 때의 바람은 내 가족같이 생각하고 따뜻한 손길이 되어주었으면 마음이 아니었던가. 그런 기억을 떠올려 볼 때 정말 내가 스스로 만족할 수 있는 무한감동을 주는 간호사가 되어보자고 다시 한번 신규 때의 마음으로 돌아가 다짐해본다.

❀ 함께 울고 함께 웃기

김 지 영 (6층 서병동)

　1999년 12월 6일 신경외과 병동에 첫 입사 후 지금까지 이 병동을 지키며 살고 있다. 10년 동안 많은 일들이 지나 갔고 많은 일들이 기억 속에 남아있지만, 그 중 가장 특별한 부분을 내세워 이야기 한다면 바로 '가족' 이라는 단어로 일축할 수 있을 것이다.
　우리 병동은 장기 환자들이 많기 때문에 환자와 보호자들은 간호사들과 항상 식구처럼 지내왔다. 이런 날도 있었다. 아들이 젊은 나이에 뇌출혈로 쓰러져 어머니가 항상 곁에서 눈물 흘리시며 간병하시고 기도하시며 그 옆을 지키고 계시던 어느 날이었다. 아들을 바라보며 지켜보는 일에 지치셨는지 밖에서 술을 잔뜩 드시고 오셔서 복도에서 신세한탄하며 울부짖는 모습을 발견 후 어떻게 해야 할지를 몰라 발걸음을 멈추었다. 어떤 말과 마음을 어떻게 전해드릴지 몰라 옆에서 조용히 안아 드리는 것밖에 내가 할 수 있는 것이 없어, 그대로 말씀하시던 것을 전부 듣고 있었다. 얼마 후 그 분은 조금은 부끄러워하시며 부은 눈으로 미소를 지으시며 고마웠다고 손을 잡아 주셨다. 부모는 자식이 아프면 그 고통과 슬픔을 가슴에 묻는다고 한다. 그 분의 그 눈물은 묻고 묻었던 가슴에서 더 이상 담을 수가 없어 넘쳐흐른 것이 아닐까 라는 생각에 마음이 미어졌다. 결국 재활 병원으로 옮긴 후 얼마 있지 않아 환자 분이 돌아 가셨다는 연락을 받은 후 함께 계신 어머니 생각에 다시 아픈 가슴을 꼭 쥐었던 기억이 난다. 분명 많은 눈물을 흘리셨을 텐데……

 기억 속 다른 한 분을 꺼내어 보려 한다. 신경외과에서 장기 재원하시다가 재활 치료 단계에 계시던 분이었는데 갑자기 *헤모글로빈수치가 떨어져 응급으로 위내시경을 하게 되어 검사를 했지만 그 후에 환자는 병실로 올라오지 못하고 천국으로 떠나 가셨다. 준비되지 못한 갑작스러움에 가슴이 너무 아파 발걸음을 돌리며 쳐다본 곳에 보호자가 병실로 올라 와 힘없이 앉아 쓰시던 물건을 챙기고 있는 뒷모습을 보았다. 난 목이 메어 어떤 위로의 말도 나오지 않아, 아주머니를 살며시 안아주면서 함께 펑펑 눈물만 흘렸다. 내가 할 수 있는 것은 그 뿐이었다. 아주머니께서는 가시면서 고마웠었다고 말씀하셨지만 왠지 모를 미안함에 다시 가슴이 먹먹해 짐을 느꼈다.

 신경외과 병동에 오래 있으면서 있었던 많은 일들이 머릿속을 스쳐 지나간다. 많은 '우리의 가족'들이 스쳐가는 곳에서의 많은 일들이 있었기에 공감간호라는 것이 무엇인지 말하라고 한다면 나는 함께 울고 웃고 그 마음을 함께 하는 것이라고 말하고 싶다. 함께 하지 않는다면 그 마음을 이해 할 수 없기 때문일 것이다.

 신경외과 병동에 있으면서 제일 기쁘고 기억에 남는 일은 무의

---

* 주) 헤모클로빈 : 적혈구 속에 다량으로 들어있는 색소단백질, 혈색소라고도 한다.

식 상태로 중환자실에 입실하였다가 의식이 완전 회복되어 고마웠다고 웃으며 퇴원하시던 일, 바로 '가족'이 건강해져 나가는 바로 그 순간이다. 나는 나의 가족들이 건강해지는 그 순간을 위해 항상 이 자리에서 노력할 것이다.

  난 환자와 보호자에게 친근한 언니나 이모 동생이나 자식 손녀와 같이 편한 간호사가 될 준비가 되어 있다. 나의 '가족'들을 위해서!

잘해줘서 고마워요. 기억할게요

송 혜 윤 (6층 서병동)

  내가 간호사로 3년 정도 일을 하며 지냈을 때, 평소 건강하셨던 아버지의 갑작스러운 암 선고로 '환자의 보호자'라는 역할에 선고받았다. 병원에서 암 선고를 받는 환자나 보호자를 많이 봐왔지만, 나에게 같은 일이 있을 거라고는 상상도 하지 못했다. 나는 그렇게 간호사이며 한 환자의 보호자가 됐고, 입원해 계신 아버지를 돌보며 내가 간호사로 일하면서 볼 수 없었던 것들을 하나씩 보게 됐다.

새로운 입장이 주어지자, 아버지를 돌봐주시는 선생님들의 간호를 지켜보며 내가 배워야 할 점들이 보이기 시작했고 한편으로 내가 지양해야 할 점들도 보이기 시작했다. 나는 인계전까지 주어진 일들을 해결하기에 급급했던 간호사였고, 그래서 주어진 일만 열심히 하는 그런 무뚝뚝한 간호사였으나, 그 후 나는 아버지를 간호하며 한 템포 느리게 가더라도 환자나 보호자의 마음을 한 번쯤은 헤아려 보도록 노력하게 되었다. 아파하는 환자의 손을 한 번 잡아주거나, 병간호에 지쳐 우는 보호자의 등을 쓰러줄 수 있는 여유가 생기기 시작한 것이다.

신경외과에 근무하고 있던 어느 날 암에 걸리신 환자 한 분이 입원을 오셨다. 환자는 굉장히 말라 있었으며 힘든 항암치료로 속이 좋지 않아 음식을 거의 먹지 못하는 상황이셨다. 걷는 것조차 힘들어하는 환자의 모습을 바라보고 있으니, 항암 치료로 많이 힘들어하실 아버지가 떠올라 가슴이 뭉클하며 진심으로 마음이 아파왔다.

의료진은 자신의 사생활을 환자에게 노출시키는 것이 안 된다는 것을 알면서도 나는 환자분에게 아버지의 이야기를 하며 항암 치료가 얼마나 힘든지 알고 있다고, 정말 많이 힘드시겠다고 이야기 하며 그의 마음을 이해하는 동시에 공감이라는 문을 통해 나의 마음도 함께 열었다. 그 시기의 나의 한마디가 환자를 얼마나 감동시켰는지 모르겠으나 환자분께서는 그 다음부터 나를 특별하게 생각해 주시는 것 같았고, 제 시간에 챙겨드리는 약에도 아파서 드리는 진통제에도 연신 고맙다며 인사를 하셨다. 그러 던 얼마 후 암 병동으로 이실 가시며, "잘해줘서 고마워요. 기억할게요."라는 메모를 남겨 주셨다. 그 분의 마음을 고스란히 느낄 수 있었던 날 이었다.

  지금도 나는 아버지를 잘 돌봐주셨던 선생님들의 모습이 떠오른다. 그 분의 기억에 내가 그런 좋은 간호사로 늘 기억이 된다면 나는 간호사로 일하며 큰 선물을 받은 것이 아닐까 생각한다. 공감이란 상대방이 입장에서 어떠한 지를 상상하려고 시도하는 것이라 했다. 또한 공감간호는 큰 것을 주며 이룰 수 있는 것이 아니라 상대방의 입장을 생각하며 건네는 작은 무언가 하나로 실천할 수 있을 것을 깨달았다. 이젠 나는 그들의 마음을 공감하고 이해하며 임상에 있는 한 늘 바쁜 업무 속에서도 작은 발걸음 하나씩 실천하며 좋은 간호사로 남을 수 있도록 노력하고 노력할 것이다.

처음 느낀 그 마음 그대로

김 령 경 (5층 동병동)

언제나 바쁘다!

Day, Evening, Night라는 근무표 속에서 나는 대부분의 시간 동안 간호라는 일을 시간에 쫓기며 할 뿐이고, 환자들은 그저 내 대상자일 뿐이다. 그렇게 나는 몇 년째 이 일을 하고 있다. 이런 나도 공감간호가 꼭 필요하다고 느낄 때가 있었다. 내가 이 일을 한 지 6개월 정도 되었을 때의 일이다. 언제나 일하던 병동에서 잠시 다른 병동으로 잠깐 도우러 간 적이 있었는데, 일하던 병동과 분위기가 너무 다르고 더군다나 신규였던 나는 *DS라는 근무를 받아 일을 하기 시작했다.

언제나 보던 아이들의 울음소리와는 또 다른 조용한 환경.

표정 하나 없이 환자들은 자신의 병상에서 약을 먹고, 누워서 쉬는 일만 반복하고 있었다. TV조차 켜져 있지 않은 적막한 병실은 나에게 너무나 어색하게 다가왔다. 하지만 그 곳 사람들은 일상인 것처럼 모두 아무렇지 않아 보였다. 그래서 나도 아무렇지 않은 듯 vital sign을 측정했다.

하지만 역시 쥐 죽은 듯이 조용한 침묵이 어색했던 난, 환자분들의 진단명이 무엇인지 어디가 아픈지도 모른 채, vital sign

* 주) DS : 입원받는 간호사근무

을 측정하는 한 사람 한 사람에게 "어디 불편 한 데는 없으세요?", "어디 아프신 데는 없으세요?"라고 물으며 이야기를 듣기 시작했다. "없어." "온몸이 아프지." "괜찮아." 그런 말들을 전해 들으며 중요한 것은 기록도 하고 그렇게 나는 내 일을 하고 있었다.

그렇게 얼마의 시간이 지나고 마지막으로 조용히 앉아 있는 한 할머니에게 가서 "혈압 좀 측정하겠습니다."라고 말을 하고는 vital sign을 측정하고 연이어 "어디 불편한 데는 없으세요?"라며 같은 질문을 했다.

그런데 조용히 앉아만 계시던 할머니께서 주름진 손으로 갑자기 내 손을 잡으시며 울먹이기 시작하셨다. 뜬금없는 상황에 너무 놀랐지만 난 아무렇지 않은 듯 "왜 그러세요? 어디 불편하세요?"라고 다시 물어보자, 할머니는 "글쎄, 내가 안 아픈 데가 없어. 다리가 아파서 움직이지도 못 하고, 허리가 아파서 잘 눕지도 못하고, 그냥 안 아픈 데가 없어. 맨날 이렇게 입원만 하고……. 아들도 아파서 입원해 있다가 얼마 전에 퇴원해서 집에서 누워만 있지. 정말 내가 안 아픈 데가 없어."

그렇게 말씀하시는 할머니의 눈가에서 흐른 눈물이 얼굴 가득 깊게 패인 주름 사이로 스며들었다. 나는 그 순간 아무 말도 할 수가 없었다. 학교에서 정신과목에서 배운 공감대화법도 생각나지 않고 그저 "네, 그러세요."라며 눈을 마주쳐 드리는 일밖에는 할 수 있는 게 생각나지 않았다.

그리고 할머니의 말이 계속될수록 시골에 계시는 할머니 생각에 마음이 안 좋았다. 그렇게 대화는 이어지고 벌써 20여분이 지나가고 있었다. 그러자 내 마음속에서는 스멀스멀 '시간이 너무 지났네. 빨리 vital sign 측정한 것을 선생님들에게 가져다 드려야 하는데 어떻게 이야기를 끝내야 하나?'라는 생각이 고개 들기 시작했다. 그러면서 점점 초조함을 느끼고 할머니의 얘기가 귀에 들어오지 않았다. 그런 내 마음이 얼굴에 드러나서일까. 할머니의 울음 섞인 목소리도 눈물 가득한 눈도 점점 메말라 갔다.

그렇게 나는 의무적으로 할머니의 대화를 듣고 있을 뿐이었다. 그토록 시간이 갑갑하게 지나가고 있을 때, 내가 어쩔 줄 몰라 하는 걸 보셨는지 지나가시던 수녀님께서 병실로 들어오셔서 할머니에게 다가 오셨다. 그리고 나에게 아무 말 없이 할머니와 다시 대화를 이어가셨다. 그저 나보다 더 차분한 태도와 말투로 할머니를 위로해 주고 계셨다.

이 정도면 나도 할 만큼은 했다며 뒤돌아 병실을 나오던 난, 다시 울음기 섞인 할머니의 목소리와 눈가를 보자 갑자기 마음이 쓰게 느껴졌다. 그리고 시간에 쫓기며 그냥 의무적으로 들었던 저 일을 '원래 내가 해야 하는 건데.'라는 생각이 들었다.

이 때 나는 이래서 공감간호라는 것이 필요한 거구나라고 느꼈고, 앞으로 마음속으로 우러나오는 공감을 해야겠다고 반성했다. 가끔 바쁜 생활 속에 간호사로 일하며 내가 하는 일이 간호가 맞는가라고 느낄 때가 많다. 하지만 너무도 바쁘다는 이유로 소소한 일이라 넘기며, 무시하며, 못 본체 한 일들에 처음 느꼈던 그 마음을 조금만 담았다면 나는 아마 이런 고민을 하지 않았을 것이다.

처음 느꼈던 그 마음만 기억하고 있다면…….

오늘도 한 걸음 더

백 인 희 (5층 남병동)

유방암을 진단받고 유방 절제 및 재건술이라는 장시간의 수술 후 내가 맡은 병실로 이실 온 환자 분이 있었다. 그 사람은 얼마 전 여러 검사를 통해 암을 진단받았을 것이다. 삼십대 초반의 젊은 나이에 말이다. 믿음직한 남편과 귀여운 아이를 둔 정말 평범했던 그 여인은 '암'이라는 진단에 얼마나 좌절했을 것이며 이번 수술은 그녀의 인생에서 얼마나 큰 상실이며 위기였을 것인가? 하지만 다행히도 그녀의 곁에는 그녀를 지극정성으로 간호하는 남편과 얼굴에 사랑과 슬픔이 어려 있는 가족들이 있었다. 그리고 그들 옆에 내가 있었다. 그녀의 담당 간호사, 백인희.

오늘은 유난히도 바쁜 날이었다. 나의 담당 환자 16명 중에 새로 입원한 환자가 6명이었고 내일 수술 예정자가 5명, 검사 예정자가 1명이었다. 한 명은 입원을 오후 9시 경에 왔고, 바로 그녀가 수술 후 오후 8시 30분에 병실에 돌아왔다. 중심정맥관 삽관도 한 명 있었다. 그것도 인계 시간인 밤 10시 이후로 말이다. 결국 본래 퇴근시간이 훨씬 지난 새벽 1시가 넘어서야 퇴근할 수 있었다.

내가 생각하는 간호사란 환자들과 정신적인 교감을 하는 사람이었다. 따뜻한 정과 사랑으로 환자들의 마음을 읽고 대화하는 그런 사람이 되어야 한다고 생각했다. 그런데 오늘 같은 날에는 도저히 그런 간호사가 될 수 없었다. 당장에 인계시간까지 일을 끝마쳐야 하는데 어떻게 환자들에게 사랑의 눈길을 줄 수 있겠는가. 그들의 기분을 살피기보다는 좀 더 빠르게 그들에게서 정보를 얻어내고, 주사를 놓고 약을 주는 것만 생각하면서 나는 점점 환자 중심이 아닌 간호사 중심으로 시간에 쫓겨 일하는 간호사의 모습으로 변해가고 있었다. 친절하고 따뜻한 기운이 되고 싶다던 나의 꿈은 어디에도 없었다.

이런 내가 충격을 받은 한 사건이 생겼다. 남쪽 끝에 위치한 고향집으로 가는 버스 안에서 내게 극심한 근육통이 찾아왔던 것이다. 6시간 동안 제한된 공간 속에 있던 내게 갑자기 찾아온 통증은 그야말로 생애 최초의 극심한 통증이었다. 의자에 가만히 앉아 있을 수조차 없이 통증은 밀려 들었다. 우여곡절 끝에 고향

집에 도착해 병원에 찾아간 나는 진료를 위해 누워야 하는데 허리에서 늑골, 견갑골 부위까지 파생된 근육통은 나를 조금도 움직일 수 없게 하였고, 치료를 위해 누워야 하는데 통증으로 인해 누울 수조차 없었다. 통증과, 침 치료, 전기 치료 등의 알 수 없는 치료는 나를 공포 속으로 몰고 갔다. 간호사 입장에서 보면 나는 정말 엄살 많고 걱정 많으며 대하기 힘든, 기피대상 환자 자체의 모습이었다.

그동안 엄살 많고 걱정 많은 환자에게 나는 얼마나 그들의 입장에서 공감하고 간호했던가를 생각하며 과거를 되돌아보니 얼굴이 화끈거렸다. 내가 일하고 있는 병동은 갑작스런 사고나 예정된 수술로 찾아오는 환자들이 대부분이었을 텐데……. 수술로 인해 통증과 싸워나가는 환자가 호소하는 통증에 나는 무뎌져 있었던 것은 아닐까? 아프다는 환자의 말에 같이 아파했던 적은 얼마나 있었을까? 아프다는 환자의 말에 자동적으로 진통제를 준비하는 나의 행동에는 얼마나 진심이 담겨져 있었을까?

우리는 돌발성 난청, 안면마비, 백내장, 비골골절, 안와골절 등의 단순한 질병치료를 받는 환자들을 간호하기에 편하다고 이야기한다. 하지만 쉽게 간호할 수 있는 분류의 환자들이라고 해서 그들의 고통 역시 쉬운 것일까? 만약 어느 날 갑자기 내 귀가 들리지 않는다면? 내 얼굴에 마비가 온다면? 내 눈이 보이지 않는다면? 내 코뼈가 깨졌다면? 나는 과연 아무렇지도 않을 수 있을까? 얼마나 당황스럽고 두려울까? 환자의 입장에서 이해하고 생각하기란 분명 쉬운 일이 아니다. 하지만 그들의 입장에서, 또는 그들 가족의 입장에서 함께 아파하고 이해하고 간호하는 진정한 그들의 간호사, 그들의 옹호자가 되고 싶다는 생각과 처음 간호사가 되었을 때의 초심을 찾아야겠다는 생각이 들었다.

  오늘도 5남 병동에는 참으로 다양한 사람들이 있다. 공장에서 일하다가 기계에 손이 말려들어가 손가락 네 개를 잘라내고 허벅지 피부로 피부이식을 한 사람, 비골 골절로 수술해서 어제의 차분했던 모습과는 달리 안절부절 못하는 사람, 손목터널증후군 수술을 위해 입원 온 사람 그리고 분만 후 원인모를 양쪽 허벅지 종괴로 수술 받은 사람 등 저마다 통증과 혹은 수술 및 입원비용으로 인한 재정적인 어려움과 싸우고 있을 그들이 나의 눈을 바라보고 있다. 잠시 바삐 놀리던 손길을 멈추고 눈을 감았다. 내가 저 사람이라면 얼마나 아플까? 무슨 생각이 들까? 앞으로의 진료에 대해 두렵지는 않을까? 심호흡하고 다시 마음을 가다듬는다. 그들이 나를 보고 환한 미소를 띨 수 있도록 마음으로 먼저 다가서자고 다짐하며 병실 문을 두드린다. 나는 그렇게 오늘도 나의 간호사의 길에 한걸음 다가서려 노력한다.

✤ '공감' 어렵고도 쉬운 말

박 하 영 (6층 남병동)

'공감' 어렵고도 쉬운 말.

공감이란 단어는 어렵고도 쉬운 말인 것 같다. 상대방의 마음을 헤아리고 이해하려고 하는 마음. 누군가에게 공감 받는 것이란 참 행복한 일이다. 사람과 사람 사이에서 서로의 마음을 헤아리지 못한 채 어둑한 그늘이 지는 것은 공감이 없었기 때문이다.

나 또한 공감 받기 원했고 공감하려 노력했지만 잘 되지 않았었다.

병원에 입사한 지 아직 1년이 안 된 지금. 내 기억 속에서 가장 생각나는 공감은 봄을 시샘하는 꽃샘추위가 있었던 3월이었다. 담낭염 때문에 복통이 생겨 응급실을 경유하여 병동으로 입원하셨던 할아버지인데, 병원에 자주 입원하셨던 분이라 얼굴이 낯이 익었다. 매번 입원 퇴원을 반복 하면서 병원에 대해 불신을 가지고 계셨던 그 할아버지는, 이번에도 당연히 병원에 대한 불신을 가지고 계셨다.

"왜 매 번 입원하는데 왜 똑같이 통증이 있는 거야? 치료를 제대로 하는 거야?"

"여기 의사, 간호사들은 다 왜 이래?"

"왜 빨리빨리 안 해주는 거야? 나 무시하는 거야?"

참 할 말 많으셨던 할아버지. 그럴 때마다 불만 때문에 담당간호사인 나는 스트레스와 짜증이 났었고, 할아버지에게 괜한 소리를 할 때도 있었다. 그리고 일을 마치고 집에 가면서 하루 일과를 돌이켜 보는데, 그 할아버지 생각이 났다. 아프고 불쌍한 환자인데, 왜 나는 괜한 소리를 했을까?

다음날, 여전히 할아버지는 통증으로 고통스러워했었고 또 다시 투정을 부리기 시작하셨다.

"할아버지 잘 주무셨어요? 많이 아프셔서 제대로 못 주무셨죠? 아프시면 바로 말씀해주세요. 진통제 얼른 타다가 놔드릴게요!"

대꾸도 없으시다. '아, 나는 혼잣말 한 건가.'

"할아버지! 많이 아프세요? 따뜻한 물 팩 배에 대고 있으면 좀 나아지실 거 같아서요, 이거 대드릴게요."

고맙다는 말없이 그냥 묵묵히 받으신다.

"할아버지! 요거는 항생제구요, 요거는 저거구요. 요거는 요거에요. 할아버지 통증 때문에 많이 힘드셨죠? 할아버지 보니까 제 맘이니 안 좋아요. 얼른 나아지셔야죠."

"이 놈의 통증 때문에 잠을 잘 수가 있어야 말이지. 병원에서는 왜 배 아픈 거 안 없애주는 거야? 나 집에 가고 싶은데……."

아, 드디어 할아버지 내게 대답을 해주신다.

고생 끝에 낙이 온다라는 말이 여기에 맞는지는 모르겠지만, 계속 대답도 안 해주셨던 할아버지께서 대답을 해주시니 나는 더 조잘조잘 거렸다.

환자 분 한마디에 이렇게 기분이 좋을 수가……. 할아버지의 말에 귀를 기울이고, 마음을 헤아리려고 노력하니 이렇게 피드백이 오나 보다.

그렇게 며칠이 지나고, 병실에 들어갈 때마다

"간호사 아가씨, 나는 금식이라 못 먹는데, 이거 사탕 먹어."

할아버지께서 주신 홍삼캔디 한 알. 한 봉지도 아니고 한 알이지만 할아버지의 마음이 느껴진다. 그리고 병동에 갈 때면 할아버지께서 주시는 홍삼캔디에 기분이 좋아진다.

'공감', 어렵고도 쉬운 말이다.

<mark>마음을 헤아리려고 노력하니 상대방도 알아주는 건가 보다.</mark> 간호사 면허증을 따고, 간호사라는 이름을 평생 가지고 가야 할 나는 매일매일 공감하면서 살아가야 한다. 일터인 병원에서도, 그리고 병원 밖의 세상에서도. 그러므로 오늘도 난 "파이팅!"이라고 외친다.

초코파이의 정

송 혜 윤 (6층 서병동)

길리안 바레 증후군으로 상지와 하지가 마비되고 기관 절개술까지 하고 있었으나 의식은 정상이었던 환자가 6서 병동에 치료를 위해 입원한 적이 있다. 그 환자는 호흡을 도와주는 인공호흡기를 가지고 있었으며 가끔 인공호흡기가 빠지면 환자의 얼굴이 빨갛게 달아오르며 몹시 불안한 표정으로 오로지 움직임이 가능했던 얼굴만 흔들어댔다. 그런 모습의 환자를 간호하면서 '당장 산소공급이 되지 않으면 내가 죽을 수도 있다라는 생각을 하면 얼마나 끔찍할까?' 생각하니 그 환자의 고통이 나에게도 고스란히 전해지는 것 같았다.

그래서일까? 환자를 볼 때마다 더 신경을 쓰게 되었고, 환자를 대할 때마다 "오늘은 좀 어떠세요? 불편하신 곳이 있으면 눈을 감아보세요." 하며 좀 더 환자의 안위에 대해 묻고 확인하게 되었다. 환자가 자신의 생각을 표현하는 수단은 오로지 혀를 차는 것뿐이었으며, 혀를 차는 소리에 간호사 모두가 예민해져서 고요한 밤 근무 시 병실에서 혀를 차는 소리를 간호사실에서 들을 수 있을 정도가 되었다.

환자가 그렇게라도 우리를 부르는 것은 얼마나 절박한 마음일까를 생각하면 가슴이 아파오기도 했다. 그래서 병실에서 혀를 차는 소리가 나면 바로 달려가 환자가 원하는 대로 체위를 변경해 주고 편안하다는 눈짓을 보이면 안심하고 병실을 나올 수 있었다. 처음에는 의사소통이 쉽지 않았다.

"다리를 올릴까요? 내릴까요? 팔은 올릴까요, 내릴까요?"
이렇게 내가 먼저 물어보고 환자가 고개를 젓거나 끄덕이는 식으로 의사소통을 나누었으며, 한참의 시간이 지나야 환자가 원하는 것을 들어 줄 수 가 있었다. 그러던 중 환자는 조금씩 호전이 되었고, 나중에는 입 모양을 보고 대화가 가능해졌다. 환자가 입 모양으로 원하는 것을 알려주고 내가 한 번에 알아들었을 때 우리는 그렇게 의사소통이 쉬워진 것에 대해 기뻐하며 한참을 웃었다. 어느 날 여느 때처럼 환자가 혀를 차길래 또 체위 변경을 해드려야 한다는 생각에 조금은 귀찮아지는 마음을 가지고 병실로 갔다. 그런데 "무엇을 해드릴까요?"하고 묻자 환자가 눈빛으로 초코파이를 가리키며 입모양으로 '가져 가.'라고 하신다. 갑자기 나의 옹졸했던 생각에 몹시 부끄러워지며 얼굴이 달아올랐다. 환자 분은 드시지도 못하는데 그걸 어떻게 가져 가냐며 손사래를 치자 끝까지 힘겹게 혀를 다시 차시며 가져가라는 표현을 하시길래 감사한 마음을 전하며 초코파이 한 통을 들고 나오는데 그 과자 한 통에 담긴 환자의 마음을 다 받은 것 같아 가슴이 참 따뜻해졌다. 환자가 퇴원할 때는 인공호흡기를 제거하고 기관 절개술 부위를 막고 환자의 육성까지 들을 수 있을 정도가 되었다.

  며칠 전 환자는 다른 병동에 입원을 했고, 손으로 혼자 휠체어를 밀고 인사를 하러 우리 병동에 들르셨다. 기관 절개관을 다 제거한 상태에서 "안녕."이라고 인사를 건네셨고, 제거된 기관 절개관을 보고 놀라기도 했으며 또 반가운 마음이 들어 그 자리에서 일어나 나도 같이 인사를 건넸다. 일을 하고 지쳐 있었는데 너무나 좋아진 모습의 환자 분을 보니 갑자기 웃음이 나며 힘이 났다. 간호사라는 일이 때때로 감당이 안될 만큼 힘이 들고 지칠 때가 있다. 그런데, 내가 간호하던 환자가 이렇게 좋아진 모습을 보면 내가 얼마나 소중하고 좋은 일을 하고 있는지 보람이 밀려온다. 앞으로도 임상에서 여러 가지로 힘든 일이 많겠지만, 그럴 때마다 나보다는 환자와 보호자의 마음을 생각하며 그들의 일을 내 일처럼 생각하는 간호사가 되어야겠다고 다짐해 본다.

🍀 새내기의 마음으로

지 은 주 (7층 동병동)

병원에 입사하고 어느덧 강산도 바뀐다는 10년이란 세월이 흘렀다.

올 들어 자주 듣게 된 공감간호! 늘상 우리가 하고 있었던 그 많은 간호 행위들이 정말 공감간호였는지 아님 그냥 일이었는지 많은 생각이 들게 한다. 요즘 입사한 지 3개월이 안된 우리병동 막내 신규 간호사를 보며 내 신규 때 모습을 많이 회상하게 된다.

실습을 했던 신경외과 병동의 간호사들이 환자들과 가족같이 지내며 그야말로 공감간호를 하는 모습에 감동해서 나도 입사 후 1지망을 신경외과병동으로 지원하여 설레는 맘으로 신경외과 병동에서의 신규 생활을 시작했었다. 그렇게 지내던 중 아직도 잊지 못할 사건이 생기게 되었다.

신경외과에 70세 가까이 되는 남자 환자가 입원했는데 내 담당 환자는 아니었고 다른 파트였는데 뇌종양이 전이가 되어 검사를 시행했고 보호자들이 의사 면담을 위해 오기로 했던 날이었다. 그 환자의 부인이 곧 딸들과 사위를 비롯하여 가족들이 오니 의사한테 미리 연락을 해 달라고 하였고, 당시 신경외과 레지던트에게 보호자들이 곧 도착한다며 연락을 해둔 상태였다. 얼마 후 보호자들이 여럿 간호사실 앞을 지나가며 나와 가볍게 눈인사를 나누었는데 그리곤 내 파트가 아니어서 그냥 잊고 있었던 것이다. 꽤 오랫동안 기다림에도 의사가 오지 않자 보호자들이 도착하고 다시 의사와 연락을 했는지에 대한 불평이 시작되었다. 그런데 마침 신경외과 응급수술이 생겨 레지던트들은 모두 수술실에 있어 아무도 면담해주러 나올 수가 없다며 진작 연락하지 그랬냐며 화살은 내게로 옮겨졌다. 보호자들이 도착한 걸 눈인사로 알려줬는데 다시 의사한테 연락을 안 한 것이다.

언성이 높아지고 각 병실 모든 환자들이 구경을 나오고 영희 엄마(비상시 도움요청 방송)까지 올라와 결국 사태 수습이 안 되어 신경외과 의사가 수술실에서 잠깐 나와 보호자들과 면담을 한 후 보호자들의 화가 좀 수그러드는 듯했다. 그런데 보호자 중 한 명이 이렇게 오래 기다리게 한 것에 대한 책임을 물어 나와 담당 간호사의 ID카드를 뺏어 가버렸으며 직접 1층으로 내려와 사과를 하면 ID카드를 돌려주겠다고 했으나 인계를 마저 하고 1층에 가보니 이미 집으로 가버린 상태였다.

다음날 그 보호자가 부장님 방에 직접 전화를 하여 나와 담당 간호사가 부모님께 정식으로 사과를 하면 ID카드를 돌려주겠다고 하여 일찍 병실을 방문하여 사과드리고 ID카드를 건네받아 사건은 일단락되었다. 5년 전 일이었는데 아직도 그날의 기억은 생생하다.

당시엔 억울하기도 하고 창피하기도 하며 당시 빨리 와 주지 않은 의사나 그렇다고 ID카드까지 뺏어간 보호자들이 원망스럽기도 했었는데 시간이 지나면서 내 대응이나 태도에 문제가 있었다는 사실을 깨달았다.

환자는 내 담당인지 아닌지 그런 건 중요하지 않으며 불평을 받은 간호사가 해결해 주리라 믿는다. 그 사건 이후론 전담을 하고 있어도 다른 파트 일에도 관심을 가지게 되었고 내 담당 환자나 보호자가 나오지 않아도 먼저 응대하며 관심을 보이게 되었다.

우리는 46명의 환자를 담당하고 있지만 보호자들까지 합치면 100명은 족히 된다. 그냥 지나치는 보호자들과 가볍게 인사를 하고 지나치는데 솔직히 얼굴은 모르지만 그냥 인사를 하는 경우가 많은데 인사를 받는 보호자들은 저 간호사가 나를 알겠구나 하고 인사하는 경우가 많다. 그 환자나 보호자를 기억 못하는 건 마음으로 안하고 그냥 형식상 인사를 해서 그렇다.

한 가정을 이루고 두 아이의 엄마가 되니 아이들 때문에 예민해진 소아과 부모들이나 산모들의 마음도 환자들의 딸, 부인. 며느리의 마음도 이젠 좀 알 수 있고 백배 공감하게 되었다.

얼마 전 아침 라운딩 시간에 우리 신규간호사가 환자들 한 명 한 명에게 다가가 밤엔 잘 잤는지 상태를 확인하며 할머니들 손도 한 번씩 잡아주고 얘기를 들어주는 모습을 보며 "그래 나도 저런 마음으로 병원 생활을 시작했었는데" 하며 다시 한 번 다

짐을 한다. 그래 신규 때 내가 하고 싶어 했던 간호 그게 공감간호지.

10년이 지난 지금 나를 다시 일깨워 준 우리병동 새내기 간호사에게 고마움을 전하며 "너도 지금의 마음 잊지 말고 늘 그렇게 환자들에게 공감간호 해줘. 파이팅!"

머리는 차갑게, 가슴은 따뜻하게

김 경 은 (8층 서병동)

2009년 신규 간호사인 나는 학교 졸업 후 1년 남짓 간호사로 일하며 하루 10명 정도의 환자를 간호하고 있습니다. 일 년이 지나가며 많다면 많고, 적다면 턱 없이 적은 환자를 만나보았습니다.

열심히 뛰고 머리를 휘날리며 일을 했던 1년. 일은 힘들고, 마음은 바쁘고, 열심히 해도 늘지 않아 속상했던 하루하루. 신규 간호사로 1년간 일을 배운다며 정신없이 지냈습니다. 그러다 문득 처음 신규 간호사로 트레이닝 받는 중에 암을 진단받았던 분들이 생각났습니다. 항암 치료의 특성상 한 달에 한 번, 많게는

2~3번을 입원을 해야 하기 때문에 가족처럼 느껴지는 환우 분들이 계십니다. 1년 동안 정들었던 환우 분들 중 건강하게 투병을 하는 분도 계시고, 악화되어 돌아가신 분들도 계십니다. 아직 인생 경험이 부족해 환우 분들이 겪는 아픔, 두려움을 모두 보듬어주지 못 하지만, 공감하려고 노력하고 있습니다.

말기 암 환자의 통증은 견뎌보지 못하면 알 수 없을 정도라고 합니다. 그래서 통증 측정도구를 통해 통증을 측정하고 약물적인 중재를 하고 있지만, 진통제의 효과는 몇 시간뿐, 결국 손 잡아주고 안타까워 할 수밖에 없었습니다. 통증을 덜어드리고 싶은데, 진통제를 과다로 투여하면 오히려 나빠질 수 있기 때문에 함부로 쓸 수 없습니다.

고통스러워하는 환자와 애타는 보호자를 간호하다보며 해 드릴 것이 없다는 무기력함이 들기도 했습니다. 그러다 알게 되었습니다. 손 잡아드리고 눈을 마주치며 안정을 주는 것이 간호라는 것을…….

얼마 전 신문에서 미래사회에서 가장 오래 살아남을 직업은 간호사라는 기사를 보았습니다. 환자와 감정을 주고받으며 따뜻한 손길과 안정을 주는 간호사는 그 어떤 첨단 로봇으로도 대체가 불가능하기 때문입니다. 말기암 환자들이 존엄한 죽음을 맞이할 때, 마지막 순간까지 돌보는 과정이 결코 쉽지 않지만 그만큼 보람 있고 가치 있는 일이었습니다.

처음 간호사가 될 때 다짐했던 말! '머리는 차갑게, 가슴은 따뜻하게'라는 글귀를 늘 가슴에 새겨 두고 오늘도 그들 곁에 섭니다.

오늘도 그들을 섬기며

최 보 영 (응급병동)

병원에 근무하다 보면 때론 죽음의 문턱에 서 있는 환자를 곁에서 지켜보게 된다.

간호사로 근무한 지 어느덧 3년차가 된 나는 지난 달 나이트 근무를 하면서 임종환자를 만나게 되었다. 가쁜 숨을 몰아쉬며 힘겹게 생명의 끈을 놓지 않으시는 할머니는 남편과 사별해 가족도 없이 남편친구의 보살핌 속에 치료받으며 암 투병을 하고 계셨다. 온몸으로 전이가 된 암으로 뼈만 앙상하게 남게 된 할머니는 혈색소, 산소포화도, 혈압 등 활력 증후가 불안정하여 숨을 몰아쉬며 무척 고통스러워하셨다. 그때 난 과연 내가 이 분을 위해 할 수 있었던 일이 무엇이었는지…….

의사의 처방에 따라 할머니가 좀 더 고통스러워하지 않게 도와드리며 편안히 하늘나라에 갈 수 있도록 간절히 기도하는 것밖에는 할 수 없었다. 할머니가 힘들어하지 않게 이리저리 발을 동동거리며 모니터연결하고 마스크로 산소를 투여하고, 수혈을 하는 등 할머니는 이 외로운 죽음과의 사투를 견디며, 그렇게 처치실에서 힘들게 밤새 죽음과 싸우다 아침에 중환자실로 가셨고, 다음날 주님의 곁에 가셨다.

환자의 상태에 따라 필요한 처치를 하고, 약을 써서 우리가 원하는 만큼 회복될 수 있으면 좋으련만, 말기암 환자는 생명을 주관하시는 주님의 치유하심 없이는 사람의 뜻대로 되지 않는 것 같다는 것을 느꼈고, 이일이 얼마나 고귀한 일인지 다시 한 번 알게 되었다. 할머니를 천국으로 보내고 그 분을 생각할 때마다 한 동안 가슴이 아려왔다. 왜 내가 근무할 때 이런 일이 일어나나 하는 생각이 들기보단 내가 할 수 있는 일이 아무것도 없었던 것만 같아 할머니에게 죄송한 마음이 들어 눈물이 눈앞을 가려왔다.

"조금만 더 빠른 판단력과 처치를 했다면 할머니가 하늘나라로 가기 전까지 조금은 덜 힘들어하지 않으셨을까?" 하는 생각으로 난 할머니를 위해 기도하게 되었다. 할머니의 죽음을 통하여 내가 돌보는 환자들이 병을 고치기 위해 온 고객이 아닌 이 병원에 온 환자 한 명 한 명이 꼭 주님께서 나에게 맡겨주신 귀한 생명이고 환자를 간호하는 것이 나에게 주신 소명임을 다시 한 번 느끼게 되었다.

그날 밤 처치실 안에 계신 할머니께선 아무런 말씀도 하시지 않으셨지만, 할머니의 눈빛과 표정과 숨소리만으로도 나는 그 고통을 느낄 수 있었고, 그런 할머니가 고통스러워하시는 모습이 너무 안타까워 온 신경을 쓰며 전심을 다해 간호하였던 것이 생각난다. 가족 없이 홀로 힘들어하시는 할머니의 손을 잡고 조용히 기도하고 나자 조금씩 할머니의 눈빛과 숨소리도 편안해짐을 느낄 수 있었다. 환자의 눈빛만으로도, 말하지 않아도 느낄 수 있는 모든 것들을 알기 위해 생명을 다루는 의료진들은 마음을 열고 다가가 전심으로 간호하는 것이 공감간호인 것 같다.

병원을 근무하며 많은 환자들을 만나게 된다. 그 분들을 보면, 몸이 아파 병원을 찾아왔지만, 몸뿐만 아니라 마음도 아픈 사람들이 많다. 앞으로도 나는 환자들의 표정과 눈빛, 작은 말 한마디라도 환자의 마음을 알기 위해 간호하고 애쓰며, 나의 작은 지식과, 기술과, 말들로 그들을 간호할 뿐만 아니라, 나를 도구로 사용하신 주님이 치료하신다는 것을 생각하며, 겸손히 나에게 찾아온 환자들을 예수님과 같이 섬기며 간호를 해야겠다. 오늘도 나는 간호사로서 생명의 탄생과 질병의 고통, 죽음을 가장 가까이에서 지켜보며, 나의 손과 발이 주님의 치유하심을 위한 연결통로로 쓰임 받길 원한다.

바쁜 병원생활에 힘들어했던 3년차의 고비를 잘 견딜 수 있도록 환자를 향한 사랑으로 다시금 뜨거운 눈물이 나의 가슴을 적실 수 있게 해주신 하늘에 계신 할머니, 부디 그곳에선 아픔 없이 편안하시길 기도한다.

❀ 가족의 아픔을 떠올리며

문 희 남 (응급의료센터 중환자실)

2009년 나는 설레는 마음을 가지고 의정부 성모병원에 입사하였다. 모든 게 다 서툴고, 새롭기 만한 나의 병원생활이 시작된 것이다. 하지만 설레는 마음은 10분도 안 되어 쏙 들어갔고 나는 하루 종일 야단맞기 일쑤, 종종 밥도 먹지 못하고 뛰어 다니며 환자를 간호하였다. 한 달, 두 달이 지났을까? 그 동안 느끼지 못했던 공감간호라는 것을 느낄 수 있는 시간들이 다가왔다.

나에게는 형이 한 명 있다. 10년 전 차사고로 인해 여기저기 뼈가 부서졌었고, 출혈도 심했던 것으로 기억한다. 우리 가족이 병원에 도착했을 때는 기관 내 삽관이 된 채로 온 몸에 피범벅이 되어 있는 형을 볼 수 있었다. 한 시간쯤 지났을까? 기관 내 삽관은 빼도 좋다는 교수님의 말씀과 함께 튜브를 빼주었다. 형은 온몸이 아픈 것도 불편하지만, 삽관을 하며 가래를 뽑아주는 것이 제일 힘들었다고 하며, 관을 빼고 난 후에도 목이 계속 아프다며 불만을 늘어놓았다.

그 때부터 새삼 기관 내 삽관이 아프고, 힘들다는 당연한 사실을 마치 처음 알게 된 사람처럼 눈앞에 보이는 환자들의 힘듦이

다르게 느껴지기 시작했다. 하지만 그때 나는 의학적 지식이 부족하고 내 일을 제외한 다른 것을 생각 할 여유조차 없었던 지라 어떠한 설명도, 행위도 할 수 없었다.

　병원에 입사하고 난 후 처음에는 시간에 쫓겨, 환자에 쫓겨 몰랐던 사실들과 고통 감정과 아픔들을 이제야 공감할 수 있게 된 것이다. 내가 간호행위를 하며 환자들에게 가래를 뽑아주고, 구강을 청결히 해주기 위해 기관 내 삽관을 건드리고, 밀어 넣고 하는 과정이 환자에게 얼마나 많이 불편감을 주는지 그 때의 경험에 의해서 '생각이 아닌 마음으로' 알게 된 것이다. 그리고 삽관을 한 형을 보고 부모님께서 많이 걱정을 하시자, 그 동안 접해보지 못했던 상황이라 많이 불안해하며 안절부절 못하는 걸 보고 친절한 간호사 선생님이 오셔서 알기 쉽게 설명하며 앞으로의 계획까지 설명해 주셨던 기억이 난다. 나도 그 때의 생각을 더듬으며 환자가 불편해 하는 것이 무엇인지, 보호자가 알고 싶어 하는 것이 무엇인지를 알 수 있었다.

　형의 사건이 있은 후로 환자나 보호자가 오면 나는 형을 떠올리며 더욱 열심히 설명하고, 바라보고, 간호한다. 조금이나마 그들의 입장을 이해하며 경험을 토대로 환자와 공감할 수 있기 때문이라고 생각한다. 얼마 전 수간호사 선생님께서 기관 내 삽관 환자와 의사소통 할 수 있는 방법에 대해 회의를 하다가 그림판을 이용해서 의사소통 하면 어떻겠냐는 의견을 내셨다. 좋은 생각이었다. 그림판 제작에 관한 것을 나에게 해보겠냐고 제의를 해주셨고, 나는 기쁜 마음으로 흔쾌히 해보겠다고 하였다. 제작 과정에서 힘든 일도 많고, 생각처럼 일이 안 풀릴 때도 있었지만 결과물이 나오고 환자에게 직접 적용해보니 환자들도 좋아하는 것 같았고, 보호자들도 좋아하는 눈치였다. 작은 공감 하나로 큰 이해를 도울 수 있는 길을 만들었다는 느낌에 기쁘고 자랑스러웠다.

공감(共感)이란 남의 감정, 의견, 주장 따위에 대하여 자기도 그렇다고 느낌 또는 그렇게 느끼는 기분을 뜻하는 단어이다. 자신의 가족을 생각하듯이 말이다.

내 가족처럼

정 지 혜 (수술실)

만약 간호사들에게 병원에서 근무를 하는 동안 가장 힘든 부분이 무엇이냐고 묻는다면 여러 가지 답변들이 나오겠지만 그 중 대다수의 간호사들은 환자와 보호자와의 관계라고 답 할 것입니다. 단순히 '치료'라고 부르기엔 의료 서비스라는 이름 아래 간호사들이 행하는 care는 너무나 복합적이고 근본적이며 전문성을 띠고 있기 때문입니다. 또한 그 안에서의 간호사의 모든 업무는 사람 대 사람으로 마주보아야 하며 그들을 이해하고 공감해야만 자신이 행하는 행위가 간호로서 전달되기 때문에 환자들과의 관계형성에 어려움을 느낄 수밖에 없을 것입니다. 이런 측면에서 생각해보면 조금은 특혜 아닌 특혜를 받고 있는 곳이 바로 수술실입니다. 수술실 간호사들에게 업무 중 힘든 일이 무엇이냐고 묻는다면 그들 중에서 환자와 보호자와의 관계가 어렵다고 이야기 하는 간호사는 없을 것이기 때문입니다. 업무 상 수술 전후의 단편적인 만남 외에 그들을 대하고 관계를 형성하는 시기가 없고, 수술 후 환자들을 다시 보는 일도 없기 때문에 그들을 이해하고 공감하는 부분이 수술실의 주요 간호와 조금 거리가 있는 것이 사실이기 때문입니다. 저 역시 입사 이후 3년 동안 눈앞에 펼쳐져 있는 수술과 그와 관련해 공부해야 할 많은 의료지식들에 지쳐, 환자보다는 내 업무와 내 마음만을 생각하기 바쁜 나날을 보내고 있었습니다. 그러던 중 작년 추석 전날, 영원히 잊지 못할 사건을 마주하게 되었습니다.

집으로 돌아가 연휴를 보내야 하는 다른 선생님들과는 달리 병원 근처가 집이었던 저는 evening 근무를 배정받고 집이 먼 사람들의 업무를 대체해주며 근무를 하던 중이었습니다. 사실, 집이 가깝더라도 추석 전날에는 일찍 가족과 함께 있고 싶은 마음이 컸던지라 조금은 퉁명스럽게 일을 하며 집으로 돌아가는 사람들의 뒷모습을 멍하게 바라보고 있었습니다. 그 순간 마취과 선생님 한 분이 뛰어오시며 협진 수술 받을 환자가 있고 상태가 좋지 않으니 빨리 수술 준비를 해달라며 서둘러 달라고 소리 치고 계셨습니다. 보통은 어느 정도 수술 준비를 하고 환자를 입실 하는 것이 대부분이나 워낙에 급한 상황이어서 전혀 준비도 되지 못한 상황에서 환자가 수술실로 들어갔고, 간호사가 부족해 아직 트레이닝 받지 못한 정형외과 수술을 해야 했으며 퇴근시간이 2시간 밖에 남지 않은 상황에서 제가 그 수술을 끝낸 후 퇴근해야 한다는 모든 상황이 너무 짜증이 나고 화만 날 뿐이었습니다. '아, 진짜 짜증난다.' 무의식적으로 내뱉은 말과 함께 그 순간 제 머릿속은 정말 이기적인 자신의 생각만으로 가득했었습니다.

하지만 손을 소독한 후 수술방 안으로 들어섰을 땐 머릿속에 가득했던 이기적인 마음 같은 건 순식간에 사라졌습니다. 공장의 절삭기계로 인해 한쪽 팔과 머리를 제외한 모든 부분이 상처를 입어 바닥에는 피가 흥건히 흘러내리고 형태조차 알아볼 수 없는 다리를 바라보며 간호사로서가 아닌, 상처 입은 사람을 바라보는 한 명의 인간으로서 두려움을 느꼈기 때문입니다. 그저 상황이 무섭고 자신도 모르게 다리가 떨리고 있었습니다.

7시간여 동안 많은 의료진들이 환자의 생명을 붙잡기 위해 여기저기 목소리를 높이며 최선을 다해 자신이 할 수 있는 모든 일을 끝냈습니다. 얼굴이 빨갛게 달아올라 목과 등이 땀범벅이 되어 시계를 보자 퇴근시간을 훨씬 지난 오전1시였습니다. '드디어 끝난 건가?'라고 중얼거리며 필요한 물건을 가져 오기 위해 무거운 발을 이끌고 준비실로 뛰어가는데 어디선가 쿵쿵 문을 두드리는 소리가 들려왔습니다. 소리를 따라 수술실 입구로 가서 조심스레 문을 열자 나이 드신 할머니와 남편으로 보이는 남자 한 분, 소방대원복을 입은 젊은 남자 2명 중 1명이 눈물을 펑펑 흘리며 문 앞에 서 있었습니다. 왜 그러시냐고 묻기도 전에 갑자기 제 손을 붙잡으며 수술이 잘 끝났는지, 살 수 있는지, 언제 끝나는지를 끊임없이 물었습니다.

순간 어떤 반응을 보여야 할지 몰라 당황해하며 손을 피하고 뒤로 물러서는데 눈앞에 펼쳐진 상황에 소스라쳐 놀라고 말았습니다. 가슴과 다리에 피를 흠뻑 묻히고 울며 서있는 소방대원 한 명이 '어머니'를 쉼 없이 외치고 있었기 때문입니다. 공장에서 사고가 났다는 연락을 받고 소방대원으로서 출동한 장소에 다른 사람도 아닌 '어머니'가 계셨던 것입니다. 너무나도 많은 상처를 입은 어머니를 자신의 손으로 구해 병원까지 옮겨온 것은 다름 아닌 아들이었던 것입니다. 순간 눈물이 핑 돌아 뒷걸음질 치며 곧 나오실 거라는 말만 되풀이 하고 수술실 문을 닫았습니다. 피곤함과 놀라움, 동정심이 아닌 크게 밀려오는 죄책감으로 인해 자꾸 눈물이 흘렀습니다.

'내가 만약 저 사람의 입장이었다면 어떤 마음일까'라는 생각만으로 눈앞이 캄캄해지는 것을 느꼈습니다.

오늘 내가 서있던 곳에 있던 환자는 단순히 수술해야 할 환자가 아닌 아들에게 있어서 '어머니'이며 다른 이에게 정말 소중한 '가족'이라는 것을 왜 마음속으로 생각하지 못했는지, 아들이 어떤 마음으로 어머니를 이 병원까지 모시고 왔을지, 가족들이 어떤 생각을 하며 수술실 문 밖에서 기다리는지 등 많은 끝없는 생각들이 머릿속에서 맴돌며 떠나질 않았습니다. 수술 전 무심코 내뱉었던 말 한 마디가 머릿속과 마음을 무겁게 짓누르고 있었습니다.

  수술실은 누구에게나 두려운 곳입니다. 그래서 환자들에게 있어 자신이 받는 수술이 규모가 큰 수술인지, 작은 수술인지, 어떤 수술법인지는 중요치 않습니다. 자신이 오늘 이곳에서 수술을 받는다는 사실 자체가 중요한 것입니다. 일단 수술실에 들어온 환자들은 '자신의 옆에는 아무도 없다'라고 생각하기 때문에 모두 두려움과 낯섦을 느낄 것입니다. 그렇기 때문에 환자 곁에 있게 될 간호사들이, 환자에게 먼저 다가서고 부족하나마 이해해주고 가족과 같이 대해야 한다고 생각합니다.

  몇 달 전 수술실에서 척추 수술을 받으신 어머니께 "무섭지 않았어요?"라고 물어본 적이 있었습니다. 그러자 어머니께서는 "다들 너무 손을 많이 잡아주고 괜찮다고 말해줘서 무서울 새도 없었지." 하시면서 눈웃음을 보였습니다. 새삼 가슴이 뭉클해지며 그분들에 대한 고마운 마음이 커지면서도, 과연 '나는 과연 몇 명의 환자에게 손을 잡아드린 적이 있었을까.'라는 생각이 들었습니다.

작년 일을 계기로 '환자를 내 가족과 같이'라는 서비스 이념만큼 의료 서비스 행위에 있어서의 근본이 되는 이념은 없다고 생각하게 되었습니다. 가끔씩 힘든 업무에 순간 마음이 흐트러져도 다시금 예전 일을 떠올리며 제 가족처럼 생각하는 경우가 많아졌습니다. 그들도 전부 누군가의 가족임을 알기 때문입니다.

저는 흔히 사람들이 말하는, 피를 보며 일하는 독한 수술실 간호사입니다. 하지만 수술실로 오는 환자분들께는 같은 피를 나눈 가족 같은 순한 수술실 간호사가 되기 위해 노력할 것입니다. 아픈 몸과 마음을 이끌고 들어오는 많은 가족 분들을 위해…….

3 | 다가가기

♥회에 첫 발을 내딛게 된 새내기 간호♥들이
환우와 보호♥의 애환을 직접 느껴보는 신개념
'체험 병원 현장' 입니♥.

공 공감간호로 고객에게
감 감동을 선물하고
간 간호사의 위상을 높이며
호 호감을 주는 최고의 CMC 간호사

공 공부만 잘했다고 좋은 간호사는 아냐
감 감성이 따뜻한 간호사가 되어야지
간 간절한 마음으로 환자의 치유를 바라는 그런 간호사
호 호호! 그건 우리 의정부성모병원 간호사들이 최고지

내가 주었던 간호, 내가 받아 보니

설 은 정 (5층 서병동)

산부인과 병동 특성 상 수치심을 느낄 수 있기 때문에 간호 사실 내 처치실에서 대부분 중요한 처치나 간호가 이루어진다. 그래서 산모 수술 전 피부 준비하기, 관장 체험, 수술복(치마) 입고 환자 이송용 침대 타고 수술방 이송하기, 수액 주입용 기계 사용하여 복도 다녀보기, 노안 체험하기(안대 사용 또는 안경 벗기), 청력저하 체험하기(귀마개 착용) 등을 체험해 보기로 했다.

분만의 경험이 없는 나로서는 처치대에 앉아 있는 산모 및 환자들이 자세가 쑥스럽고 창피하겠다는 생각을 해 본다. 처치대에 누워 하복부 부위 제모 체험을 했는데 창피하기도 하고 시선을 어디 둬야 할지 기분을 표현하기가 난감했다.

입원 또는 수술한 적이 없기 때문에 관장 역시 해볼 기회가 없어서 더욱 더 걱정되는 항목 중에 하나였다. 관장약 항문 내 삽입 후 10분을 참지 못하고 바로 관장액만 나와 버리는 상황에서 '왜 이렇게 못 참을까?' 하고 생각도 했었는데, 직접 체험 해 보니 배가 아파 오고 참는 것이 쉽지가 않았다. '좀 더 환자를 이해해주어야겠구나!' 하고 반성이 되었다.

수술 준비 규정 상 속옷을 탈의하고 수술복 외에는 아무 것도 입지 않도록 하는데 원칙이라고 강요했던 부분이 없지 않았다. 그런데 직접 수술복을 입어보니 밑이 휑하고, 춥기도 하고, 팬티를 안 입었다는 것만으로도 스스로 민망했다.

수술복 착용 후 이송용 침대를 타고 수술실 앞까지 가는 과정에서 엘리베이터를 타고 내려야 하는데 엘리베이터에서 같이 탄 사람들이 왠지 나만 보는 것만 같다는 생각에 또 민망했다. 이송 중에 방지턱 같이 울퉁불퉁한 면도 있고, 이송용 침대 무게에 의해 쏠리는 경우도 있었는데 어지럽기도 했다. 어떤 환자들은 걸어서 내려가겠다고 하는 경우도 있었는데 이송카를 타보니 차라리 걸어갔으면 좋겠다는 생각이 들었고 걸어가겠다던 수술 환자들이 머리에 스쳤다. 또한 실제로 수술을 하지 않는데도 수술실 앞까지 가게 되니 너무나도 떨렸다.

산부인과 병동은 항암요법을 하는 환자들도 많기 때문에 수액 주입용 기계를 사용하는 경우가 흔하다. 일을 할 때 환우들이 수액 주입용 기계 달고 폴대를 끌고 다닐 때는 무심히 바라봤었다. 그런데 체험을 해 보니 주사 맞은 곳도 자극 되고, 폴대가 잘 밀리지도 않아 무겁기도 했다.

노안 체험 위해 안대를 대용으로 압박붕대를 통해 눈을 가리고 복도를 걸었다. 늘 다녔던 복도, 병실이었는데도 눈을 가리고 다니려고 하니 굉장히 불안하고 불편했다. 하물며 입원하여 익숙하지 않은 병원 환경에서 눈이 어두워 다니려면 얼마나 불편할까? 하는 생각이 들었다. 또한, 안전바가 설치되어 있기는 하지만, 복도는 폴대나 휠체어 같은 물건들이 많기 때문에 더 위험할 수 있을 것이라는 생각을 하게 되었다.

　청력 저하 및 귀 수술 환우 체험으로 귀마개를 착용하고 간호사의 입원 설명을 듣게 되었다. 물론 내가 다 알고 있는 내용이었는데도 책자에 적혀져 있는 글씨를 보면서 같이 읽어 나갔지만 빠른 설명이 고령의 환우는 이해를 못할 수도 있겠다는 생각이 들었다. 교육 받는 대상자에게 눈높이에 맞춰서 교육하는 건 굉장히 중요한 요소일 것이다. 물론 모두 고려를 하여 차근차근 설명하거나 이해되지 않으면 반복하여 설명을 하고 싶지만, 입원이 많거나, 응급 상황에는 그렇지 못한 상황도 역시 있을 것이다. 바쁘고 경황없는 업무 상황에 "빨리빨리!"라는 말이 뇌리에 늘 따라다니는데 반성의 시간이 되었다.

　끝으로, 제모나 관장 시 수치심 느끼지 않도록 대화를 하면서 관장 삽입 바로 전에는 삽입함을 알리고, 불편감이 느껴질 수 있음을 설명해야 하겠으며, 불편한 느낌을 줄이도록 젤을 듬뿍 바르도록 하며, "아!" 소리 내도록 하여 불편감을 줄여야겠다는 생각을 해 보았다.

　수술한다는 것만으로도 불안하니 더욱 감성적으로 다가가야겠다는 생각이 든다. 그리고 수액 주입용 기계 장착 폴대 사용 시 폴대 바퀴가 잘 굴러 가는 것을 확인 해야겠으며, 혈관을 원활한 곳으로 확보하려고 노력해야겠다. 고령의 환우에게는 더욱 주의 깊은 설명과 안내가 필요함을 다시 한 번 생각하게 되었다. 복도, 병실 불필요한 걸림이 없도록 라운딩 시 침대 조절기, 휠체어, 폴대 정리를 잘하고, 야간용 등을 적절히 사용하도록 해야겠다.

바늘구멍에서 찾은 간호인의 마음가짐

윤 신 아 (7층 남병동)

신장내과에서 일반적으로 이루어지는 간호를 체험해보고자. 환우의 불편함과 불안, 답답함을 직접 느껴 보기 위해 환자복 입기, 다리(발목주변)에 3-way 연결 된 상태로 혈관 삽입 후 수액 달고 슬리퍼 신고 걸어보기, 수술복만 착용 후 환자 이송용 침대 타고 수술실 가기, 혈당 검사 등을 시행 해 보게 되었다.

  우선 환자복을 입어 보았는데, 입는 순간 무엇인가 이상했다. 매일 입는 근무복이 아니라 환의라서 일단 새로웠다. 그 후 본격적인 환자체험 시작! 신장내과환우들은 혈액투석의 가능성 때문에 양팔 주사를 금지하고 있다. 그래서 당연히 수술 받기 전에 주사를 놓을 때면 "환자분 팔에 맞는 것보다 다리가 더 아프실 거에요."라고 말을 해왔다.

그런데, 막상 내가 발목에 3-way 연결을 한 후 실제로 주사를 맞아보니 왜 환자들이 주사를 맞을 때 얼굴을 찡그리며, 왜 걸어 다닐 때 불편하며, 테이프를 붙여 고정을 해도 왜 빠질 것 같이 불안하며, 걸음이 느려지는지 조금이나마 알 수 있었다. 발목에 주사 때문에 주사가 빠지진 않을까 노심초사에 주사바늘이 피부 사이에 있다는 느낌에 이물감도 들고, 걷기가 무지 불편했었다.

이후 수술복으로 갈아입었다. 속옷을 벗는다는 게 생각만 해도 민망한데 실제로 옷을 벗고 수술복만 입으니 정말 민망했다. 환자들이 "속옷도 벗는 거예요?"라고 물었을 때 "당연하죠! 감염위험 때문에 속옷도 다 벗고 수술복만 입으시고 갔다 오셔야 해요"라고 말했었는데 알면서도 나는 환자들과 똑같이 "진짜 속옷을 벗고 입어야 하나?"라는 생각이 들었고 옷은 입었지만 난 벌거벗고 있는 느낌이 들었었다.

이후 이송용 침대를 타고 복도를 지나서 수술실까지 갔는데 중간 중간 방지턱이나 엘레베이터에서 덜컹거림도 체험을 했다. 이송용 침대에 누우니 싱숭생숭했고, 몸은 공중 부양한 상태로 천장에 달린 불빛만 바라보며 복도를 지나고 코너를 도니 어질어질 몸이 자꾸 땅으로 내려가는 느낌도 들었다. 나는 잠시 이동하는 것도 이 느낌인데 환자들은 검사를 받으러, 수술을 받으러 이동 할 때 얼마나 더 불안할까? 라는 생각이 들었다. 앞으로 검사나 수술을 받으러 가는 환자들의 불안까지도 살피고 안심시켜 드려야겠다는 생각이 들었다.

마지막으로 혈당 측정! 환자들이 항상 "살살해. 바늘이 너무 아파."라고 말하는데 나 또한 내 설명만을 하면서 "따끔하세요."라고 말을 하며 혈당 검사를 측정하였다. 직접 체험해보니 왜 움찔움찔하는지 알 수 있었다. 바늘 찔리기 전 긴장감과 찔리는 순간 따끔함, 그 조그마한 바늘구멍에서 나오는 핏방울이 맺히면서 긴장이 풀렸던 것 같다. 이로서 모두 체험을 해보았고 내가 느낀 것과 어쩌면 비슷할 수도, 어쩌면 더 클 수도 있는 환자의 입장을 조금이라도 알게 된 계기가 되었다.

확실히 체험하기 전과 후는 다른 것 같다. 이 체험을 통해 좀 더 환자를 이해하고 환자의 입장에서 설명을 해줄 수 있는 그런 간호사가 되어야겠다. 혈당 측정 시 바늘깊이가 조절이 되는 그런 펜이 있었으면 좋겠다. 그리고 내 일 하느라 환자들의 입장을 조금 소홀히 했었던 것 같다. 앞으로 환자들의 입장에서 따뜻한 말 한마디를 건넬 수 있는 그런 간호사가 되어야겠다.

환자 이송 시 좀 더 배려해서 긴장감이나 불안감을 잘 조절해야겠다. 혈당 검사할 때 바늘에 찔린 자국이 많은 환우의 맘을 더 헤아리고 감성적으로 다가가야겠다는 생각을 해보며 오늘 하루를 정리해 본다.

수술 직전, 관심이 절실한 순간

김 상 아 (마취간호)

　병동에서 수술준비간호 후 수술실로 내려간다는 원내직원의 안내를 받으며 이송용 침대를 타고 수술 대기실로 이동, 수술 대기실에서 마취과 간호사에 의해 수술 전 확인, 입실 후 수술 침대로 자리를 이동한 후 팔, 다리 억제대 체험, 마취과 간호사 및 의사, 수술 집도의사와 간호사와 함께 수술 전 타임아웃 시행, 심전도 부착 및 산소마스크 사용 등 마취 전 준비 활동 체험, 전신 마취 후 수술부위 피부소독(포비돈, 알코올), 방포(draaping) 체험 등 침착하고도 빠른 업무 신속하게 거쳐 가야 한다.

　그 동안 환자의 입장에서 생각 해 볼 여력도 없었다. 환자가 무섭다고 울 때도 "큰 수술도 아닌데 왜 울지?" 하면서 간과했었다. 그러다가 동기가 갑작스레 수술하는 일이 생겼는데, 그 동기가 수술하는 과정을 보면서 아주 조금의 두려움이 피부에 와 닿았다. 그런던중 이번 환자체험을 통해 깊숙이 환자가 가지는 수술, 마취에 대한 공포가 어떤 건지 더 피부로 느끼게 되었다. 수술복을 입고 타임아웃을 하고 수술대에 올라서 손발이 묶이고 심전도를 붙이고 혈압계를 감아서 혈압도 재보았다. 평상시엔 환자들이 혈압 측정하는 팔이 너무 아프다고 하면 "혈압재고 있어서 그래요" 하는 필요성만을 알렸었는데 직접 체험해 보니 상당히 아팠다.

심전도 부착 시 피부에 닿을 때 너무 차가워서 깜짝 놀랐는데 평상시의 나를 생각해 보니 그냥 아무 말 없이 갑작스럽게 붙이는 경우가 많았고, 왜 붙이는지 설명도 자세히 해 본적이 없었다. 지난날에 대한 후회와 환자들에 대한 죄송스런 마음이 문득 다가왔다. 바쁘다는 핑계로 내 일 하기에 급급했고, 환자에 대한 배려가 없었던 것이다.

타임아웃 할 때도 환자들이 못 알아들을 땐 나도 모르게 언성이 높아지거나 나도 모르게 짜증 섞인 말투가 되거나 바쁠 땐 질문하는 속도도 빨라져서 환자들이 생각 할 시간도 여유 있게 주지 못했다.

지금에서야 생각하니 내가 정말 환자들에게 간호사로서의 일을 다 하지 못했구나 하는 생각이 들었다. 환자와 직접 부딪히는 병동과 다른 수술실 마취과 간호사라고만 생각했고, 환자 마취만 무사히 돼서 수술 중에 아무 일 없이 무사히 깨는 것만 생각 했지 그 이외의 것에는 무심 했던 것이다.

아무쪼록 환자 체험을 통해 나는 내가 얼마나 부족한 간호사인지 알게 되었고 조금 더 환자의 입장에서 간호를 하고 싶다는 목표가 생기게 되었다.

타임아웃 할 때 환자가 알아들을 수 있을 정도의 크기와 속도로 환자에게 충분히 생각할 시간을 주도록 하고 모니터링을 실시할 때 혈압을 잴 때엔 "혈압을 측정 하겠습니다."란 말과 함께 "많이 조이시는 느낌이 있을 수 있고 아프실 수도 있습니다." 하고 설명을 하고 심전도 부착 바로 전 손으로 따뜻하게 하고 그럴 시간이 없다면 환자분께 "수술 중에 심전도를 봐야 해서 몸에 차가운 것 좀 붙이겠습니다." 설명하여 충분히 차가울 것이라는 예상을 할 수 있게 해서 깜짝 놀라지 않게 하고, 마취제 투여 시에도 "어지러울 수 있다 혹은 이제 주무실 겁니다."라고 하여 환자가 불안하지 않게 해야겠다.

환자 체험 그 느낌 그대로

박 민 아 (7층 남병동)

7층 남병동은 신장내과 병동이기 때문에 주로 다리에 수액을 맞는 경우가 많다. 그래서 다리에 18게이지로 정맥주사 맞아보았고, 수술하거나 검사 전 후로 환자 이동카를 타고 이동을 하기 때문에 수술복도 입어보고 환자 이송용 침대에 직접 타보고 들려도 보다. 그리고 일단 가장 기본적이고 많이 하는 것들을 경험해 보기로 했다. 그래서 환자 이송용 침대까지 슬리퍼 신고 걸어 나오기, 환자 이송용 침대로 시트 채 옮겨 가기, 환자 이송용 침대 타고 7층 남병동에서 7층 동병동 경사진 다리 이동해 보기, 다리에 수액 맞은 상태에서 복도 걸어 다니기, 공동화장실 가보기, 휠체어 타고 7308호에서 7동 구름다리가지 갔다 오기, 수액 막혔을 때처럼 빠르게 주입 해보고 빨리 맞아보기를 체험하게 되었다.

　내가 근무하는 병동은 신장내과이기 때문에 양팔채혈금지가 많아 주로 채혈이나 수액 연결을 다리에 하는 경우가 많다. 그래서 가장 먼저 다리에 18게이지 큰 바늘로 수액 연결하기를 해보았다. 항상 24, 22게이지의 작은 바늘로만 맞아보았고 더군다나 다리에 맞는 것은 처음이어서 주사 맞기 전에 조금 무서웠고 맞을 때는 정말로 아팠다. 수액을 빨리 틀어 놓기도 해보았는데 약간 뻐근한 것 같기도 하고 주사 맞은 곳이 왠지 더 아픈 느낌이었다. 수액을 연결한 채로 걸어보았는데 일단 발등에 맞아서 슬리퍼를 신을 수도 없었고 3-way로 연결된 부분이 움직일 때마다 걸리면 아프고 수액 연결 줄이 폴대에 걸릴 때도 있고 정말 불편했다.

　사실 나는 아직 능숙하지가 않아서 정맥주사를 한 번에 성공하지 못하는 경우가 있는데 가끔씩 다른 간호사에게 주사 놔달라고 하는 환자들이 있었고 그 때마다 속상하고 서운했지만 직접 느껴보니 이제야 이해할 수 있을 것 같다.

　그 상태에서 환자 이송용 침대를 타 보았다. 항상 수술이나 검사실을 갈 때 환자들에게 빨리 간호사실 앞으로 나오라고 하는데 사실 불편한 환자 분들은 환자 이동용 침대를 가지고 가서 병실에서 모시고 가도 되는데 굳이 나오라고 할 때가 있다. 그리고 바쁘다 보니 환자 이동용 침대를 빨리 끌고 경사진 곳이나 중간에 턱이 있어도 개의치 않고 지나 갈 때가 많았는데, 직접 타보니 덜컹거리고 어지러웠고, 이송용 침대에서 옮겨질 때도 내가 환자를 들 때 무거워서 힘들다고만 생각했지 환자가 들릴 때도 불편하고 힘들 것이라는 걸 미처 생각하지 못했었다.

 마지막으로 수술복도 입어 보았는데 속옷도 다 탈의하고 수술복을 입으니 부끄럽기도 하고 기분이 이상했다. 아주 어릴 때 입원해본 것 말고는 아직 환자가 되어 본 적이 없어서 그냥 아프겠지 불편하겠지 생각만 했었는데, 이번 환자 체험을 통해 신기하기도 했고 아프기도 하고 정말 환자를 제대로 느껴볼 수 있는 기회였던 것 같다. 짧았지만 처음이자 마지막이 될 환자체험은 많은 것을 느끼게 해주었고 앞으로도 환자를 간호 하는데 있어서 좀 더 환자를 생각하게 하는 정말 소중한 경험이 되었다.

 체험 후 개선점은 우선 나의 능숙한 기술이 필요한 것 같다. 아직도 기억에 남는 것은 18게이지 주사를 발등에 맞기이다. 나라도 2번, 3번 맞고 싶지는 않다. 그리고 잘 놓는 것도 중요하지만 주사 놓는 부위도 환자에게 가능한 편한 곳, 편하게 움직일 수 있는 곳으로 생각해서 해야 될 것 같다.

 또한 환자를 옮길 때는 조심조심 천천히 안전하게 옮겨야 할 것 같고 이동할 때도 바쁘다고 무조건 빨리 가려고만 하지 말고 환자가 편안하게 갈 수 있도록 해야겠다. 그리고 수술이나 검사가 있을 시 조금이라도 불편하신 분들은 굳이 간호사실로 나오시라고 하지 말고 환자 이동카를 직접 병실로 가지고 가서 모시고 가도록 하여 불편함을 조금 덜어야겠다고 생각했다.

호흡 곤란 환자 분들의 답답함을 헤아리며

김 미 라 (8층 서병동)

  저는 호흡기내과 병동에 근무하고 있습니다. 호흡기내과 병동인 만큼 환자들이 네블라이저와 산소를 가장 많이 사용하고 계시는데, 환자들의 마음을 이해하고 공감하고자 네블라이저, 산소, 정맥주사, 환자 이동카를 체험해 보게 되었습니다.
  환자가 호흡 곤란이 발생할 경우 산소를 흡입하고 네블라이저를 사용하게 됩니다. 또한 기관지 내시경 검사를 받으실 경우에는 준비과정으로 정맥주사를 맞고 수액을 연결하게 되고 환자 이동카를 타고 검사실로 내려가게 됩니다.
  위의 검사는 호흡기 내과인 8서 병동에서 많이 시행되는 검사이며, 산소와 네블라이저 기계 또한 빈번히 사용하고 있습니다. 정맥주사는 입원 환자에게 일상적으로 이루어지는 처치입니다.

처치할 시간이 되면 당연하다는 듯이 정맥주사를 놓고 72시간마다 바늘을 교체만 하였는데 정맥주사를 직접 맞아보니 그 아픔 역시 크다는 것을 알았고, 한 번 만에 맞을 수 있게 해달라던 환자 분들의 말을 섭섭하게 생각할 일만이 아니라는 것을 깨달았습니다. 그리고 환자의 입장에서 환자를 이해하고 환자 마음을 공감하게 되었습니다.

다음으로 환자 이동카를 타보았는데, 누워있는 자체만으로도 긴장이 되고 불안감이 느껴졌습니다. 그 동안 빨리 검사실로 환자를 보내야 한다는 생각에 급하게 환자를 환자 이송용 침대에 태우려고 하지는 않았는지를 다시 한 번 반성하게 되었습니다. 검사를 한다는 것만으로도 긴장 상태일 환자의 마음을 이해하게 되었습니다.

산소 마스크도 써보았습니다. 잠시나마 산소 마스크를 쓰고 있었을 뿐인데도 마스크에 습기가 차서 답답함을 느꼈습니다.

환자 체험을 통하여 환자 입장에서 다시 한 번 생각하게 되었고 무조건 사용하라고만 이야기 할 것이 아니라 왜 사용하여야 하는지 이해되도록 설명하고 진심을 다하여 나의 가족과 같이 간호해야겠다고 생각하게 되었습니다.

그리고, 산소를 사용하는 환자분들께는 무조건 금연하라고 할 것이 아니라, 흡연으로 인한 화재 위험성을 알려주며 금연의 필요성을 교육하고 싶습니다.

편안함과 안정감을 위한 배려

안 단 비 (분만실)

　환자 입장에서 체험하고 공감하고자 분만실 환자 체험을 하게 되었다. 나는 정맥주사 맞아보기, 환자 이송용 침대 타보기, 태동검사를 체험해 보기로 했다. 그 이유는 분만실에서 산모들이 가장 많이 겪는 항목이지만 그 빈도에 비해 산모가 느끼는 불편함이 간과되기 쉬운 것들이었기 때문이다.
　체험과정은 산모들이 분만실에 입원할 때와 동일하게 태동검사, 정맥 주사 맞아보기, 환자 이송용 침대 타보기 체험 순서대로 진행하였다.
　환자복으로 갈아입고 분만실 침대에 누워 태동검사를 하는데, 누워서 올려보는 동기의 모습이 어쩐지 위압적이고 어색하게 느껴졌고, 친숙한 분만실도 왠지 낯설게 느껴졌다. 분만실에서 근무하는 나조차 어색한 광경인데, 처음 분만실에 오게 되는데다가 아기 걱정에 불안한 산모들의 눈에는 어떻게 비춰지는 걸까

하는 생각이 들었다.

 어떻게 보면 태동검사는 분만실에서 침습적이거나 위험한 검사가 아닌 가장 기본적인 무자극 검사이기 때문에 더욱 산모들의 불편감을 간과하기 쉬운 검사인 것 같다. 하지만 막상 동기들 앞에서 배를 내놓고 있자니 민망한 느낌이 들었다. 같은 여자라고 혹시 내가 지금까지 너무 쉽게 설명도 없이 산모의 배를 들추거나 한 적은 없었을지, 혹시나 불쾌하진 않았을지..

 그리고 체험하기 전에는 태동검사의 불편감이 단지 오래 누워있거나 차가운 젤리 때문이라고 생각했는데 막상 태동검사 패치를 달면서 내가 놀란 것은 동기의 차가운 손 때문이었다. 차가운 손이 등 뒤에 닿자 소름이 끼치는 느낌이 들었다.

 이어 팔에 정맥주사 바늘을 꽂았다. 분만실은 출혈 발생할 확률이 높은 곳이기에 기본적으로 정맥주사 바늘은 바늘 구경이 큰 바늘이다. 익숙한 주사바늘인데 막상 내가 맞으려니 무섭고 겁이 났다. 동기가 찌르려고 할 때마다 손을 뿌리치고 싶은 생각이 들 정도였다. 주사 바늘은 아프다 못해 손목이 얼얼할 정도였다. 게다가 손목 부위라서 마음대로 움직일 수 없었고 행동이 조심스러워졌다.

 이후 바로 수술에 들어가는 설정으로 분만실 침대에 누워 있다가 환자 이송카로 옮겨 탔다. 분만실 침대의 높이를 높이고 이송용 침대로 이동하는데 고정이 잘 안 되어 있었는지 순간 이송용 침대가 덜컹하면서 움직였다. 여차하면 높은 침대에서 떨어질 수 도 있는 상황이 될 수도 있겠다는 생각이 들어 섬뜩했다. 이송용 침대에 누워서 분만실 천장을 바라보며 수술실로 들어가는데 기분이 참 이상했다. 마치 모든 사람들이 나를 쳐다보는 것 같기도 하고, 구경거리가 되는 느낌이었다. 이송용 침대가 이리저리 움직여서 어지럽기까지 했다.

  예전에는 어쩔 수 없다고 당연하다고 생각했던 것들이 체험을 마친 후에는 새삼 새롭게 느껴졌다. 조금만 더 산모를 배려하고 이해한다면 산모들이 조금 더 편안하고 안정감 있게 검사를 할 수 있도록 도울 수 있으리라 생각한다.

  앞으로, 태동검사를 시행하기 전에 손을 따듯하게 유지하고 젤리도 따뜻한 것으로 준비하고, 환자 이동카를 탈 때는 흔들리지 않도록 잘 고정시키고 천천히 이동해야겠다. 그리고 정맥주사바늘을 꽂을 때는 식사 나 거동하기에 불편함이 덜한 부위에 시행하도록 배려해야겠다.

예전엔 미처 몰랐어요

이 요 성 (9층 서병동)

저는 정신과 병동에 근무하고 있습니다. 저는 환자 입장에서 이해하고 공감간호를 실천하고자 환자 이송용 침대 타보기, 전신 억제하기, 정맥주사 맞기, 치료실 갇혀 있기, 전기충격 요법을 체험해보기로 했습니다.

처음 환자복을 갈아입고 준비된 환자 이송용 침대에 누웠을 때 기분이 정말 환자가 된 것 같은 느낌이었습니다. 그 후에 병동으로 들어가면서 바닥에 있는 홈 사이에 바퀴가 걸리면서 덜컹거릴 때 조금 놀라면서 당황 했었습니다. 그리고 병동 안에 있는 치료실로 들어가 준비된 침대에 누우면서 전신 억제를 했습니다. 전신 억제를 위해 충분한 설명을 들었지만 누우라고 했을 때 갇혀 있고 움직일 수 없다는 생각에 가슴이 쿵쾅 뛰면서 몸이 경직되며 긴장되는 느낌이었습니다. 제가 잘 아는 치료진들임에도 불구하고 너무나 긴장이 되었습니다. 전신 억제를 시작면서는 더욱 마음이 진정되지 않았고 긴장되어 등과 손에서 식은땀이 났었고 치료실에서 뛰쳐나가고 싶은 느낌이었습니다.

그 후 가장 굵은 바늘로 정맥주사를 맞았습니다. 큰 바늘이라 그런지 긴장이 되었고 아팠습니다. 그리고 기저귀를 차게 되었습니다. 기저귀를 착용했을 때 부끄럽고 수치스러운 생각이 들었습니다. 온몸 억제 후 후 30분이 지나자 강박한 부위가 뻐근하면서 불편하였고 몸을 돌리고 싶지만 돌릴 수 없어 너무 답답했고 전신을 움직여 풀어 버리고 싶은 심정이었습니다. 1시간 갇혀 억제 되어있는 상태에서 '난 간호사이고 억제의 절차와 방법을 알고 있는데도 이렇게 긴장되고 무섭고 두려운데 아무것도 모르는 환자들은 얼마나 공포스러울까' 라고 생각해 보게 되었습니다.

  1시간 전신 억제 후 전기충격요법 체험을 하였습니다. 시행하기에 앞서 안전을 위해 침대 시트로 온몸을 움직일 수 없도록 감싸고 혀를 깨물지 않도록 설압자를 삽입했습니다. 답답하기도 하고 설압자 때문에 입안이 너무 불편하면서 설압자를 삽입할 때 부끄러운 느낌이 들었습니다.

  이 모든 것을 체험 한 후 내 자신이 너무나도 환자의 입장에서 생각 하지 않고 치료진의 입장만을 세워 환자가 힘들어하는 부분을 이해하지 않았던 것 같다는 생각을 하게 되었습니다. 앞으로는 조금 더 환자의 입장에서 생각하고 공감 할 수 있는 간호사가 되어야겠다고 다시 한 번 다짐하는 계기가 되었습니다.

사소한 것 하나라도 환자 입장에서

최 은 진 (7층 남병동)

  2011년 8월 29일 간호사가 아닌 환자가 되어 환자복 입고 발목에 정맥주사 맞고 수술복 갈아입어보기, 환자 이송용 침대까지 슬리퍼 신고 걸어 나오기, 환자 이송용 침대로 시트 채 옮겨 가기, 환자 이송용 침대 타고 7층 남병동에서 7층 동병동 경사진 다리 이동해 보기, 다리에 수액 맞은 상태에서 복도 걸어 다니기, 공동화장실 가보기, 휠체어 타고 7308호에서 7동 구름 다리까지 갔다 오기, 수액 막혔을 때처럼 **빠르게 주입해보고 빨리 맞아보기**를 체험하게 되었습니다.

  이러한 환자 체험을 하게 된 이유는 신장내과 환자들이 동정맥루 수술을 위해 또는 그 외에도 많은 이유로 입원 하게 되시는데 신장내과 환자들의 경우 검사, 수술 준비 등 모든 처치를 할 때 양쪽 팔은 채혈을 금지하고 있습니다. 다리에 정맥주사를 꽂기 때문에 다리에 정맥주사를 꽂아보기로 하였고, 그 외의 것은 다른 모든 과에서도 공동으로 포함되는 부분이라 생각하여 체험해 보게 되었습니다.

  맨 처음 박민아 선생님과 함께 다리에 가장 굵은 바늘 정맥주사를 놓았습니다. 서로가 신규 간호사였고 아직은 다리에 정맥주사를 꽂는 것에 서투르다는 것을 알기 때문에 겁도 나고 무서웠습니다. 환자 분들이 보시기에 일이 서툴러 보이거나 신규간호사로 보인다면 저와 같은 생각이 들게 될 것 같았습니다.

정맥주사를 꽂으면서 압박밴드를 풀기 전 압박을 제대로 하지 않아 피가 조금 흘러 나왔습니다. 이것 또한 간호사로서 일을 하고 있는 입장인 저도 놀랐는데 환자 분들이시라면 더 놀라시고 언짢았을 것 같았습니다.

정맥주사를 놓을 때 환자분들에게 많이 아프실 거라고 설명을 하고 주사를 놓지만 정말 직접 맞아보니 눈물이 핑 돌고 주사를 맞고 나서도 아픔이 가시질 않았습니다. 고통이 채 사라지기도 전에 3-way와 수액을 연결하고 반창고를 붙여서 주사 부위가 계속 자극이 되면서 너무 아팠습니다. 왜 이렇게 아프게 주사 놓는지를 말씀하셨던 환자 분들의 마음이 백 번 이해가 되었습니다.

주사 맞고 폴대를 끌고 이송용 침대가 있는 곳까지 걸어 나왔습니다. 다리에, 발등에, 발목에 주사를 맞으니 걷는 것도 힘들었습니다. 연세 많으신 환자분들은 그렇지 않아도 불편한데 검사나 수술 위해 빨리 나오라고 재촉만 하던 간호사들이 얼마나 미웠을까요.

환자 이동카를 타고 7동으로 이어지는 구름다리까지 다녀왔습니다. 편할 줄 알았던 환자 이송용 침대가 그렇게 어지러울 수가 없었습니다. 항상 보면 바빠서 엄청 빨리 이동카를 끌고 다녔었던 것 같은데요…

　휠체어를 타고 병동을 돌아다녀봤습니다. 7308호실에서 간호사실까지 오는 것도 엄청 힘들었습니다. 휠체어도 처음 타보는 것이었는데, 사실은 이것도 편할 줄 알았습니다. 너무너무 힘들었는데 그때 뒤에서 병동 선생님께서 나타나 뒤에서 밀어주셨습니다. 얼마나 감사하던지요…

　폴대도 끌고 여기저기 돌아다니면서 화장실도 가보았습니다. '불편할 게 없을 것 같은데 왜 체험하지?' 라고 생각했었습니다. 그런데 막상 체험 해보니 그 낮은 턱도 주사를 맞고 있는 환자의 입장에선 편한 곳이 한군데도 없었습니다.

　환자 체험 후 수혈하기 위해 가장 굵은 바늘로 정맥주사를 놓게 되었습니다. 제 경험을 말씀드리며 많이 아프실 거라고 제 느낌을 얘기하며 환자분께 설명 드리니 환하게 웃으시면서 "나는 얼마 안 아파 괜찮으니까 주사 놔 봐."라며 저에게 용기를 주셨습니다. 환자 분께 고맙기도 했고 저도 환자분과 더 가까운 친밀감을 느낄 수 있는 좋은 계기가 된 것 같았습니다. 이번 환자체험을 통해 많은 것을 느끼고 배우게 되었습니다.

　환자를 진심으로 돕는 친절한 간호사가 되고 싶었던 제 초심을 일이 바쁘다는 핑계로 잃어버릴 뻔한 시간에 이렇게 환자 체험을 하고 환자의 입장에서 생각을 해보면서 6개월간의 제 모습을 되돌아보게 되었습니다.

　어떤 일을 하던지 다시 한 번 환자의 입장에서 생각해 보는 계기가 되었던 것 같습니다. 사소한 것이라고 생각했는데 경험해보니 전혀 사소한 것이 아니었습니다. 작은 것 하나라도 환자의 입장에서 생각하며 행동하겠습니다.

응급일 때 더 배려가 필요해

박 소 윤 (신생아 중환자실)

분만실에서 가장 많이 하게 되는 상황을 직접 체험해서 환자의 입장에서 생각을 할 수 있어서 선정하였다. 환자복 입고, 분만 자세 취하기, 태동검사 체험하기, 이송용 침대 타고 수술실 가기 등을 시행했는데, 맨 처음 환자복을 입으니 막상 내가 환자가 된 것 같은 기분이 들면서 근무 때와는 다른 느낌이 들었다. 가장 작은 주사바늘로 혈관을 확보하는 것도 아프고 무서운데, 가장 굵은 주사 바늘로 혈관 확보 잡는 산모들과 몸집이 작은 신생아들은 혈관주사가 얼마나 아플까 하는 생각이 들면서 혈관주사 기술이 빨리 늘었으면 좋겠다고 생각했다.

혈관주사 체험 후 분만대에 누워 다리를 벌리는 자세가 너무 민망했다. 다른 과에 비해 산부인과는 초음파를 볼 때나 내진할 때 산모들이 수치심을 느끼지 않도록 해야 할 것 같다.

 분만대 위에서 분만 자세 취해 본 뒤 다시 침상에 누워 태동검사를 했다. 10분간 누워서 검사를 하는데 너무 지루하고 편히 움직일 수 없어 아픈 검사는 아니지만 불편했다. 산모들에게 태동검사를 달면서 배려치 못하고 "20~30분 정도 검사하겠습니다."라고 말했던 내가 반성이 되는 시간이었다.

 마지막에는 수술실로 가기 위해 환자 이송용 침대를 타고 올라가 누웠는데 생각 이상으로 무서웠다. 특히 복도 모서리를 돌 때에는 어지러움까지 느꼈다. 응급 제왕절개를 하게 되는 산모의 경우 급박하게 돌아가다 보니 산모를 배려치 못하고 무조건 빠르게 움직였던 내 모습이 생각났다.

 이번 환자 체험(혈관 주사, 분만 자세 취하기, 환자 이송카 눕기)을 하고 난 뒤 수많은 생각들이 교차했다. 일하기 바빠서 한 번도 환자의 입장에서 생각하지 못한 점이 부끄럽게 느껴졌다.

 혈관 주사 전 고무줄을 피부에 직접 묶지 않도록 하고, 한 번에 잘하려고 노력하고, 바늘 삽입 설명 후 시행하고, 시행 후 아프셨냐고 안부 물어 보는 배려를 하는 간호인이 되어야 하겠다. 한두 번 해서 안 될 경우 경력 간호사에게 부탁해 보도록 해야겠다.

 초음파나 내진을 할 때 안부를 물어서 주위를 환기하고, 수치심이 느껴지지 않도록 커튼을 잘 쳐 주도록 하고, 의사의 진료 바로 전 다리를 올리도록 해야겠다.

그리고, 태동검사를 할 때 음악을 틀어 준다거나 동영상 보여주거나 잡지를 챙겨 주는 환기 요법도 필요하다는 생각을 해 보았다. 또한 검사가 끝나면 "검사하시느라 수고하셨어요, 불편하셨죠?"라는 상냥한 말 한마디가 검사로 인한 지루함과 불편함을 다소 해소시켜주지 않을까 생각한다.

환자 이송용 침대를 이용할 때 환자의 머리 위치에서 환자가 불안하지 않게 동행하고, 끝에서 밀거나 당기면서 침대가 일직선으로 이송되지 않아 불안해지는 것을 자제 해야겠다는 생각을 해보며, 응급 상황일수록 산모가 놀라지 않도록 손을 잡아 주거나 설명을 더 잘해야 하겠다는 생각을 해 보았다.

4 | 마주 보기

환우와 보호자들이 써주신
감동의 편지 입니다.

🔴공 공개적으로 보여지는 모습만이
🔴감 감각적으로 전해지는 느낌만이
🔴간 간호의 전부가 아닙니다.
🔴호 호의를 보여주고 따뜻하게 전해주세요 환자 이해의 시작입니다.

🔴공 공기가 우리에게 꼭 필요한 것처럼
🔴감 감동을 필요로 하는
🔴간 간호사가 되어
🔴호 호호호 환우를 웃음 짓게 해주세요....

친절한 당신

저는 2000년 8월부터 5번을 입원한 김석주 씨 보호자 입니다. 그런데 정말 성모병원 모든 분들이 친절이 몸에 밴 듯 했습니다. 요번 12월 25일 남편이 또 신장 투석 때문에 응급실로 왔습니다. 그런데 남편은 요독이 너무 심하게 온 몸에 퍼져 온갖 짜증과 화를 내며 주위 사람을 힘들게 했습니다. 그런 가운데 신관 7309호 입원이 됐습니다. 월요일 오전에 한다던 투석이 오후로 미뤄지면서 남편은 더 심하게 화를 내며 난리가 났습니다. 그런 가운데 간호사 박정아 선생님께서 다 받아주시며 월요일이라 너무 바쁜데도 온갖 투정 다 받아 주며 얼굴 한 번 찡그리지 않으시며 오히려 저를 위로하며 미안해하는 저를 괜찮다며 끝까지 투석실로 전화 하시면서 우리를 도우시는 그 자상함이 정말 고마웠습니다. 퇴원하려 합니다. 그런 사명감과 묵묵히 웃음으로 대하시는 모습이 눈에 선합니다. 정말 감사드리고 싶습니다.

우리 아가에게

벌써 한 달 전 일이네요. 4개월 된 우리 하윤이가 탈장 수술 때문에 입원을 했었지요. 수술 후 퇴원했다가 방광이 손상되어 다시 입원을 했고요. 첫 아이인데다 제가 병원 생활을 해본 적이 없어서 모든 것이 무섭고 걱정되고 그랬습니다. 아이가 아프니까 겁나고 놀래서 울기만 했던 것 같네요. 외과병동에는 많지 않은 애기라서 간호사 분들도 어찌해야 할 지 몰랐던 표정이 지금도 생각나네요. 더 어찌해야 할지 몰랐던 저희 가족에게 우리 하윤이에게 많은 관심과 도움 주셔서 감사했습니다. 탈장 수술이 워낙 간단한 수술이라고 해서, 아무 걱정 없이 입원을 했었어요. 그런데 혈관 찾는 것부터가 난관이더라고요. 저는 그 때부터 울었던 것 같아요. 수술 당일도 씩씩하려 했지만 엘리베이터가 3층에 내리자마자 겁나고 눈물이 나더라고요. 하윤이를 안고 수술방 앞에서 기다리는데, 너무 무서웠어요. 하염없이 눈물만 흘렸는데, 하윤이가 방긋 웃어주니까 더 눈물이 나더라고요. 수술 끝나고 6층으로 오니 간호사 분들이 "하윤이 왔네. 잘 했지? 어? 애기 수술 끝나고 왔어요."라고 다들 반겨주시고, 제가 다 힘이 나더라고요. 생각해보니, 하윤이는 담당 간호사분 말고도, 모든 간호사분들이 관심 가져주시고 도와주셨던 것 같아요. 하윤이 관련해서 제가 어느 분에게 얘기를 해도 다 전달이 잘 되더라고요. 당시에는 제가 너무 경황이 없어서 표현을 못 했는데요 지금 생각해보면 저랑 하윤이의 편의를 많이 봐주신 것 같아서 너무 감사합니다. 수술 때문에 금식을 해야 했던 하윤이 덕에 저는 젖몸살이 왔었어요. 그래서 주사 맞고 약 먹는 중이었는데 다시 입원한 날 5인 실에서는 유축을 할 수가 없더라고요. 유축을 할 수 있게 기꺼이 처치실을 내주셔서 너무 감사했습니다. 하윤이가 열이 올라 계속 보채느라 새벽 내내 애기 아빠랑 복도를 서성거렸는데 그때에도 처치실에서 애기 돌볼 수 있게 해주셔서 감사했고요. 입원이 길어지면서 집에 왔다 갔다 할 일이 많았는데 저희 친정엄마 혼자 하윤이 보고 계실 때에도 많은 도움 주셨다고 들었습니다. 정말이지 병동에서 VIP 대접을 받은 것 같네요. 덕분에 지금 하윤이는 많이 좋아졌고요, 밀린 100일 사진도 찍고, 예방접종도 마쳤습니다. 수액 맞느라 먹는 양이 줄어서 아직 그때 빠진 살이 찌진 않았지만 잘 놀고 있어요. 하윤이 2월 말에 심장 초음파 하러 가는데 그 때 놀러갈게요. 모든 분들의 배려에 다시 한번 감사합니다.

고통 속에 한줄기 빛이라면

　함은미 선생님, 큰 키에 서글서글 웃으시며 고통스러워 호출을 누를 때는 저에게 언제나 바로 달려오시네요. 뼈를 깎는 아픔이 얼마나 아픈지를 겪어보지 못한 사람은 모르실거예요. 고통 중에서도 은미 선생님의 사랑과 친절이 있었기에 고통을 이겨낼 수 있었어요. 감사해요. 그리고 사랑해요. 병원이 이렇게 내 집, 내 방 같이 느껴지고 따뜻함이 느껴짐은 아마 은미 선생님처럼 친절한 분 때문이 아닐까요? 병원은 전혀 가보진 않았죠. 그러나 여기 의정부 성모병원은 정말 친절하신 의사 선생님과 천사 간호사 선생님이 계셔서 환자가 마음 편히 고통을 이겨내며 치료를 받을 수 있을 것 같았어요. 특히 우리 은미 선생님 감사합니다. 정말 감사합니다.

21세기 나이팅게일

저는 지난 1월 18일 저녁, 할머니께서 갑작스럽게 쓰러지셔서 병원을 찾게 되었습니다. 응급실을 통해 입원을 하게 되었고, 5층 산부인과 병동으로 들어가게 되었습니다. 연세가 많으신 할머니께서 쓰러지신 충격 때문이었는지 순간 순간 기억을 못 하셨고 또 평소 건강이 좋지 않으셔서 간호를 하는 내내 많이 걱정이 되고 무서웠습니다. 그렇지만 5층 산부인과 병동의 박민영 선생님을 비롯한 많은 간호사 선생님들께서 가족을 간호하듯 너무 잘 간호해 주셨고, 답답한 병실에 누워만 계시는 할머니께 희망을 심어 주셨습니다. 또 맞벌이로 바쁘신 부모님을 대신 해 병실에 있는 저를 친 동생처럼 대해 주셔서 낯설고 힘든 병원생활을 편안하게 해 주셨습니다. 혹시나 이렇게 할머니를 보내 드리는 건 아닌가 하는 두려움에 눈물도 나고 무서웠지만 박민영 간호사 선생님의 위로와 도움으로 두려움도 없애고 더 열심히 간호를 했던 것 같습니다. 항상 웃음을 잃지 않고 환자의 빠른 회복을 위해 지금 이 순간도 애 쓰시는 산부인과 병동 간호사 선생님들! 너무너무 감사드려요! 덕분에 다시 좋아지신 할머니와 집에 갈 수 있게 되었네요. 또 다시 병실에서 보게 되는 일은 없어야겠지만. 할머니께서 진료 받으러 오시는 날 안부 전하러 갈게요. 박민영 선생님을 비롯한 선생님들! 너무 감사했습니다. 마지막으로 양윤선 간호사 선생님, 새로 옮길 병실에서 낯설었지만 편안하게 해 주셔서 너무 감사했습니다. 21세기의 나이팅게일을 저는 의정부 성모병원에서 본 것 같습니다. 선생님들의 앞날에 좋은 일만 가득하길 기도하겠습니다.

사랑합니다

　저희 어머님께서는 현재 중환자실에 계시고 청각 장애가 있어 듣지도 못하시고 산소 호흡기를 하고 있어 말씀도 못 하십니다. 몸이 많이 안 좋은 상태라 꼭 필요한 글(아프다, 힘들다)만 쓰십니다. 그러던 어느 날 면회 도중 펜을 달라고 하시더니 위의 간호사의 칭찬을 많이 하셨습니다. 그 내용은 온 몸을 정성껏 닦아주고 글로써 많이 아프신지 안다며 "조금만 더 힘내시고 사랑합니다. 파이팅!"이라 쓰셨습니다. 그 글을 보는 순간 가슴이 찡 했습니다. 그리고 다른 간호사 분들도 친절하시지만 어머니가 이 글을 쓰시기 전에도 보호자인 저희가 봐도 자상하게 설명도 해 주시고 돋보이게 친절함을 느꼈습니다. 자식으로서 어머님께 부끄러운 마음이 앞서지만 정성영 간호사 분께는 정말 감사하다는 말을 전하고 싶어 이 글을 올립니다. 감사합니다.

친절상 추천합니다

철원에서 처음으로 성모병원에 입원한 이용원 보호자입니다. 김혜영 간호사를 며칠 동안 지켜 봐 왔는데 환자들한테 참 친절하게, 환자들의 아픈 마음을 달래주고, 항상 웃으면서 모든 환자들한테 자기가 아픈 것처럼 고통을 같이 나누는 것 같습니다. 자기 임무를 헌신적으로 하는 것을 보고 참 마음이 착한 사람이라는 것을 보았습니다. 성모병원 원장님! 김혜영 간호사님께 친절한 상을 추천하고 싶습니다. 7동 간호사님들 모두가 친절하고 환자들한테 웃음을 주는 것을 보니 마음이 편안했고 정말 감사했습니다. 내일 퇴원을 합니다. 그동안 다들 고마웠어요.

사흘간의 딸꾹질

6109호에 입원한 뇌수술 환자인 저의 치유기 때 고비로서 딸꾹질이 심하게 왔는데 여러 가지 조언을 주시고 결국 나을 수 있게 하셨습니다. 이순열 간호사님은 혀를 당겨 주시는 등의 노력을 해주시고, 인터넷에 등록된 비방을 모두 모아 와 시도를 하도록 하셨고, 이정혜 간호사님은 목 뒤의 찬 물수건과 따뜻한 물수건을 번갈아 대고 안정을 하는 방법을 가르쳐 주셨는데, 결국 후자의 방법으로 성공하여 약 3일간 딸꾹질의 고통이 끝났습니다. 고마운 마음에 이 글을 올리니 두 분께 칭찬을 많이 해 주시면 감사하겠습니다. 완쾌하기까지 치료를 해 주시고 고비 때마다 좋은 말씀으로 조언을 주신 하우스 박사님을 비롯하여 많은 분들께도 감사의 마음을 전하여, 하나님의 은혜가 함께 하시기를 기도드리겠습니다.

천사의 모습

　제가 오늘 본 관경은 참으로 초등학교 때 상상하며 느낀 간호천사였습니다. 몸이 아파 앉아있는 동안 이리 뛰고 저리 뛰며 웃음으로 친절히 안내하는 김명옥 간호사님을 보고 몸이 덜 아플 정도로 흐뭇하였습니다. 한 환자라도 더 많이 기다리지 않게 애쓰는 모습, 웃는 모습, 그 바쁜 와중에도 길 잃은 아주머니 길 안내까지. 앉아서 기다리고 있는 동안 초등학교 때 느꼈던 간호 천사모습이 상상 되더라구요. 이런 선생님을 친절 직원으로 꼭 추천하고 싶습니다.

감동을 주는 그대

저는 보호자인 동시에 8년차 간호사입니다. 아버지가 입원하신 지 딱 10일째 되는 날인데 조금씩 좋아지는 모습에 마음의 여유가 생겨 이런 것도 쓰네요. 직업이 간호사이다 보니 더 예민하고 까탈스럽게 굴어 간호사 선생님들한테 너무 미안하네요. 근무할 때는 예민한 보호자들이 왜 저럴까 하면서 너무 싫어했었는데 막상 내가 보호자가 되다 보니 저도 그렇게 되는 것 같아요. 선생님들 다 친절하시지만 이순열간호사님 제가 많이 배우고 갑니다. 같은 간호사로서 병실에서 친언니와 말다툼을 심하게 하고 있는데 이순열 간호사님이 오셔서 위로의 말도 해주시고 어깨를 다독거리면서 힘이 되어주셨어요. 거동이 불편한 아빠와 저만 남겨놓고 언니가 화나서 집에 가버렸는데 이순열 간호사님이 언니한테 문자까지 보내셔서 화풀고 돌아오시라고. 언니도 많이 감동했다고 하더군요. 항상 웃으면서 꼼꼼히 환자들 체크하고 설명도 알아듣기 쉽게 잘해주시고 가만히 지켜보니까 학생 간호사들 가르칠 때도 어찌나 친절하신지. 아무튼 최고예요. 그리고 응급실 A part 간호사 선생님들 이름이 기억 안 나는데 모두 감사드립니다. 그렇게 바쁘고 힘든데도 짜증 한번 내지 않고 너무 열심히 일하는 모습에 감동했어요.

소중한 기억

6월 19일 저녁 늦은 시간 응급실을 통해 올해 77세인 엄마가 급하게 병원을 찾았습니다.

늘 건강하셨고 감기 한 번 잘 걸리지 않으셨던지라 가족들의 근심과 걱정은 너무나 컸고 이틀이라는 시간 속에 원인을 찾기 위한 검사가 진행됐고 그 와중에 엄마는 거의 의식이 없이 어려운 시간을 보내고 있었습니다. 수요일 저녁 늦게 엄마는 간에 농중이 발견되었고, 이로 인해 심한 열과 구토증세 및 의식이 혼미했던 원인을 알게 되었고 바로 병실로 입원을 하게 되었는데 입원실에 올라오자마자 엄마는 옷에 상당히 많은 양의 대변을 하셨고 당황한 저는 간호사님께 도움을 청하게 되었습니다. 이 때 너무나 밝고 예쁜 미소로 다가와 걱정하지 마시라며 자식인 저로서도 손대기 어려운 그 상황을 이수연 간호사님은 오히려 엄마에게 따뜻한 말을 건네시며 엄마가 조금이라도 민망해하거나 마음에 충격이 가지 않도록 배려하고 또 배려하며 너무나 극진히 닦아주고 씻어주고 마무리를 해 주셨습니다. 그 모습에 저는 백의천사라는 참 의미와 간호사 한명이 주는 환자 가족들에게의 기쁨과 희망 그것은 실로 너무나 큰 행복이었습니다. 이수연 간호사님이 너무나 행복한, 평생에 있어 잊지 못할 소중한 기억을 주셔서 감사합니다.

편안한 길

　9층 동병동 이혜주 간호사님을 칭찬해드리고자 펜을 들었습니다. 아름다운 마음씨와 친절하고 공손하며 환자와 보호자의 마음을 안심시켜 줍니다. 모든 간호사들이 친절하고 예의 바르며 환자들에게 잘 대하여 주고 있으나 유독 이혜주 간호사님은 그 중에서도 군계일학이라고 할까요. 중병환자를 관리하면서 짜증내는 일이 없을뿐더러 환자 상태를 잘 파악하고 수시로 적절한 조치를 취하는 모습이 천사 같았습니다. 환자 가족들은 이구동성으로 이혜주 간호사님을 칭찬하고 입이 마르도록 경의를 표하며, 비롯하여 다른 간호사님들도 본받았으면 하는 마음에서 칭찬의 글을 올립니다. 자기 자신을 희생하면서 환자들의 마음을 위로하고 가족들에게 안도의 마음을 갖게 하여주며 어떠한 일이나 미소로 대하는 그 모습이 너무 아름답습니다. 두려움과 공포에서 해방시켜주는 아름다운 마음이며 친절한 언어와 행동에 감명을 받아 진정한 간호사로서 칭찬을 드리오니 모든 간호사들의 귀감이 되도록 격려와 표창을 부탁드립니다. 관계자에 더불어 따뜻한 배려와 간호사님의 헌신적인 노력으로 인하여 마음 놓고 고이 보내드리고자 마음 먹었습니다. 성모병원의 관계자 모든 분의 행운을 기원합니다.

처음처럼

　　성모병원에서의 생활이 어느덧 나흘째 접어들고 있습니다. 아기와 함께하는 입원 생활도 차츰 익숙해져 가는 것 같습니다. 어찌 보면 답답하고 지루한 생활에 빨리 퇴원을 하고 싶은 마음도 있지만 같은 병실에 계신 엄마들과 시댁 식구 흉보기를 비롯해 아기 돌보는 요령도 배우고 해서 유익하기도 합니다. 저야 이곳에서 며칠을 보내고 가면 잊혀질 하얀 진실이지만 매일 아픈 아기들과 생활하며 교대 근무를 하시는 간호사 분이나 의사 분들은 제가 알지 못하는 어려움까지 인내하시며 생활하고 계시리라 짐작 해 봅니다. 매일 접하는 아기들, 아주머니들에게 직업 이다보니 형식적으로 조금은 딱딱하게 대해 주실 만도 한데 저희 지후를 담당해 주시는 유명희 간호사님은 처음 봤을 때부터 지금까지 친절하게 대해주심에 감사한 마음을 전하고 싶습니다. 입원 첫날 주사실에서 주사 바늘 넣기를 두 번 실패했는데 한 번에 넣어주셔서 감사했고요. 아프다며 우는 지후를 보며 제 마음이 무척 아파 자리를 피했는데 아기를 달래가며 돌봐주시는 간호사님께 무척 감사했습니다. 늘 지금처럼 아기를 대해 주시면 저를 포함한 다른 어머님들도 같은 마음일거라 생각됩니다.

휴머니즘

　6301호 김선미 간호사의 마음에서 우러나는 따뜻한 의료 행위에 대하여 칭찬합니다. 5월 11일 췌장암 수술 7일째 밤, 나는 뭐라 설명할 수 없는 아랫배의 통증 때문에 모두가 잠든 병실에서 비명을 질렀다. 보통 그럴 때 간호사가 온다. "많이 아프세요? 진통제 드려요? 선생님께 연락했어요, 기다리세요." 그것이 간호사가 할 수 있는 최선일 것이다. 그럼에도 불구하고 분명 2% 다른 마음으로 환자에게 달려와 환자를 진정 시켜주는 간호사가 있다. 6301호 김선미 간호사이다. 내 비명 소리에 달려와 의례적인 질문을 한 것은 여느 간호사와 똑같았지만 배도 꾹꾹 눌러보고 호스도 쭉쭉 훑으며 동그랗게 눈을 뜨고 "많이 아프세요?" 하며 내 눈을 쳐다보았다. 그 지극히 평범한 몸짓에도 환자는 안심을 할 수 있다. 그 다음날은 수술 부위에서 분비물이 흘러 또 다급하게 간호사를 호출했는데 그날도 김선미 간호사였다. 얼른 분비물을 닦고 기본 처치를 취한 뒤 담당 인턴을 불러주어 깔끔하게 처치를 할 수 있었다. 환자는 많은 것이 필요하다. 믿음, 소망, 사랑, 의지 등도 필요하지만 일상에서 가장 필요한 것은 마음에서 우러나오는 의료진의 휴머니티 한줄기다. 그 따뜻한 마음이 느껴지는 김선미 간호사님! 칭찬 이상의 고마움을 전합니다.

혼자라는 두려움

　배가 아파 잠깐 동네 병원에 들렀던 것이 맹장염인 것 같다며 의정부성모병원을 방문하게 되었고, 급성으로 진행된다며 갑자기 당일 늦게라도 수술을 해야 한다는 진단을 받았습니다. 저와 가족들 모두 맹장이라고는 생각도 못 했기 때문에 아무런 준비도 없이 입원을 했습니다. 게다가 이제 출산하고 두 달이 지나 갓난아기가 있는데다가 신랑은 공부 때문에 먼저 출국을 하고 저도 6월이면 출국을 하려고 비자 인터뷰를 가는 길이었습니다. 잠깐 들렸던 병원에서 입원을 하게 되어 너무나 당황스럽고 수술이라니 겁부터 났습니다. 그러나 바로 입원 수속에 수술 설명에 정말 정신이 하나도 없었습니다. 처음 수술복을 입어보는데다가 가족도 없이 혼자 수술복을 입자니 뭐가 뭔지도 모르고 있는데 김지연 간호사님이 절보고 뛰어오시더니 혼자 오셔서 어떡하시냐며 수술복을 묶어 주시더라구요. 수술이 처음이라고 하니까 같이 걱정해 주시면서 애기 낳는 거보다 안 아플 거라고 농담 섞인 위로도 해주시고 정말 감사했습니다. 다행히 수술도 잘 끝났고 다음날부터는 운동을 많이 해야 한다고 해서 정말 열심히 간호사실 앞을 왔다 갔다 했습니다. 그리고 김지연 선생님과 마주칠 때마다 김지연 선생님이 계속 걱정도 해주시고 화이팅도 해주셔서 많은 힘이 되었습니다. 제 담당 간호사 선생님이 아니셨던 것 같은데도 그렇게 진심으로 신경써주시고 걱정해 주셔서 지금은 건강하게 출국할 수 있게 되었습니다. 김지연 간호사님 꼭 칭찬해주세요.

참 좋은 이미지

지난 주 저희 아버지께선 교통사고로 6층 외과 병동에 약 2주 가량 입원해 계셨습니다. 사고 후유증으로 인해 입원 둘째 날부터 통증을 호소하시며 매우 힘들어 하셨는데, 그럴 때마다 저는 어떻게 대처해야 할지 몰라 매우 난감한 상황이었습니다. 그 때 간호사 선생님들께서 친절하고 성실하게 간호해 주신 덕분에 건강이 호전되어 무사히 퇴원하실 수 있었습니다. 그래서 고생해 주신 외과병동 모든 간호사 선생님들께 감사하단 말씀드리고 싶습니다. 특히 김선미 선생님께선 저의 질문에 성심성의껏 답변도 참 잘 해주시고, 부탁을 하면 끝까지 책임지고 꼼꼼히 잘 챙겨주셨습니다. 간호사님 퇴근하시기 바로 전에 제가 증명서 발급과 관련해서 질문을 드렸습니다. 다음날 알려주셔도 괜찮았는데 굳이 퇴근시간까지 미루며 책임지고 답변해 주고 가셨던 것 같습니다. 그땐 정말 감동 받았었고, 언제나 자신감 넘치는 선생님의 친절한 말투 하나하나가 매우 인상 깊었습니다. 김선미 간호사님의 그러한 모습이 저로 하여금 병원을 더욱 신뢰하고, 좋은 이미지를 가질 수 있도록 이끌었다고 생각합니다.

4시간 30분

 타지에서 와서 진료 받는데 너무 친절하게 설명 해 주셨습니다. 어머니께서 대구 종합병원에서 갑상선 암 진단 의심을 받고, 멀리 의정부성모병원 김정수 교수님에게 수술 받고자 이 병원을 찾게 되었습니다. 장거리로 이동해야 하는 만큼 외과 방금선 직원이 수술에 필요한 각종검사와 필요한 서류들을 꼼꼼히 설명 해 주셨습니다. 덕분에 본원의 내원해서 쾌적한 환경에서 수술을 잘 마칠 수 있고, 곧 퇴원을 앞두고 있습니다. 그 분의 호의가 아니었다면 4시간 30분 거리를 여러 번 왕복해야 했을 터인데, 전화로 여러 번 문의드렸을 때도 너무 친절하게 하나하나 꼼꼼하게 설명 해 주셔서 너무 감사드립니다. 내원해서 뵈었을 때도 여전히 친절하시던걸요. 작은 키에 인상이 너무나 푸근하시고 옆집 아저씨처럼 농담도 해 주시며 환자를 안심시켜 주시던 너무 귀여우신 김정수 교수님, 그리고 밝게 웃어주시며 차근차근 설명 해 주시고 늘 배려해 주신 방금선 직원. 진심으로 감사드리고 멀리 대구에서도 의정부성모병원이 쭉쭉 커나가길 기원합니다. 의정부 성모병원에서 좋은 기억 가질 수 있도록 도와주신 방금선 직원에게 진심으로 감사드립니다.

지쳐가는 마음을

먼저 신관 7층 남병동 간호사실에 계시는 수간호사님을 비롯한 간호사님들께 감사하다고 말씀드립니다. 할머님께서 편찮으신 관계로 대략 20일 정도 본 병원에 입원해 있었습니다. 현재 집안 사정으로 인해 가족은 할머니와 저, 형 이렇게 세 명으로 되어 있습니다. 남자 대학생 2명이 보호자인지라 할머님을 간호하는데 여러가지로 힘이 드는 것이 사실이었습니다. 잠시도 병원을 떠나지 못하고, 코로 식사를 드리는 것도 세심해야 했습니다. 하루 4번씩 기저귀도 갈아드려야 했고요. 그러던 중 박정아 간호사님의 세심한 배려를 받았습니다. 보호자들이 힘들어 보이면 다가오셔서 먼저 "도와드릴까요?"라고 이야기 하시던 모습. 환자뿐 아니라 보호자의 지친 마음도 치유해 주셨습니다. 감사합니다.

마음이 더 예뻐요

7월 10일 새벽 갑작스런 교통사고로 신경외과 집중치료실에 계신 서도원의 막내딸입니다. 지병도 없이 건강하셨던 아버지의 사고로 가족들은 이루 말할 수 없는 좌절과 안타까움에 대기실 의자에서 기다릴 수 밖에 없었습니다. 아빠를 뵐 수 있는 시간이 그리 많지 않다는 것을 알기에 마음이 조급했습니다. 하루 세 번의 면회시간을 애타는 가족에겐 너무 시간이 짧습니다. 여러 환자들의 건강을 위해 지켜져야 할 준칙임을 알지만 매달려 볼 수 밖에 없는 것이 가족입니다. 그런 맘을 박준희 간호사님은 친절하고 같이 안타까운 맘을 느껴 최선을 다해 배려해 주셨기에 감동이었습니다. 규정과 법은 지켜져야 하지만 때론 인간에게 정이란 것이 있지요. 병원에서 오가는 사람들을 보면 모두 한마음일 것입니다. 환우나 가족이나 모두 마음이 약해져 있는 상태지요. 그런 이들에게 따뜻한 말! 한마디는 큰 힘이 됩니다. 예쁘게도 생기셨지만 마음이 더 예뻤던 박준희 간호사님 감사합니다. 잊지 않을게요.

따스한 손길

안녕하십니까? 저는 6동 병동에 입원 중인 박세현 환자의 보호자입니다. 우리 병실에는 대부분이 중증 환자인 것 같습니다. 생과 사를 넘나드는 환자 보호자들의 고달픔이 얼마나 크겠습니까? 그래도 우리에게 힘이 되어 주고 용기를 갖게 해 준 6동 간호사님들께 감사드립니다. 그 중 위숙자 수간호사님께 감사드리고 싶습니다. 병실에 언제 들어오신지도 모르게 하루에도 몇 번씩 조용히 말없이 환자 한 분 한 분 관찰하시고 이불도 덮어 주시고 하시는 모습이 정말 고마웠습니다. 보호자에게 고생한다고 나의 손목을 잡으시던 손목이 따뜻하고, 하염없이 흐르는 나의 눈물을 닦아도 주셨던 그 손길 감사했답니다. 인정이 넘치는 위숙자 수간호사님 많이 칭찬하고 싶습니다.

그 웃음소리

저는 약간의 심장 이상이 있어서 이 병동에 입원하여 8일간 입원한 환자입니다. 병원에 있으면서 어떤 할머니 환자를 만났는데 보호자도 약간의 장애가 있는 분이라 할머니의 시중을 들지 못하는 분이었습니다. 기저귀도 제대로 한 번을 갈아주지 못했는데 저는 그 옆자리에 있었는데 걱정이 되었습니다. 그러나 그것은 걱정일 뿐. 간호사 분들이 하루에 몇 번이고 오셔서 할머니 얼굴을 쓰다듬고 할머니 말씀에 일일이 대답해주면서 소변, 대변을 치워 주시면서도 까르르 까르르 웃는 소리에 정말 천사가 따로 없구나 하는 생각을 했습니다. 8동 심장내과 간호사님들께 정말 감사하고 고맙습니다.

이젠 가족 같아요

투석실 간호사 선생님 전체를 칭찬합니다. 아니 감사합니다. 저는 어려서 할머니 손에 자랐습니다. 할머니는 늘 아프셨지만 저와 형을 열심히 키워주셨습니다. 밖에 나가서 손가락질 받거나 주눅 들지 않도록 옷을 깨끗이 빨아 입혀주시고, 운동화가 조금이라도 헤어지면 놀림 받을까 쌈짓돈으로 신발가게 데리고 가서 골라주셨습니다. 그러던 어느 날 할머니께서 움직이실 수 없을 만큼 많이 아프셨습니다. 고모 삼촌들이 말씀 하시는 것을 들어보니 뇌졸중에 다낭성 신증이라고 해요. 정확히 4년 전 할머니와 그렇게 이별을 해야 했습니다. 처음엔 삼촌, 고모가 많은 큰 병원에서 치료를 받으시려고, 나중엔 투석이라는 것을 매주 3회 받아야 해서 그렇게 헤어져 지냈습니다. 할머니에 대해 생각할 때면 가슴 한 군데 누가 주먹으로 친 것처럼 아프답니다. 할머님이 직접 해주셨던 따스한 밥이 그립답니다. 여름방학이 되면 고모댁에 와서 할머니와 투석실을 오고 갑니다. 너무나도 감사한 부분은 생사를 넘나들었던 할머님은 투석만 하면 일상 생활을 할 수 있게 이끌어 주신 것입니다. 투석실에 오면 간호사 선생님들이 아프신 할아버지, 할머니를 가족 이상으로 극진히 간호하는 것입니다. 안부 인사를 시작으로 침대에 모시고, 글을 모르시는 우리 할머니 몸무게도 민망하지 않게 확인 해 주시고 주사 놓을 때 아프진 않으셨는지 일일이 신경 쓰시고 투석 중간에 화장실 간다고 해도 싫은 내색 없이 바로 달려오시고 선풍기, 얼음 같은 것을 주문해도 기꺼이 제공해 주시니 감사함이 이루 말할 수 없습니다. 할머니께서 간호사 이모들 고생이 많다고 안타까워 하십니다. 할머니 피부가 안 좋아서 조금만 여차해도 퍼렇게 멍들어 버리고 심각해진답니다. 그런데도 간호사 이모들 정성껏 간호해 주시고 똑같이 주사를 놨는데도 유독 아픈 날이 있는데 그때는 할머니도 모르게 싫은 내색이 보여 지는데도 항상 친절히 웃으면서 대해주시니 고마움과 미안함이 크답니다. 처음 투석하실 땐 "죽어야지", "죽겠다"하고 한탄 섞인 말씀을 자주 하셨는데 요즘은 투석하는 날이면 투석실 가족들 근황을 궁금해 하십니다. 병원이 할머니 생활의 반을 차지해요. 주중에는 열심히 치료받고, 투석실 가족들과 생활하면서(주말에 식구들 만나는 날을 기다리며) 힘을 내고 있습니다. 주말 동안 삼촌과 고모들과 함께하고 손자, 손녀를 보는 즐거움으로 보내시고 또 월요일이면 투석실 이모들의 가족같은 사랑으로, 변함없는 애정으로 간호 받고 힘을 냅니다. 모두 간호사 이모들 덕분이에요. 아직은 제가 아무것도 할 수 없는 것이 안타깝습니다. 우리 할머니 아프시지 않게 앞으로도 변함없는 사랑과 관심 부탁드려요. 감사합니다.

친절 전도사

　병원이 의사 선생님을 포함 전체적으로 다들 친절하셔서 다른 분들에게도 좋은 병원이라고 알리고 싶네요. 약 2년 전 아버지의 심장개복 수술로 을지로 백병원에 입원했던 적이 있습니다. 지금 현재는 어머니의 허리디스크 수술로 의정부 성모병원에서 수술 후 회복 중에 있습니다. 아버지가 치료를 받았던 다른 병원에서는 느껴보지 못한 친절을 차수민 간호사님께 받았습니다. 친절한 설명과 환자를 생각하고 위하는 예쁜 마음이 너무 만족스럽네요. 처음 어머니께서 성모병원을 가겠다는 말을 들었을 땐 다른 병원을 권했었습니다. 하지만 담당 의사선생님을 만나뵙고 마음이 바뀌었는데 입원실로 올라와보니 친절한 간호사님의 설명과 안내에 어머니의 선택이 잘 한 것이라는 생각이 들더라고요. 다른 주변의 분들에게도 의정부 성모병원을 적극 추천해야겠다는 생각이 듭니다.

간호사라 불리는 천사

　92세 어머니의 백내장 양쪽 수술 입원 중 야간에 어머니 치매 증상으로 얼굴을 발로 차이고 뺨을 맞았음에도 표정도 변하지 않고 웃음으로 끝까지 잘 보살펴주어 너무 감사했습니다. 꼭 칭찬 부탁드려요. 환자의 입장에서 끝까지 듣고 배려해주고 일관성 있는 따뜻한 자세로 대해주어 조금도 불편함이 없고 마음에 담고 싶은 김영선 간호사님을 꼭 칭찬 부탁드립니다.

최고로 친절한 간호사님

　안녕하세요. 수고 많으십니다. 며칠 전에 울 아들 오른쪽 눈 망막검사하려고 갔었습니다. 4학년 아들 때문에 자주 안과에 방문하게 됩니다. 날마다 가면서도 임지희 간호사님이 항상 친절하시더라고요. 근데 이번의 사건으로 인해 임지희 간호사님을 더욱더 친절과 봉사 정신에 감동을 받게 되었네요. 우리 아들이 주사 맞아야 하는데(이 주사가 어른들도 아픈 주사라고 하시더라고요) 아이를 편안하게 달래시는데 엄마인 저도 그렇게 달래지는 못 하겠더라고요. 그리고 이미 훌쩍 큰 아이한테 그렇게 해 주리라고는 생각도 못했습니다. 검사를 받는 중에 우리 아들이 구토를 하게 되었습니다. 구토를 해서 옷이 다 젖어버려서 혹시나 하고 드라이기가 있는지 물어봤는데 참고로 그 시간대가 손님이 많이 있었어요. 엄청 바쁘신 것 같더라고요. 바쁘신 와중에도 직접 가셔서 손수 환자복을 갖다 주셨어요. 제가 병원 다니면서 이렇게 친절하신 간호사님을 처음 보았습니다. 임지희 간호사님께 다시 한 번 감사드립니다. 임지희 간호사님 때문에 항상 안과가 빛이 나는 것 같습니다. 날개 없는 천사처럼요. 이런 글, 제가 귀차니즘이라 올리는 일 절대 없는데 이번에 처음 올리는 글입니다. 항상 행복하시구요. 다음에 가서 또 뵈요. 아자아자 파이팅!

친절 그리고 감동

　　임승현 직원을 칭찬합니다. 저희 딸이 성조숙증 관련 진료 차 소아청소년과에 들렸습니다. 초등학생 2학년이라 부모 입장에선 내심 무척이나 긴장되고 걱정스러워 맘이 굉장히 무거웠습니다. 그런데 임승현 직원께서 정말이지 자기 딸처럼 너무 친절하고 자상하게 진료과정과 검사에 대해 상세히 설명과 이해로 딸과 부모의 맘을 편안하게 안정시켜 주었습니다. 검사 결과 성조숙증이 진행되고 있다며 호르몬 수치도 위험인 4.88이라서 치료를 준비해야 한다는 결과에 그래도 부모 입장에선 허탈하고 망연자실했습니다만, 임승현 직원께서 진심으로 환자나 가족의 마음까지 헤아리며 어루만져 주었고 치료 과정과 향후 일정에 대해 상세히 알려주었으며, 힘과 용기를 북돋아 주더군요. 의사 선생님께서 놓치기 쉬운 작은 배려와 세심한 치료 과정 등, 일목요연하면서 따뜻함과 섬세함을 환자와 가족에게 알려주는 임승현 직원이야 말로 성모병원에서 내세울 친절 감동 직원이 아닐까 싶습니다. 임승현 직원과 의정부성모병원 건승하시길 기원합니다. 다시 한 번 임승현 직원께 감사의 마음 전합니다.

악몽 같았던 시간이지만

외과 간호사님 모두 칭찬하고 싶어요. 7월 말 우연찮은 7살 아들의 교통사고로 성모병원에 와서 응급으로 수술을 하였습니다. 그때는 얼마나 무섭고 아찔했던지 생각 만해도 끔찍했습니다. 중환자실에 4일 정도 있었는데 그때도 간호사님의 배려로 아이의 옆에서 간호를 할 수가 있었습니다. 그때에도 정말 감사하다고 느꼈는데 6층 외과 병동으로 올라오니 이 곳 또한 정말 친절한 간호사분들이 기다리고 있더군요. 부모의 마음처럼 아이도 잘 살펴주고 주사 하나하나 설명해주며 힘든 병원생활을 잘할 수 있도록 저에게 많은 힘이 된 것 같아요. 저에게는 악몽 같은 시간이었지만 이 분들이 계셔서 이렇게 건강하게 치료받고 퇴원합니다. 아파서 병원에 오지 말아야겠지만 혹시라도 아프다면 다시 찾고 싶습니다. 정말 감사해요.

아픔과 고통도 당신과 함께라면

　　저는 현재 크론병을 앓고 있는 관계로 지난 2009년부터 정기적으로 소화기내과에 다니고 있습니다. 제가 앓고 있는 병이 평소에는 보통 사람들과 다를 바 없지만 통증이 시작되면 저 자신조차도 통제할 수 없는 아픔에 시달리는 병입니다. 현재는 치료약도 치료 방법도 없는 상태구요. 평생을 아픔과 통증에 시달리며 살아야하는 병이라고 합니다. 처음 이 병에 대해서 들었을 때 하늘이 무너지는 것 같아 울기도 많이 울었습니다. 그렇게 병원을 다니며 양선미 간호사님을 만나게 되었습니다. 항상 뵐 때마다 그 많은 환자들을 어떻게 기억 하시는지 궁금할 정도로 저에게 환한 웃음과 함께 다정하게 인사를 건네주시며 몸 상태는 좀 어떤지 또 아프지는 않았는지를 물어봐 주시는 모습에 항상 감동을 느낍니다. 또한 제가 통증을 못 이겨 아파 할 때면 반드시 좋아질 거라고, 나을 수 있으니 용기 잃지 말라며 저를 다독여주십니다. 제가 글 솜씨가 없어 고마운 마음을 글로 다 표현은 못하지만 항상 고맙고 감사한 마음을 가지고 있습니다. 많은 병원을 다녀봤지만 이렇게 환자에게 감동을 주시는 간호사님은 처음 뵀습니다. 앞으로도 성모병원에서 양선미 간호사님을 오래도록 보고 싶습니다. 그리고 다른 환자들도 저처럼 간호사님의 따뜻한 마음과 환자에 대한 배려를 느끼고 희망을 가졌으면 좋겠습니다.

양선미 간호사님 정말 감사합니다.

행복한 병원

안녕하세요? 병원장님. 저는 응급실에 입원한 김동열 환자의 보호자입니다. 다름이 아니오라 응급실 간호사인 유아름, 박민정, 양제원, 김연정 간호사 분들께 감사의 마음을 전하고자 이 글을 씁니다. 물론 다른 간호사분들도 매우 친절하시지만, 이렇게 환자 중심의 간호로 가족보다 더 잘 보살펴 주시고 환한 미소에 매우 감명 받았습니다. 이렇게 응급실이 힘든 곳인지 저는 처음 알았습니다. 그런데 이곳에는 힘든 것 말고 아가페적이고 봉사정신 .투철한 간호정신이 있는 곳임을 새삼 깨달았습니다. 위 간호사분들은 한결 같이 힘든 일에 고마움을 표시하니깐 " 아뇨 당연히 해야 할일입니다." 환한 미소를 보이는 그들 뒤에는 천사와 같은 모습을 보았습니다. 이런 분들이 있는 한 성모병원은 더욱더 발전하리라 생각이 들며 의정부관내 아니 한국에서 더 훌륭한 병원이라 생각이 듭니다. 말로 그들이 행한 것을 글로 남기긴 제가 글 솜씨가 없어서……

마지막으로 병원장님은 행복한 분입니다. 이렇게 최선을 다하는 직원들이 있어서입니다.

암 투병을 마치고

힘든 환자들에게 항상 격려와 웃음으로 대해주시는 박금애 간호사를 칭찬하고자 합니다. 저는 난소암 3기 판정을 받은 환자입니다. 작년 이때쯤 암 진단을 받고 많이 힘들었어요. 수술을 두 번 받고 항암치료를 15번 받고 이제는 치료를 종결하였습니다. 이번 마지막 항암을 받을 때 박금애 선생님께서 저에게 따뜻한 위로의 말씀을 해 주시고 걱정을 해 주셔서 얼마나 고마운지 모릅니다. 항상 제가 치료를 받을 때마다 걱정 해 주시고 웃음으로 대해주셔서 참 고마웠어요. 다른 간호사분들도 너무 감사했어요. 그분들의 염려로 이제는 더 열심히 잘 살 수 있을 것 같아요. 너무 고마웠습니다.

피로 회복제

　김미선 간호사와 용창미 간호사와 같이 친절하고 따뜻하며 언제나 만나면 웃음으로 대하며 불편한 데가 없느냐고 하며 환자의 마음을 따뜻하게 감싸주는 마음이 환자에게 회복되는 데 얼마나 힘이 되는지 모르겠습니다. 다음날 출근하면 먼저 방에 찾아와 불편한 것이 없었느냐고 물으며 아픈 데가 없느냐 필요한 것이 없느냐 하며 웃음으로 대하여 줄 때는 피로와 아픔이 싹 없어지는 것 같습니다. 이러한 분들이 있는 한 성모병원은 더 발전할 것입니다.

행복한 마음

　정말 하루하루가 괴롭고 지겨워서 머리가 터질듯이 아프다. 수면제를 먹고 진통제와 수면주사를 맞고 잠을 자도 잠결에 밀려오는 목과 팔의 고통 때문에 눈을 뜨면 다시 잠을 이룬다는 것은 매우 힘든 일이다. 나 역시 힘들지만 그날 나를 담당하는 간호사님 역시 나에게 모든 신경이 향해져 있는 상태로 분명 힘드실것을 알고 있다. 환자는 아프다고 고통은 호소하지만 자기 마음대로 처방할 수 없는 간호사 선생님은 주치의 선생님께 몇 번이고 호출하여 환자의 상태를 이야기하고 약을 가지러 간다. 그런데 주치의 선생님과 한 번에 호출을 하면 서로가 편한데, 연락이 잘 이뤄지지 않을 때는 간호사 선생님만 애가 타고 환자에게 미안하다고 계속 양해를 구한다. 어느 병원을 가도 찾아볼 수 없는 친절함. 그래서인지 성모병원이 편하고 내 몸을 맡겨도 불안하지가 않다. 어느 때는 나 한명때문에 간호선생님이 6층과 1층 약국사이를 4~5번 왔다 갔다 할 때가 있다. 그래도 짜증스런 말 한마디 없이 "오래 기다리셨지요? 죄송해요." 하면서 내 손을 잡아 줄 때의 온기는 어느 진통제보다 강하고 나에게 큰 힘이 되었다. 이럴 때마다 자주 느끼는 마음은 '의정부 성모병원을 잘 선택했구나.' 하는 마음이 나를 더욱더 편하게 만든다. 2007년부터 아내와 우리 두 부부가 15번의 수술을 했지만 죽는 그날까지 의정부성모병원에서 계속 치료 할 것이다. 그리고 6층 서병동 간호사 선생님들 당신들의 따뜻한 마음을 묻고, 떠날 때 행복한 마음으로 떠나겠습니다.

센스장이 선생님

　안녕하세요! 윤동준 엄마입니다. 성모병원에 약 5일 째 머무르고 있습니다. 저희는 소아과 병동에 자리가 없어서 산부인과 병동에 있는데요. 몇몇 어머님들은 소아과 병동이 넓고 좋다고 옮긴다고 하지만 전 설은정 간호사님이 너무 친절하셔서 이곳에 있었어요.

　첫째, 친절한 미소와 말씨 그리고 설명입니다. 자꾸 물어보면 귀찮을 만도 한데 열 번이면 열 번 늘 친절히 상담해 주시고요. 확실치 않은 사항을 여쭤보고 다시 말씀해 주신다 하고 꼭 말씀해 주신답니다.

　둘째, 고객을 먼저 생각하고 시간을 매우 잘 지켜주시는 점입니다. 밥 먹을 시간이 조금 지나면 어김없이 약이 옵니다. 별거 아닌 것 같지만 약을 찾으러 가는 경우도 종종 있거든요. 제가 성질이 조금 급해서요. 그리고 미리미리 체크해 주는 센스장이 선생님입니다.

　셋째로 사소한 것이라도 챙겨주려고 노력하세요. 우리 아들이 낙서 또는 공부하는 걸 즐겨하는데 파지 얻으러 갔다가 안 된다고 하셔서 돌아오는데, 설은정 선생님 만나서 이야기 했더니 A4용지 1장을 주시더라고요. 10박스 선물 해 드리고 싶은 마음이 불쑥 들었습니다.

이처럼 선생님의 사소한 도움에도 큰 힘을 받는답니다. 항상 감사합니다.

이기주의 속에 피어나는 한 송이 꽃

안녕하세요? 저는 집중치료실에 있는 안경훈 할머니 보호자입니다. 할머니 간호를 하면서 아주 많은 것을 보고 배웁니다. 말 그대로 이곳은 불평·불만의 공간입니다. 가지각색의 이유로 마음 졸이며 이곳에 오는 사람들은 생명 하나만을 위합니다. 이곳에 오는 사람들은 자신의 가족만을 위해 말하고 슬퍼합니다. 한마디로 이기주의지요. 이러한 많은 어른들을 진짜 마음으로 다가와주는 간호사님께 감사함을 전하고자 합니다. 손연주 간호사님 외에도 많지만 이 간호사님께서 너무 듣기 좋은 말로 걱정해 주셨습니다. 말뿐이 아닌 행동으로 제가 사랑하는 어머니를 잘 돌봐주셔서 이렇게 칭찬 글을 써봅니다. 요즘 한국에서 보기 어려운 기본 예의, 배려가 살아 있는 간호사임을 알려드립니다. 감사합니다. 앞으로도 잘 부탁드립니다. 항상 가톨릭대학병원 응급업무팀에 평화와 하나님의 사랑이 있기를 기도합니다.

마더 테레사

안녕하세요? 일주일간 본관 6층에 입원해 있던 환자입니다. 내일 퇴원을 앞두고 직원 한 분을 칭찬하려고 합니다. 10월 28일 늦은 오후 칭찬주인공은 10시 30분을 퇴근으로 저에게 마지막 주사를 놓아주었습니다. 주사를 맞은 저는 면회객으로 온 친구와 잡담을 나누다 새벽 1시쯤 병실로 돌아왔습니다. 병실에서는 역한 인분 냄새와 함께 간호사 한 분이 눈에 띄었습니다. 컴컴한 병실에서 미등 하나만을 밝힌 채 환자분을 돌보고 계셨습니다. 얼핏 얼굴을 확인하니 아까 퇴근한다던 박현수 간호사님이셨습니다. 정말 그 순간은 테레사 수녀님으로 보였다는… 박현수 간호사님 이외에도 무뚝뚝하지만 일처리 하나는 아주 야무졌던 이시내 간호사님, 새벽에 병실체크 하러 왔다 환자 분 이불 덮어준 이재숙 간호사님(실눈 뜨고 다 봤어요), 정말 진심이 느껴졌던 일주일이었습니다. 모두 감사드립니다.

다시 보고 싶습니다

　이제야 집에 간다는게 실감이 난다. 오늘로서 한 달 일주일 째인데 그 동안 간호선생님과도 정이 들어서 좀 더 있어도 되지만 누가 그랬던가, 웃을 때 떠나라. 그래서 지금 떠나려 한다. 한 달이라는 병원 생활이 나의 생활을 완전히 바꿔 버렸다. 병원 생활을 하면서 서운했던 선생님도 내가 진실과 웃음으로 다가서니 선생님 역시 나를 너무 따뜻하게 대해 주셨다. 손에서 피가 나면 맨손에 알코올 솜을 쥐고 내 상처를 감싸주던 선생님. 너무 아파서 힘들어할 때 내 손을 잡아주던 선생님. 내가 약을 초과해서 먹으면 일일이 설명해주고 내 손을 잡아주던 선생님. 난 이런 선생님들을 뒤로하고 집으로 퇴원한다. 병원에 있을 때 일일이 "약 조금 드셔요.", "진통제 좀 줄이세요." "어서 일어나서 식사하세요." 이 모든 것들이 집에 가서도 아쉽고 보고파질 것 같다.

하늘나라에서

저는 8층 동병동 105호에 입원했던 고인 OOO 씨의 부인입니다.

여러 간호사님들의 노력에도 불구하고 지난 400일의 투병에 세상을 떠난 저의 아저씨의 임종을 함께 지켜주신 8층 동병동 이수연 간호사님을 잊을 수가 없습니다. 환자의 고통을 내 고통처럼 받아 주시고, 힘내라고 격려도 잊지 않으시면서 근무하시는 날 수 십 번씩 달려와 주시고…….

이수연 간호사님의 고마움을 잊을 수가 없습니다. 힘내고 건강하라는 문자와 전화까지 걸어 주셨습니다. 결국 저의 아저씨는 세상을 떠났지만 의정부성모병원에서의 진정 정성과 진심 있는 사람과 사랑을 알게 되면서 뒤늦었으나 12월의 친절간호사로 이수연 간호사님을 추천하고 싶습니다. 사랑 안에서 세상을 떠난 저의 아저씨도 하늘나라에서 이수연 간호사님께 감사하며 웃을 것입니다.

그 동안 모든 8층 동병동 간호사님들께 머리 숙여 진심으로 감사드립니다. 감사합니다.

고 OOO 씨의 부인 올림.

아름다운 사람의 꽃 Ⅰ

   홍지영 간호사님! 어두컴컴한 아침을 헤치고 아침 면회시간에 밤새 어떠하셨는지 아버지를 만나러 가서 간호사님을 보는 일은 제게 위로이고 기쁨이었습니다. 얼굴이 예쁘고, 마음은 더 아름답고 따뜻해서 감각으로 느끼는 느낌이 참으로 좋았습니다.

   내 아버지가 가장 좋아했던 간호사님이 계시기에 상실과 아픔, 슬픈 마음 중에도 마음 한편에 따뜻한 마음을 안고 떠납니다. 그 아름답고 큰 눈에 그렁그렁 고이던 눈물을 보았기에 금휼한 마음과 배려와 보살핌과 큰 사랑의 마음을 지닌 홍지영 간호사님의 이름을 하나님 앞에 구별하여 부르며 기도로 축복하며 떠납니다.

제 가슴 밑바닥으로부터 우러나는 감사한 마음을 전합니다. 아버지를 떠올릴 때마다 한동안 홍지영 간호사님이 같이 떠오를 것입니다. 미소와 함께.

   누군가에게 참으로 감사하고 감사한 존재로 남는 것은 본인이 지닌 아름다운 품성 때문일 것입니다. 홍지영 간호사님이 그러한 사람입니다. 자식보다 더 필요하고 소중한 보살핌을 환자에게 나누어 주시는 간호사님. 그대의 앞날을 이름부터 축복기도 합니다.

   늘 환자들에게 '위로의 꽃'으로 '아름다운 사람의 꽃'으로 서 계시길 소망하고 기도합니다.   감사합니다.

아름다운 사람의 꽃 Ⅱ

　유안나, 이아름, 박경희 그리고 이름을 미처 기억하지 못하는 응급센터 중환자실 모든 간호사님들께 마음 깊이 우러나오는 감사함을 전합니다.

　25년이나 한국이 아닌 다른 곳에서 살아서 이 곳 병원에서 일어나는 일을 잘 모르던 제게 친절히 설명해주시고 저희 아버님을 소중하게 간호해주시는 아름다운 마음들을 보면서 감동받고 위로를 받으며 떠납니다. 고맙고 감사합니다. 아버님이 살아계심을 끝까지 보지 못하고 그저 마음만 아프게 상실과 슬픔을 안고 떠납니다.

　간호사님들 손에 한 생명의 마지막을 의탁하며 미안한 마음과 감사한 마음으로 범벅이 되어 눈물과 함께 떠납니다. 이제와 같이 그렇게 저의 아버님 생명이 다 하실 때까지 보살펴 주시기를 염치없이 부탁드립니다.

　간호사님들의 친절하고 아름다운 마음들을 기도로 축복하며 미리 작별인사 드립니다.

"아름다운 사람의 꽃" 들 되시고 기쁜 일들 많으소서!

■ ■ ■

아름다운 사람의 꽃 Ⅲ

간호사님을 처음 뵌 날 너무 편안하고 따뜻한 느낌이 참으로 좋았습니다. 살면서 많은 사람을 만나고 떠나보내지만 느낌이 좋았던 사람들은 마음속에 따스한 온기로 오래 남습니다. 간호사님이 제게 그런 분으로 오래 남을 것 같습니다.

너무도 자연스럽고 익숙하게 환자나 그의 가족을 대하는 마음에서 우러나는 진솔한 모습이 참으로 좋았습니다. 이제 나의 사랑하는 아버지 생명을 뒤에 두고 상실과 슬픈 마음으로 저는 떠나갑니다.

그럼에도 불구하고 마음 한편에 온기와 평화가 느껴지던 간호사님이 계시기에 저는 마음의 위로를 받고 떠납니다. 마음 깊이 감사드립니다.

간호사님에게서 직업을 떠난, 환자와 가족을 떠난, 사람과 사람과의 아름다운 관계를 느끼고 보는 일은 참으로 제게 좋은 경험이었습니다. 감사합니다.

'아름다운 사람' 김나영 간호사님. 그대의 이름을 하나님 앞에 부르며 축복기도 합니다. 그리고 그대의 '아름다운 영혼'이 많은 이들에게 '희망의 꽃'이 되고, '위로의 꽃'이 되고, '감사의 꽃'이 되고, '아름다운 사람꽃'이 되어 주시길 소망합니다.

늘 건강하시고 기쁜일 많으소서!

5 | 뒤돌아보기

병원이라는 공간 속에서
함께 모여 웃고 때론 울며 살아가는
우리, 간호사들의 에피소드

- 공 공감간호란
- 감 감동이 느껴지는
- 간 간호를 제공하여
- 호 호호호 웃음을 짓게하는 것이다.

- 공 공기가 우리에게 필요한 것처럼
- 감 감동을 필요로 하는
- 간 간호사가 되어
- 호 호호 웃는 환자가 많도록 해요.

힘 내세요

김 주 은 (5층 남병동)

<u style="color:pink">신규로 입사한</u> 지가 엊그제 인 듯싶은데 벌써 올해로 7년 차가 된다. 갓 신규 딱지를 떼고 온(또는 들어 온) 후배 신규간호사를 볼 때면, 이렇게 일을 하면 편할텐데 하고 나를 보호할 수 있는 방법도 알려주고 좀 더 많은 노하우를 가르쳐주고 싶고 팁을 주고 싶었다. 그럴 때 문득 프리셉터를 해볼 기회가 주어졌으면 좋겠다 라는 생각이 들던 찰나 입사 6년 차에 나에게 기회가 주어졌다. 1년이 지난 지금 생각해보면 참 보람된 점도 있었고 아쉬운 점들도 있었다. 아쉬운 점부터 얘기해보자면 신규야 물론 말할 것도 없겠지만 나조차도 처음에는 아주 적극적이고 의욕적이었다. 그렇지만 2주가 지나고 빠듯한 근무 스케줄에 신규랑 계속 마주하며 똑같은 걸 반복하고, 그래도 이해를 못하고 매번 실수하는 신규를 처음과 같은 마음으로 마냥 친절하고 따뜻하게 대해 주기가 힘이 들었다. 그러다 보니 의도와는 다르게 짜증 섞인 말투나 행동으로 대할 때가 종종 있었다. 집에 돌아가면 미안한 마음이 들다가도 근무를 시작하면 바쁜 근무 탓인지 마찬가지 상황이 반복되곤 하였다. 지금에서야 하는 말이지만, 신규간호사가 싫어서가 아니라 근무 상황과 조건들이 힘들었고,

포용력이 부족한 탓에 감정조절에 미숙했기 때문이었다는 변명 아닌 변명을 하게 된다. 또 한 가지 아쉬운 점은 한 달이라는 시간은 병원에서 일어나는 수많은 업무를 가르쳐주기에는 턱없이 부족했다. 일상적인 일만을 가르치기에도 그러했지만 일을 하다 보면 순서대로, 계획대로 돌아가지 않는 일이 허다해서 응급상황에 대처하는 능력 등 경우의 수까지도 모두 가르쳐야하니 막막했다. 정석의 일만 가르치기에도 신규가 힘들어하고 따라오지 못해 좌절하는 모습을 볼 때면 '내가 알려주는 방식이 신규 간호사를 더 헷갈리게 할 수도 있겠구나.' 라는 생각이 들었다. 그런 부분들은 트레이닝이 끝나고 신규 간호사가 어느 정도 마음의 여유를 찾았을 때 가르쳐 주는 게 낫겠다는 생각이 든다. 내가 가르쳐준 신규가 어느덧 몇 달이 지나 신규 간호사 티를 조금씩 벗어내고 있는 모습을 볼 때면 뿌듯한 느낌이 들곤 한다. 인수인계를 받았을 때 신규간호사가 환자를 정확히 파악하고 있구나 하는 느낌이 들 때는 두 말 할 것도 없고 말이다. 프리셉터를 하면서 정석대로 일을 처리하는 법을 가르치면서 나 또한, 다시 한 번 배울 수 있는 기회가 되었고, 좋은 동기부여가 되었다. 신규 간호사 오리엔테이션 때 주사실습 지도를 갔을 때 많은 신규 간호사들로부터 "트레이닝 받을 때 어떻게 해야 해요? 제일 중요한 게 뭔가요?" 라는 질문을 받았다. 이번 일을 기회삼아 앞으로 신규 트레이닝을 받게 될 새내기 간호사들에게 팁을 준다면 트레이닝을 받는 동안 제일 중요한 건 정직함과 성실함, 적극적인 자세일 것 같다. 처음에 병원에 들어와 일이 익숙해지기 전까지는 사실 잘하고 못하고의 차이도 크지 않다고 생각한다. 하지만 정직한 모습과 성실함, 적극적인 자세로 배움에 임하는 태도는 신규 간호사의 인간됨과 배움에 대한 의지를 짐작할 수 있게 되는 부분들이고 그러한 면들은 선배간호사로 하여금 친밀감과 동료의식을 갖게 되는데 큰 도움을 주기 때문이다.

이 글을 쓰는 동안 신규 간호사들에게 좀 더 따뜻한 마음으로 감싸주지 못했던 점이 아쉬움으로 남는다. 앞서도 얘기 했듯이 나쁜 마음은 아니었음을 이번 기회를 통해 알아주었으면 좋겠고 지금까지 해왔던 것처럼 앞으로도 잘 헤쳐나가서 병동의 중요 인재로 자라났으면 한다. 현재 일하고, 또는 앞두고 있는 모든 신규 간호사들 파이팅!!입니다.

계단 오르기

이 은 영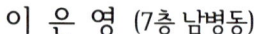

"내가 잘 할 수 있을까?" 오늘 하루도 프리셉터(주)*인 나는 걱정을 하며 무엇을 알려주고 가르치고 힘이 될 수 있을까 하는 생각으로 출근을 했다. 긴장한 내 신규 간호사는 오늘 하루도 밝게 "선생님!" 하며 웃는 얼굴로 나를 반겼다. 처음하는 프리셉터라 할 것도 많고, 준비해야 하는 것도 많았다. 지금은 한 달이 훌쩍 지난 지금 신규 간호사들은 잘하고 있을까하는 생각을 가지고 출근했다. 출근하자마자 여기저기서 신규 간호사들에 대한 여러 가지 일들이 들려왔다. '혹 내가 잘못 가르친걸까? 내가 문제인 걸까? 내가 알려준 것인데도 왜 그럴까?' 속으로 민망하고 걱정되고 속이 상했다. 신규 간호사인 내 프리셉티는 여러 선생님한테 혼나고 민망한 나머진 내 앞에서 얼굴을 못 들고 "선생님 죄송해요."라고 말했다. 난 그냥 아무 말도 할 수가 없었다. '이제 신규 간호사인데 모를 수도 있지, 알려주면서 해야지 신규인데 어떻게 뭐든지 잘하나? 동료 간호사에게 신규 간호사 한번 가르쳐 보던지' 내 마음은 솔직히 이러했다. 난 솔직히 한 달 동안 가르치고 뒤에서 지켜보고 보듬어주는 사람이 프리셉터 역할이라고 생각된다. 여러 선생님들한테 혼나고 한 달 동안 배우고 혼자 하려니 얼마나 힘들었을까 라는

---

*주) 프리셉터 : 부서에 배치된 신규간호사에게 일정기간동안 업무를 지도해 주는 교육담당 간호사

생각이 들었다. 솔직히 처음부터 잘하고 완벽한 사람은 흔치 않다. 내가 신규 간호사였을 때 기억이 문득 났다. 혼자 벽 보고 울고 우울하고 자꾸 잘못한 것만 생각났었던 때였다. 오늘도 열심히 뛰면서 정신없이 일하는 신규 간호사, 난 흐뭇한 마음으로 지켜보고 있다. 잘하면 더 잘하라고 칭찬해주고 잘하는 모습을 볼 때 나도 모르게 웃음이 나오고, 못하면 더 알려주며 힘내도록 응원하고 있다. 우리 신규 간호사들! 지금은 많이 벅차고? 힘들지? 하지만 잘 할 수 있을 거야! 그리고 잘 할 거고 앞으로 힘내고 건강한 마음으로 잘 이겨내고 힘내자구나! 좋은 선배 모습으로 본보기가 되고 힘이 되길 바라며 몇 년 뒤 너희들이 프리셉터가 되었을 때 그때도 지금처럼 많은 열정으로 노력하면 좋은 프리셉터가 되는 날이 올 것이라고 기대할게.

에너지바

기 선 옥 (응급센터)

일 년간의 프리셉터 임기를 마치니 참 뿌듯합니다. 한 번 프리셉터면 영원한 프리셉터!! 이젠는 부서의 일원이자 동료로서 일하고 있는 프리셉터들의 모습을 보면 입가에 미소가 절로 나옵니다. 처음 만나는 순간, 긴장하고 다소 겁먹은 듯한 신규 간호사에서 이젠 환자분들 사이에서 제법 능숙하게 처치를 하고 친절히 설명하는 모습을 보며 그들의 성장에 뿌듯함과 행복감을 느끼는 것은 프리셉터들의 특권이 아닌가 생각이 듭니다. 저 또한 처음이기에 프리셉터로 임명받았을 때 의욕과 열정은 있으나 '내가 과연 잘 할 수 있을 것인가, 어떻게 해야 잘 할 수 있을 것인가?' 라는 염려가 많이 되었습니다. 하지만 프리셉터를 시작하기 전에 간호부에서 주최한 1박 2일의 워크샵을 통해 프리셉터로서의 자세와 역할 등에 대해 느낄 수 있었습니다. 프리셉터 역할을 수행하며 대부분 즐거움과 뿌듯함을 경험하긴 하나 약간의 고충도 있습니다. 열정적인 프리셉티를 두고 화장실을 다녀오겠다는 말을 꺼낼 때는 약간의 어려움, 프리셉티가 숙제를 안 해올 때는 고난이도 어려움 등을 경험합니다. 매달 간호부 주관하는 프리셉터모임을 통해 서로의 고충을 나누었고, 다시금 프리셉터로서의 열정적인 자세를 갖추어 재충전하도록 에너지를 제공해주었습니다. 특히 프리셉터들을 이끌어준 송우정 선생님의 격려는 많은 도움이 되었습니다. 이 모임을 통해 프리셉터로서의 자부심과 열정을 확인할 수 있었고, 개인적으로도 뜻 깊은 시간이었다고 생각됩니다. 또한 프리셉터를 하며 같은 고민을 겪었던 선배 프리셉터와 부서장과 고민을 나누고 해결책을 얻기도 했습니다. 저희 병원은 신규 간호사가 부서에 배치되면 프리셉터-프리셉티 과정을 통해 28일 동안 함께 근무합니다. 프리셉티는 프리셉터의 임상경험 노하우를 아낌없이 전수받게 됩니다. 이를 통해 프리셉티는 학생 때 배운 이론과 병원에서의 임상실무를 토대로 전문적인 간호사로서 성장하는데 도움을 받게 됩니다. 프리셉티는 한달 간의 과정 동안 엄청난 지식의 폭풍을 맞으며 부족한 부분을 학습하게 되고 부서의 특성에 따른 업무를 습득하게 됩니다. 하지만 의욕에 가득찼던 신규 간호사들은 "바쁜데 역할을 잘 못하는 나의 모습을 보면 한심하다.", "알고 있는 것을 왜 실수하지."라고 자책하고 고민하는 시기도 겪습니다. 이 때 프리셉터는 프리셉티에게 용기를 주는 에너지바 역할을 하게 됩니다. 돌이키고 보면 프리셉터 과정을 통해 저 또한 성장하는 데 도움이 되었습니다. 몇 년 전 고민하고 자책하던 신규 간호사의 입장에서 그들을 도와주고 끌어주는 프리셉터의 역할을 하고 있다니 생각만으로도 감회가 새롭습니다. 병원에 입사하게 될 신규 간호사에게 해주고 싶은 말이 있다면, 의학용어와 기본간호는 정말 기본이니 반드시 학생 때 충실히 학습에 임하라고 전해주고 싶습니다. 첫날 신규 간호사의 기본 학습수준을 어느 정도 파악할 수 있으니 기본적인 지식은 꼭 숙지해오시기 바랍니다. 시간은 누구에게나 24시간 공평하게 주어지지만 사용하는 사람에 따라 12시간이 될 수도, 48시간이 될 수도 있기 때문에 간호사로서 개인의 성장그래프는 차이가 나게 됩니다. 열정적이고 노력하는 자세는 약방의 감초처럼 필수 덕목이고요. 99%의 노력가는 1% 천재를 능가할 수 있습니다. 파이팅!

■ ■ ■

윤 혜 경 (7층 서병동)

#에피소드1 – obsessive*

"윤혜경 너 아직도 안 끝났냐?"

아마 신규 때 내가 가장 많이들은 이야기 중에 하나일 것이다. 신규 때는 어찌나 일이 많은지 해도 해도 일이 끝나지 않는다. 공포의 인계시간이 돌아오고 인계가 끝나면 그때부터 또 새로운

---

* 주) obsessive:깐깐한 간호사들을 일컫는 말.

일의 연속이다. 아직도 일을 못 끝냈냐며 옆에서 선배 간호사가 나를 옥죄어 온다. 가슴이 정말 답답하다. 하지만 나에게는 철칙이 있었다. 느리더라도 꼼꼼하게!

나는 업무를 하면서 내 업무에 대한 체크리스트를 만들어 빠진 것이 없나 꼭 확인했다. 물론 나도 사람인지라 놓치는 일도 간혹 있었지만 내 스스로 나는 꼼꼼하다고 생각했다. 어쩌면 이 꼼꼼함이 나를 여기까지 이끌어 온 것 같다.

다른 표현을 빌리자면 너무 obsessive해서 다른 사람이 나를 피곤한 사람, 까다로운 사람이라고 생각할 수 있지만 나는 조금 다르게 생각한다.

내가 후배에게 자주하는 말 중에 이런 말이 있다.

"일반 직장인은 10가지 일 중에 9가지만 잘해도 칭찬 받을 수 있지만 간호사란 직업은 10가지 중에 한 가지만 실수해도 안 되는 직업이란다."

참 어찌 보면 너무 서글픈 말이지만 환자의 생명과 안위가 우리 간호사의 손에 있으니 더욱 더 신중하고 꼼꼼하게 일할 수 밖에 없는 것 같다.

#에피소드2 - CPCR

"선생님 환자가 이상해요. 봐 주세요"

같이 일하던 동료 간호사가 환자가 이상하다며 봐 달라고 한다. 환자가 숨을 쉬지 않는단다.

"CPCR 방송 하고 의사를 호출해주세요."

나는 환자를 치료실로 옮기고, 산소를 연결하고 흉부 압박을 한다. 솔직히 우리 병동은 CPCR이 자주 있는 병동은 아니라 CPCR 상황이 오면 누구나 당황한다. 하지만 경력간호사로서 조금 덜 당황하는 척하는 것뿐이다. 많은 경험이 실력이 되지만 실전 경험 없이 잘하기는 힘들다. 그러므로 이런 상황을 대비해 우리는 많은 교육과 훈련을 받는다.

이런 상황에서 경력 간호사의 역할이 빛을 발휘하는 것 아닐까? (솔직히 지금 나는 잘했나 하는 생각이 든다)

내가 부서의 고참 간호사가 되는 것을 가장 두렵게 만드는 것이 하나가 바로 CPCR 상황이었다. 그런 두려움을 조금이라도 완화시키기 위해 CPCR 방송이 나오면 조그마한 도움이라고 주기 위해 해당 병동에 바람처럼 달려간다.

CPCR 상황은 참 많은 것을 배우게 하는 것 같다. 두렵다면, 걱정만 하지 말고 많이 보고 배우고 경험하기를 바란다.

첫 돌

임 빛 나 (병동 중환자실)

　며칠 전 첫 돌(신규 간호사가 1년 됨을 축하하는 날. 올해부터 생긴 듯한 좋은 기념일인 듯)을 맞이하는 신규 간호사를 위한 조촐한 파티가 있었다. 케이크에 촛불을 켜고 동료간호사들의 축하 속에 고깔모자를 쓴 채 손가락으로 V를 그리며 사진을 찍는다. 그러고 보니 해맑은 신규 간호사들을 만난지 벌써 일년이 되었구나 라는 생각에 감회가 새롭다. 2011년 3월, 나의 첫 프리셉티가 들어왔다. 가물가물했지만 나의 신규 때를 회상하며, 어려움 없이 편안하게 이야기 할 수 있고, 부서에서 적응하는데 도움이 되는 프리셉터가 되어야겠다 라는 마음으로 첫 신규간호사를 맞이하게 되었다. 첫 부서 인사가 있었던 날이다(보통 근무 일주일전에 부서에 인사를 하러 온다). 신규 때에 약을 요령 없이 암기하여 간호사 트레이닝 일주일동안 어려웠던 때를 생각하며, 신규 간호사의 이름, 연락처, 이메일 주소를 받아 둔 뒤 나의 간단한 소개와 함께 부서에서 많이 사용하는 약물코드와 성분명, 상품명, 컬러사진을 파일로 만들어 보내주었다. 물론 신규 약물 매뉴얼에 약품코드가 있긴 하지만 양이 많고, 부서에서 많이 사용하는 약물을 우선 암기하고 컬러사진으로 된 약물을 눈에 익히면 근무 시 효과적일 것 같아서였다. 나 또한 발령 전 무엇을 우선으로 공부해야할지 막막해 했던 때를 생각하며, 이것저것 체계 없이 공부하는 것보다 프리셉터가 일주일 전에 과제를 내주는 것이 도움이 될 것이라고 생각했다. 나의 똘똘한 프리셉티들은 거의 완벽하게 암기해 왔고, 트레이닝 첫날을 시작하게 되었다. 근무 첫날이 시작되었다. 지식과 기술도 중요하지만 부서에 잘 적응할 수 있도록 예쁨 받는 신규가 되도록 하기 위해 인사를 잘 하도록 하였다. 인사를 안하는 신규도 있을까 라고 생각할 수 있지만 의외로 많다. 출근 시 부서원들에게 인사한 후 근무를 시작하도록 했고, 중환자실에 방문하는 모든 직원들에게 인사하면서 명찰을 보도록 했다. 간호사의 특성상 많은 교수님 및 레지던트, 기타 병원 직원들과 함께 일을 해야 하므로 얼굴을 익히고 이름을 익히는 것이 중요한 일이다. 신규 특유의 밝고 공손한 목소리와 생기 넘치는 얼굴로 하는 인사는 다른 사람들을 기분 또한 밝게 만들어 주고, 부서 분위기 또한 밝게 만들어 주는 것 같다. 그렇게 하루하루가 지나간다. 학생 간호사인 나는 적극적이기보단 조용히 옆에서 관찰하는 얌전한 학생이었다. 물론 처음부터 그랬던 것은 아니고, 첫 실습 때 바쁜 간호사에게 질문했다가 야단을 맞은 이후로 귀찮게 하지 말아야겠다는 나름의 판단에서였다(물론 잘못된 판단이었지만). 능숙한 간호사들이 한 번에 척척해내는 것을 보고 있으면 그렇게 어려워 보이지도 않았고, 나 또한 할 수 있을 것처럼 보였었다. 그것이 나의 착각이었다는 것은 신규 간호사가 되었을 때였다. 그래서 간호사가 된 지금 학생 간호사들에게 하나라도 더 알려주고 해보게 하려고 노력한다. (물론 바쁜 업무 속에선 소극적게 학생을 챙기기보단 적극적인 학생에게 마음이 가는 듯..) 나의 프리셉티들 또한 많이 다르지 않았다. 그래서 "열 번의 설명보단 한 번 해보는 것이 낫다." 라는 생각을 가지고 우선 한 번은 설명한 뒤 모든 것을 직접 해보도록 했다. 옆에서 프리셉터가 집중하고 보고 있으니 긴장을 해서 그런지 실력 발휘를 제대로 못하고 실수하는 간호사들도 많았지만 "잘하고 싶은데, 잘하지 못하는 마음이 오죽하려나."라고 생각했고, 야단을 치기보단 격려를 하려고 노력했다. "그만 두지만 말아. 지금은 너무 힘들어도 금방 1년이 지나갈 테니, 1년이 지나면 좀 익숙해질 거야."라는 말을 신규들 모두에게 입버릇처럼 했었다. 내가 6년 전 너무 힘들어서 그만두고 싶을 때 어느 선배에게 들었던 조언을 이젠 후배들에게 전해주게 되었다. 그러다 보니 벌써 1년이 되었고, 고맙게도 한 명의 이직 없이 4명의 프리셉티가 근무 중이다(그러나 열심히 가르친 프리셉티가 그만둘땐 마음이 아플 듯).

  1년 동안 계속 들어오는 신규 간호사들을 가르치느라 지치고 힘들기고 했지만, 지치고 힘이 들 때 위로해 주는 나의 프리셉티들을 생각하며 힘을 내기도 했다. 오히려 내가 프리셉티들로 하여금 배운 점들이 더 많은 것 같아 고마운 마음까지도 들었다. 프리셉터 기간이 끝난 지금 조그마한 바람이 있다면 지금 신규의 예쁜 마음을 잃어버리지 않고, 지식을 겸비한 멋진 간호사가 되었으면 하는 마음이다.

너는 내 운명

안 미 영 (6층 남병동)

프리셉터라는 역할이 처음 주어진 날 프리셉터에 대한 부담감과 나는 어떤 프리셉터가 될 것인가에 대한 고민에 빠지게 되었고 프리셉터 워크샵을 통해 어머니와 같은 프리셉터가 되어야겠다고 마음을 먹었다. 그리고 들어오는 신규 마다 첫째 딸, 둘째딸 이렇게 명칭하며 그들에게 따뜻한 어머니가 되고자 노력했다. 첫째 딸을 만나던 날은 지금도 잊혀지지가 않는다. 처음 만나는 프리셉티에게 나는 어떤 도움을 주고 어떻게 잘 이끌어 줄 수 있을까 하는 고민과 설레임. 그리고 무엇을 먼저 가르쳐줘야 할지에 대한 막막함. 그러나 프리셉티와 함께 하나 하나 나도 같이 배워간다는 생각으로 프리셉티를 가르치고자하니 한결 마음이 편해졌다. 기본 간호, 그리고 병원 시스템, 검사 전후 간호, 수술 간호, 그리고 간호사의 마음가짐까지 하나하나를 가르쳐 주려고 하니 한 달이라는 시간은 턱없이 부족하기만 했다. 그래서 처음 가르치면서 조바심이 났다. 가르치고 싶은 것은 너무 많은데 프리셉티가 한꺼번에 받아들이기에는 버거운 것이다. 익숙하지 않은 3교대, 많은 분량의 교육과 과제는 프리셉티에게 큰 스트레스로 수면부족을 유발하여 신체적인 피로 때문에 효과적이지 못하다는 것을 첫 프리셉티 훈련이 끝나고 깨닫게 되었다. 그래서 과제를 많이 내주기보다는 병원에서 배운 내용을 복습하고 잘 흡수할 수 있도록 하는 것이 더 효과적이라고 생각하게 되었다. 그리고 한 달이라는 프리셉터 기간 동안 너무 많은 것을 알려주기보다는 중요하고 기본적인 내용을 가르쳐 주고 본인이 직접 한명의 멤버로 일하면서 자세하게 알아가는 것이 더 수월하게 업무를 익히는 방법 같다. 우리도 단시간 안에 너무 많은 내용을 주입하면 기억력이 감소하듯이 말이다. 프리셉터에게 가장 중요하게 강조한 내용은 정직으로 환자들이 간호사인 나를 믿고 자신을 맡기기 때문에 정직하지 못한 부분에 대해서는 눈물이 쏙 빠지게 혼내기도 했던 일이 아직도 기억이 난다. 프리셉터를 하면서 프리셉티가 혹시 일을 하면서 힘들어하지는 않을까? 혹시 상처를 받지 않을까? 내가 못 가르쳐준 내용 때문에 혼나지는 않을까? 하는 여러 가지 걱정에 마음이 무겁고 힘들기도 했지만 프리셉티가 병동에서 자리를 잡고 자기 몫을 다해주는 모습으로 성장할 때는 그 어느 때보다 뿌듯했고 보람이 있었다. 프리셉터 기간이 끝나도 한 번 프리셉터는 영원한 프리셉터이며 프리셉터에게 프리셉티는 영원한 프리셉티인 것이다. 그래서 항상 그들을 주기적으로 만나려고 하지만 병원이라는 환경에서 시간을 맞춰 만난다는 것이 쉽지는 않았다. 하지만 가끔 간호사실에서 힘든 일은 없는지 문제가 되는 일을 없는지 묻곤 한다. 항상 잘 지낸다고 하던 프리셉티에게 한통의 고민 문자가 온 날. 나는 가슴이 덜컹 내려앉았다. 그리고 한편으로는 너무 고마웠다. 힘들 때 나를 먼저 찾아 주었기 때문이다. 많은 이야기를 나눈 후 프리셉티의 문제를 함께 고민하고 같이 해결해 줬던 그때의 뿌듯함이란 지금도 생생하다. 프리셉터에게는 프리셉터의 기간이 자신을 뒤돌아보고, 신규 간호사의 입장에 서서 생각해 볼 수 있게 하는 계기가 되었으며 프리셉티의 성장으로 그 어느 때보다 보람과 기쁨을 느낀다.

가지 많은 나무

김 미 선 (8층 동병동)

　병원에 첫 발을 내딛던 순간 걱정과 두려움 설렘으로 가득했었다. 모든 게 다 낯설기만 하고 학교에서 배웠던 것들은 아무것도 생각이 나지 않고 매 순간 순간 마다 공포에 연속이었다. 허둥지둥 대며 공포에 휩싸여 어쩔 줄 몰라 하는 나를 옆에서 지탱해 주고 늘 다독여 주고 감싸 주었던 프리셉터 선생님이 있어 그 힘든 과정을 묵묵히 이겨 낼 수 있었다. 프리셉터 선생님을 보며 나중에 나에게 기회가 찾아온다면 지금 받은 가르침을 잊지 않고 더 많이 가르쳐 주고 사랑해 주리라 몇 번이고 되내이며 다짐을 했었다. 드디어 나에게도 프리셉터를 할 수 있는 기회가 찾아왔다. 다짐했던 대로 열과 성의를 다해서 프리셉티에게 좋은 본보기가 될 수 있는 선생님이 되어야겠다고 생각 했다. 임명을 받은 3월부터 프리셉티가 왔다. 내 입장이 아닌 프리셉티 입장에서 최대한 보려고 노력을 했지만 내 생각과 달리 어느새 내 입장에서 말하고 행동하는 경우가 다반사였다. 첫 자식이 더 애틋한 것처럼 나에게도 첫 프리셉티는 늘 보듬어 주고 싶고 감싸 안아 주고 싶은 대상인 것 같다. 나의 꾸지람으로 울기도 하는 모습을 볼 때는 마음이 아팠지만 그 꾸지람 속에서 무언가 얻었으리라 생각하며 아픈 마음을 애써 감추곤 했다. 한달의 프리셉티훈련 기간이 끝나고 혼자 근무 하는 모습을 보면서 행여 다른 선생님들에게 꾸중을 듣고 있는 건 아닌지 힘들어하고 있는 건 아닌지 더 신경이 쓰이곤 했다. 나에게는 그 후로 3명에 프리셉티가 더 왔다. 가지 많은 나무에 바람 잘 날 없다더니 4명의 프리셉티가 다 성향도 다르고 같은 말을 해도 이해하는 속도도 다르고 다 제각기었다. 틀린게 아니라 다르다는 걸 받아들이는 데도 오랜 시간이 걸렸다. 프리셉티들이 실수를 하고 오면 뒷수습 하기에 정신없는 하루를 보내는 날도 다반사였고 끝나고 이것저것 알려 주느라 퇴근 시간이 늦어지기도 부지기수였다. 계속 말을 하다 보니 체력 소모도 많아 늘 피곤해 하며 근무를 했었다. 생각했던 것 보다 훨씬 더 많은 부분을 이해하고 희생해야 하는 자리라는 걸 느끼게 되었다. 힘든 시간 속에서도 프리셉티들이 더 알려고 하고 실수 하더라도 혼자서 하려는 모습을 보면 또 다시 힘이 불끈 불끈 솟아나기도 했었다. 앙상했던 가지들에 시간이 지나면서 파릇한 나뭇잎들이 돋아나는 모습을 보면서 그래도 내가 좋은 영양분을 주었구나 하는 뿌듯함이 밀려온다. 다른 병동으로 이동되는 프리셉티를 보면서 사랑하는 연인을 떠나보내는 것처럼 가슴이 먹먹하고 아려왔다. 조금만 더 곁에서 갖은 풍파를 이겨 낼 수 있는 힘을 키워주고 싶은데, 이런 내 마음을 알고는 있을까? 잘 견뎌 내야 될 텐데, 많은 생각들이 교차했었다. 내 걱정들은 지나친 우려였고 다른 병동으로 가서도 잘 적응 하고 열심히 하는 모습을 보니 곁에 있을 때 보다 더 뿌듯했다. 프리셉터로서의 1년은 나 자신을 돌아보며 초심으로 돌아 갈 수 있는 시간이었고 역지사지를 제대로 느꼈던 기회였다. 프리셉티들도 내가 받은 선배 프리셉터의 느낌처럼 내가 따뜻하고 포근한 엄마로 기억되길 바란다.

가이드엔젤

김 기 화 (심장내과 중환자실)

워낙 칼에 베여 생기는 조그만 상처까지 무섭고 싫어해서 내과병동을 지원하긴 했지만 2001년 대학교를 갓 졸업하고 내과 중환자실에서 근무를 시작하게 되었습니다. 신규 간호사였던 내게 처음 접하게 된 내과 중환자실은 도저히 정복할 수 없는 커다란 에베레스트산 같은 존재이기만 했습니다. 그러나 한 해, 두 해 시간이 지나감에 따라 어느덧 한 몫을 충분히 해낼 수 있는 경력 간호사가 되어가고 있었습니다. 2004년 어느 날, 부서관리자에게 제안을 받게 되었습니다. 심장내과 중환자실이 우리 병원에도 생길 예정인데 혹시 지원할 생각이 있냐는… 제법 내과 중환자실에서의 업무도 익숙해지고 심장내과라는 새로운 분야에 욕심이 생겨 흔쾌히 지원을 했습니다. 개인적으로는 심전도 등 심장에 대한 공부를 시작했으며 관상동맥중재술 후 간호를 배우기 위해 서울성모병원 심장내과 중환자실에 2주간 출퇴근을 했고 개심술 후 간호를 배우기 위해 삼성서울병원에 2주간 출퇴근을 하는 등 많은 준비가 계속 되었지만 결국 심장내과 중환자실은 2006년 11월 부서가 생겼습니다. 많은 준비와 기다림이 있었기에 심장내과 중환자실부서가 생긴 것은 저를 더욱 설레게 하였습니다. 몇몇 부서원들은 심장내과 중환자실 구성원으로서 준비를 하기도 했지만 대부분은 갑작스럽게 식구가 된 경우고 더욱 안타까운 현실은 수간호사를 제외하고는 6년차 간호사였던 내가 최고 경력자였던 것입니다. 전담 간호사 훈련을 갓 마치고 온 부서원과 함께 꾸려나가야 할 심장내과 중환자실 심적으로 너무 큰 부담이 되고 병원 생활에 있어 오랫만에 느껴보는 스트레스였습니다. 2007년 심장내과 중환자실 업무만으로도 허덕이고 있을 무렵 간호부내에 '가이드엔젤'이라는 경력자들의 모임에 부서 대표로 활동해야 한다는 말씀을 듣게 되었습니다. 내성적인 성격이라 남앞에 나서는 것 자체가 꺼려졌고 업무외 다른 일을 해내야 한다는 부담감에 큰 짐으로만 여기고 참여했던 '가이드엔젤 워크샵. 그러나 워크샵 첫날 나는 더 이상 외로운 존재가 아니라 최고 경력자로서 많은 갈등과 고민을 함께 나눌 수 있는 다른 부서의 동지들을 만나게 되었습니다. 2007년부터 2011년까지 5년이란 긴 시간 동안 '가이드엔젤' 모임을 통해 점점 성장해가는 내 모습을 발견할 수 있었습니다. 처음 활동 초기에는 단순히 '나와 같은 동지들이 많구나'라는 생각으로 위안을 얻게 되었고 그 뒤에는 비밀번호를 누른 뒤에야 입·출입이 가능한 폐쇄공간의 심장내과 중환자실 바깥의 소식에 귀 기울이고 관심을 갖게 되는 좋은 기회를 경험할 수 있었으며 마지막으로는 내가 지금 몸 담고 있는 부서가 전부가 아니라 그 울타리 밖에는 의정부성모병원 간호부라는 조직이 존재하고 있고 나란 존재가 그 발전과 미래를 함께 고민하고 이끌어가는 일꾼이라는 자부심과 긍지에 행복이란 감정을 느낄 수 있었습니다. '가이드엔젤'이라는 역할은 단순히 부서 내 맏언니로서 부서원들의 교육을 담당하고 간호부 내의 정보를 공유하는 것뿐만 아니라 조직문화 내에서 선두주자로서 성장해 나갈 수 있는 시작이었던 것입니다. 가이드엔젤 모임 안에서 내가 진행했던 미션들 중 가장 기억에 남는 것은 바로 2010년 몇몇 부서를 제외한 간호부 전체를 대상으로 시행한 BLS교육(심폐소생술 교육)이 아니었나 싶습니다. 과정의 책임자로서 BLS교육 프로그램을 하나하나 정성들여 기획하고 강사들을 조직하고, 강의를 진행하는 등 애정을 갖고 참여했던 미션으로 심장내과 중환자실 간호사로서의 역할을 모든 이에게 자랑하고 널리 알릴 수 있는 좋은 기회였습니다. 매월 1회 모임을 갖고 정해진 미션들을 수행하는 과정이 처음에는 어쩌면 근무 외에 내 시간을 투자해야 한다는 생각에 스트레스로 다가올 수 있지만 익숙해지면 오히려 그 시간을 준비하는 기다림의 설레임이 먼저 찾아 들게 될 것입니다. 예전에는 그저 시간이 흐르면 누구나 모두 경력 간호사가 되는 줄 알았던 시절이 있었다고 합니다. 그러나 진정한 경력 간호사가 되기 위해서는 물론 담당하고 있는 업무에서의 완벽한 능력도 중요하지만 그것은 이미 당연한 일이어야 하며 본인이 속한 조직 문화 내에서 주어지는 프로젝트나 모임에 참여함으로써 업무 외에서의 문제해결 능력을 향상시키고 타 부서와의 소통 및 팀 리더로서의 자질을 향상시킬 때 비로소 진정한 맏언니라 불릴 수 있는 자격의 조건이 완성되는 것입니다. 가이드엔젤 모임을 통해 진정한 맏언니로 다시 태어나게 된 나는 이젠 누구나가 부러워하는 행복한 경력 간호사입니다.

나는야, 경력 간호사

정 순 선 (인공신장실)

  2012년 3월을 맞이하면서 신규 시절을 떠올려 본다. 신규 간호사였던 지난 1997년 3월은 걱정과 두려움이 컸다. 동기들을 만나면 선배와 환우, 보호자들과의 관계에 있어서 힘들고 어려운 일을 얘기하는 시간이 많았다. 실수하지 않기 위해 약품을 외우고, 업무 순서를 익히고, 질환과 검사에 대해 공부하던 기억이 떠오른다. 매일 살얼음 위를 걷는 마음으로 일하면서 여러 사건을 겪을 때마다 이직에 대한 생각도 자주했다. 연차가 올라가면서 신규의 걱정과 두려움이 사라졌다. 익숙해지는 업무와 환경, 선후배들과의 관계도 편안해졌다. 그런데 시간이 지날수록 후배들이 늘어나고, 부서 업무의 비중도 커진다. 전반적인 업무와 상황을 분석하고 대처해야만 한다. 환우들과의 면담을 통한 라포 형성, 교육도 중요한 업무가 된다. 의사, 타부서와의 의사소통 기술도 중요해진다. 신규 때는 아무 사고 없이 '오늘도 무사히'만 생각했기에 부담은 없었다. 선배들이 채워 준 중요한 업무들을 몰랐기 때문이었다. 그러나 이렇게 많은 업무들을 경력 간호사가 될수록 익혀야만 한다. 권리도 주어지지만 책임도 커진다. 현재 경력 간호사로서 프리셉터, 가이드엔젤, 논문담당자 활동을 했다. 후배들을 가르치고 도와주고, 부서의 지침과 표준안을 작성하는 프리셉터의 역할을 하면서 후배를 아끼는 마음을 갖게 되고, 업무의 중요성을 깨달았다. 간호부와 부서와의 통로 역할을 하고, 표준 지침을 제시하는 가이드엔젤을 통해 부서의 일에 적극적이고, 부서와 부서원에 대한 이해가 깊어졌다. 논문을 쓰면서 간호학의 깊이와 임상에서의 적용에 관해 알게 되었고, 이론과 실무의 연관성을 절감했다. 모든 활동들이 좌우로 치우치지 않는 간호사가 되는데 중요한 역할을 하고 있다. 가이드엔젤 활동 가운데 포트폴리오를 작성하는 일이 있었다. 나, 가정, 부서를 위한 계획을 세우고 실천하는 일이었다. 구체적인 계획이 구체적인 결과물을 가져왔다. 미리 계획하면 현재 주어진 일과 환경, 사람들과의 관계에 최선을 다하게 되고 도전 정신과 실천력도 강해진다. 자신의 가치를 높이려면 세부적인 계획을 세워 시간을 사용해야 한다. 계획 없이 보낸 헛된 시간이 안타깝고 아깝다. 소중한 일을 하며 소중한 관계를 맺는 데 시간을 좀 더 사용했더라면 추구하는 가치가 더욱 새롭고 높아져 있지 않을까 생각해 본다. 다시 신규 간호사로 돌아가 포트폴리오를 작성한다면 놓치고 싶지 않은 게 있다. 먼저는 영어회화를 자유롭게 구사하여 외국인과 의사소통을 원활히 하는 것, 원서를 쉽게 번역하고 읽어 간호학의 깊이를 아는 것에 중점을 두고 싶다. 시간이 지날수록 외국어에 대한 학습능력이 떨어지는 것 같아 아쉽다. 다음으로는 전산기술과 통계에 관한 것, 독서로 얻는 지

혜와 삶에 대한 이해와 사랑, 악기 다루기, 신앙생활, 봉사 활동과 나눔에 비중을 두고 싶다. 물론 데이트와 연애, 결혼과 육아를 위한 준비, 재정 관리, 가족행사 참여도 필수다. 자신과 가족, 직장 생활 3가지 모두 다 충실 하는데 욕심을 내어 포트폴리오를 작성해 보라고 권하고 싶다. 마지막으로 간호의 기본은 환우의 아픔과 고통을 헤아리고 공감하는 것 같다. 신규 간호사는 일과 관계에만 집중하게 된다. 환우를 살피는 데에는 소홀할 수 밖에 없다. 경력 간호사가 된 지금, 환우들에게 이해와 공감을 느끼게 해 주었더라면 더 큰 위로와 사랑을 베풀 수 있었을 텐데, 아쉬움이 남는다. 하지만 공감간호를 위해서는 시간과 성장이 필요하다. 원하고 노력하면 시간이 단축되고, 아쉬움도 줄어들 것이다. 공감간호 실천을 통해 고통 중에 소망을 잃지 않고, 인내를 통해 질병을 극복하여 행복한 삶을 살아가는 우리 환우들이길 간절히 기도한다. 우리의 공감과 사랑을 통해 치유의 기쁨과 감사를 느낄 수 있기를 소망한다.

　사랑으로 하나 된 간호부 가족들과 짧지만 소중한 인연을 만들어주신 많은 환우 분들의 정성 하나하나가 모여 드디어 '아름다운 동행, 공감간호 이야기'라는 소중한 선물로서 발간되었습니다.
　이 책은 환우 분들과 소통했던 시간들이 소중한 기억으로 남기어 글로 새겨지게 된 것으로, 남겨진 글은 우리들의 마음속으로 새겨져, 때로는 발전을 위한 교훈으로 때로는 눈물을 글썽이게 하는 감동으로 오래도록 남게 될 것입니다.
　또한 눈앞에 펼쳐진 우리들의 이야기를 읽어 내려갈수록 자신의 과거와 현재 미래를 보실 수 있을 것입니다. 당신이 쥐고 있는 이 '선물'이 '간호사와 환자, 간호사와 자신'의 사이를 들여다볼 수 있는 '공감'의 다리가 되어 줄 것이기 때문입니다.
　우리 모두 오늘도 힘차게 달려갑시다!! **공감지수 100%**가 되는 그날까지!
　이야기 주머니가 완성되기까지 도와주신 간호부장님, 팀장님, 간호부 가족들, 간호사 선생님들께 진심으로 감사의 인사를 드립니다. 또한 부족한 저희들에게 칭찬의 손길을 보내주신 많은 환우 분들께도 감사의 인사를 올립니다.
　편집위원회 모두 준비하는 기간 내내 너무나 즐겁고 행복했습니다. 이제는 그 행복을 여러분들에게 전해드리겠습니다.

이순열 강선미 김지선 정지혜 김령경 설은주 유안나